Pourquoi l'islamisme séduit-il ?

MOHAMED SIFAOUI

Pourquoi l'islamisme séduit-il ?

ARMAND COLIN

« Éléments de réponse »

Parmi nos autres publications

O. Galland, *Les jeunes Français ont-ils raison d'avoir peur ?*

J.-P. Gougeon, *L'Allemagne du XXIe siècle, une nouvelle nation ?*

F. de Singly, *Comment aider l'enfant à devenir lui-même ?*

Conception de couverture : Aalam Wassef

Composition : Yves Tremblay

Armand Colin est une marque de
Dunod Editeur, 5 rue Laromiguière, 75005 Paris

ISBN 978-2-200-60288-8

Journaliste, écrivain et réalisateur de reportages et de documentaires, **Mohamed Sifaoui** est également conférencier. Membre du Bureau national de SOS Racisme, il est par ailleurs impliqué dans le combat contre les racismes et l'antisémitisme. Il a couvert comme journaliste, depuis 1988, plusieurs zones de conflits et travaille depuis une vingtaine d'années sur les mouvements islamistes. Il a également réalisé plusieurs enquêtes journalistiques sur la montée de l'idéologie islamiste en Europe et en France.

Principaux ouvrages :

– *Ben Laden dévoilé*, 2009, Éditions 12 Bis.
– *Combattre le terrorisme islamiste*, 2007, Grasset.
– *Mes « frères » assassins*, 2003, Le Cherche Midi.
– *La France malade de l'islamisme*, 2002, Le Cherche Midi.

Blog : www.mohamed-sifaoui.com

Remerciements

Je remercie Armand Colin et notamment Corinne Ergasse et Jean-Christophe Tamisier pour leurs conseils et leur confiance. Ce livre est dédié à tous ceux qui ont souffert ou qui souffrent de l'islamisme, mais aussi à mon épouse et à mes enfants.

Mohamed Sifaoui

Ce qui est requis dans la foi et dans les œuvres, ce n'est pas une simple déclaration formelle ou des gestes mécaniques, mais un savoir d'état, une disposition permanente, une coloration indélébile de l'âme. La tâche essentielle de l'institution religieuse est de conduire l'individu vers une telle réalisation.

Ibn Khaldoun[1].

Nulle contrainte en religion ![2]

1. Cité par Abdesselam Cheddadi, Professeur à la faculté des sciences de l'éducation, Université Muhammad V, Rabat.
2. Coran, Sourate 2, Verset 256.

Avertissement

Cet ouvrage s'adresse à un large public francophone. Tous les noms seront donc utilisés sous une forme accessible à tous. Ainsi, le nom du Prophète Mohamed (Muhammed ou Mohammed) sera désigné sous sa forme francophone, Mahomet en l'occurrence. Ce sera de même pour tous les noms mentionnés dans le texte coranique.

Tous les versets coraniques cités dans cet ouvrage émanent de la traduction validée par « La Présidence Générale des Directions des Recherches scientifiques Islamiques, de l'Ifta, de la Prédication et de l'Orientation Religieuse » en Arabie Saoudite.

Sommaire

Avant-propos

Avant toute chose, il est important de donner la définition exacte du thème central de ce livre, l'islamisme, et d'apporter quelques clarifications nécessaires devant certaines confusions entretenues sur ce phénomène par différentes chapelles politiques ou idéologiques et par quelques intellectuels, chercheurs, et autres citoyens qui s'expriment régulièrement sur le sujet à partir de postures dogmatiques nourries par telle ou telle considération.

D'un point de vue étymologique, le vocable « islamisme » trouve sa racine dans « islam » qui provient du verbe arabe « *sellama* » ou « *youssalimou* », et qui signifie littéralement, dans ce cas précis, « se soumettre » ou « obéir ». En l'espèce, la signification du mot « islam » est « se soumettre à Dieu » ou « obéir à ses commandements ». Dès lors, une question s'impose : si le musulman est celui qui se soumet aux « injonctions divines », à quoi est « soumis » l'islamiste ?

Affirmons-le *ex abrupto*, il serait erroné de penser, comme le soutiennent parfois certains courants, que l'islam et l'islamisme représentent *stricto sensu* la même chose, une et une seule doctrine. Le premier qualifie une religion, une spiritualité, une éthique, des croyances, des traditions, des dogmes et des coutumes ; le second par contre incarne une idéologie politique ou plus précisément une idéologisation de l'islam, voire une politisation de cette religion. L'islamisme se veut, en effet, un « projet politique » et un « projet de société », une vision du monde, une gestion des relations interpersonnelles avec un droit de regard collectif – celui de la communauté – sur l'intime de l'individu, du croyant. Si pour l'islam, la croyance doit être dans le cœur des femmes et des hommes qui le choisissent, pour l'islamisme, la place de cette religion est au centre des sociétés, avec ou contre leur gré. C'est là une première différence fondamentale. D'aucuns pourraient prétendre que les « textes » islamiques appelleraient justement à placer l'islam au centre de la vie des sociétés. C'est en vérité tout le débat qui traverse le monde musulman et qui sépare deux visions : celle des littéralistes (ceux qui ne prennent en compte que la lettre) et celle des rationalistes (ceux qui préfèrent une lecture rationnelle et contextualisée du texte). Cette question sera abordée plus loin.

C'est l'utilisation du suffixe « isme » qui nous impose, en réalité, d'affirmer que par « islamisme », on entend qualifier une opinion politique ou idéologique sinon une attitude extrémiste puisée dans certaines interprétations du corpus islamique. C'est de ce point de vue que l'islamisme revêt un habillage idéologique et la même connotation que « libéralisme » (idéologie libérale), « socialisme » (doctrine à vocation sociale), « communisme » (pensée qui fait prévaloir la notion de communauté des biens), etc. C'est dire que même si ce phénomène idéologise ou instrumentalise l'islam, il n'est pas pour autant cette religion qui, d'ailleurs, doit être considérée non pas au singulier, mais au pluriel tant il existe au sein du monde musulman de courants ; une diversité qui est souvent méconnue, voire non reconnue.

Le même suffixe est également utilisé pour désigner, avec une connotation volontairement péjorative et une charge négative, une fonction ou une attitude. On parle de « dirigisme » lorsqu'on veut évoquer une démarche interventionniste de l'État par exemple et on mentionne l'« affairisme » quand il s'agit de qualifier des comportements qui ont tendance à faire prévaloir, de manière excessive, des activités lucratives sur toutes les autres considérations. Mais de manière générale, dans son sens le plus courant, ce suffixe nominal sert à marquer une doctrine ou une idéologie. Ainsi, dans cet ouvrage, le mot « islamisme » désignera-t-il cette idéologie que d'aucuns confondent d'ailleurs allégrement avec l'islam (la religion), volontairement ou pas, et qui propose aujourd'hui de véritables « projets », aussi bien pour les pays musulmans que pour l'Occident. Et dans cette veine, le mot (ou l'adjectif) « islamiste » nommera le musulman (ou la pensée) utilisant l'islamisme comme un instrument de militantisme ou d'activisme politique.

Cela précisé, nous ne saurons, par ailleurs, partager ici certaines définitions données par des « spécialistes » de la question, lesquels estiment par exemple que le salafisme[1] n'est pas un islamisme. C'est le cas notamment d'Olivier Roy qui, s'il qualifie l'islamisme de « courant de pensée lié à des organisations politiques précises qui ont un programme national »[2], ce qui est évident, se refuse à englober le courant salafiste dans la mouvance islamiste. Pour lui, le salafisme n'est qu'une forme de « néo-fondamentalisme missionnaire »[3]. Cette affirmation est bien présomptueuse quand on sait que le salafisme – dont se réclament les « Frères musulmans »[4] d'ailleurs – prône tous azimuts la

1. Le salafisme est une doctrine islamiste qui appelle à une pratique rigoriste de l'islam puisée dans la tradition des *Salafs*, littéralement « les prédécesseurs », désignant les premiers compagnons du Prophète Mahomet. Nous verrons plus loin l'histoire de cette idéologie et les différents courants salafistes qui existent.
2. Avant-propos d'Olivier Roy dans le livre *Islamismes d'Occident : État des lieux et perspectives*, Éditions Lignes de Repères, 2006.
3. *Ibid.*
4. Les « Frères musulmans » se définissent eux-mêmes comme des salafistes, mais prétendent être des « réformistes ». Hassan Al-Banna se disait « salafiste et soufi ».

politisation de l'islam en considérant la *charia*[1] comme seule et unique source législative, et propose d'une part un programme politique basé exclusivement sur « le Coran et la Sunna »[2], d'autre part un projet de société reposant sur les enseignements du *Tawhid* (l'Unicité)[3] qui, indubitablement, consacre le salafisme comme une doctrine politique. En effet, le principe du *Tawhid* a forgé l'idée selon laquelle la législation ne peut provenir que de Dieu et ne reconnaît pas la loi des Hommes.

Qui plus est, il y a un relativisme excessif à qualifier, comme le fait Olivier Roy, de « néo-fondamentalisme » une idéologie à ce point en continuité avec des origines qui remontent au IXe siècle et à l'avènement de l'école hanbalite, fondée par Ahmed Ibn Hanbal[4]. Le hanbalisme dresse l'armature conceptuelle du salafisme en « faisant appel seulement au donné révélé du Coran et aux *hadiths*, remontant au Prophète de l'islam »[5] : la logique suivie par tous les salafistes d'avant-hier, d'hier et

1. On désigne par *charia* (ou *sharia*) le texte législatif né des interprétations littérales du Coran et de la tradition du Prophète Mahomet.
2. La Sunna signifie la voie ou la tradition du Prophète Mahomet. La jurisprudence islamique considère qu'il s'agit aussi de la sagesse et de la philosophie qu'il a laissées en héritage à l'ensemble des musulmans.
3. Tous ces aspects sont développés dans un livre en arabe, intitulé *Al-Tawhid*, écrit et publié à compte d'auteur par l'un des idéologues salafistes les plus réputés, le cheikh Salah Ben Fawzen Al-Fawzen. Il est écrit notamment que « celui qui éloigne la *charia* islamique pour lui substituer les lois temporelles prouve qu'il considère que les lois temporelles sont meilleures et plus bénéfiques que la *charia*. Cela est sans nul doute la manifestation d'une grande mécréance qui conduit son auteur vers l'excommunication et contredit le principe de l'Unicité [de Dieu] » (archives personnelles de l'auteur).
4. Ahmed Ibn Hanbal est né en 780. C'est un traditionniste littéraliste, spécialiste de la science du *hadith* (la tradition du Prophète) et un juriste. Il est le fondateur de l'école hanbalite, la plus rigoriste des quatre écoles juridiques de l'islam sunnite (Malékite, Chaféite, Hanafite et Hanbalite), qui prônera un retour aux principes des *Salafs*, les premiers compagnons du Prophète et une sorte de politisation de la religion. Il mourut en 855.
5. Voir le *Dictionnaire historique de l'islam*, Janine et Dominique Sourdel, PUF, 2007 [1re édition : 1996].

d'aujourd'hui. Par ailleurs, le salafisme, comme la plupart des autres courants intégristes, possède une nature missionnaire matérialisée par le principe de la *daawa* (la prédication), qui s'apparente en réalité à ce que nous appelons communément le prosélytisme. Il est important de rappeler que malgré l'existence de plusieurs courants islamistes, il est aisé de les identifier si l'on analyse avec attention et rigueur leur dénominateur commun. Celui-ci comporte en effet un certain nombre de caractéristiques vers lesquelles convergent tous les courants de l'islam politique. L'importance accordée à la *charia*, le but avoué ou non d'instaurer un État régi par cette même *charia*, le fait de vouloir considérer l'islam comme un « englobant », le principe du prosélytisme et enfin le littéralisme, constituent des éléments, parmi d'autres, qui pourraient caractériser le mouvement islamiste dans son ensemble, sachant que ses principaux courants ne divergent jamais sur les objectifs, mais uniquement sur la méthode, la stratégie et sur des questions dogmatiques secondaires.

Pourquoi est-il important d'apporter toutes ces précisions ? Tout d'abord, il est essentiel de ne pas créer la confusion dans des esprits déjà suffisamment troublés par la nature réelle de l'islamisme et de dissocier d'une part, le fait religieux du fait politique, d'autre part, le musulman, c'est-à-dire le croyant – qui pratique une approche exclusivement spirituelle de sa religion – de l'activiste, donc de l'islamiste – qui instrumentalise ou, à tout le moins, utilise, sinon subit, après endoctrinement, l'islam, non pas comme une spiritualité, mais comme une vision idéologique.

Éviter impérativement ce genre d'amalgames – le but n'étant pas de tenir un discours susceptible de passer pour « politiquement correct » – permet en outre de livrer la définition la plus juste montrant les velléités de certains musulmans à transformer leur croyance en une sorte de programme politique et les spécificités des partisans d'une telle démarche de politisation de l'islam. Attitude qui n'est pas, rappelons-le, partagée, et de loin, par tous les musulmans. Il est donc nécessaire d'opérer une différenciation, à tout le moins sémantique, entre les uns (les musulmans pratiquant une religion) et les autres (les islamistes utilisant celle-ci comme doctrine politique).

Dans un second temps, il est important de désigner, voire d'isoler le problème : l'islamisme, en l'occurrence, qui ne peut être associé à l'ensemble des croyants se reconnaissant dans cette religion et qui représente 1,4 milliard de personnes dans le monde. Ce point étant précisé permet de mieux cerner ses particularités et de connaître ses aspects spécifiques pour le combattre efficacement. Enfin, il est vital de faire ce distinguo qui se traduit d'ailleurs par une réalité historique et statistique : les musulmans sont les premières victimes de l'idéologie islamiste et notamment de la violence pouvant s'exprimer au nom de celle-ci.

Ce dernier point suffirait à lui seul à plaider pour cette nécessaire distinction entre l'islam et l'islamisme. Dans le cas contraire, comment expliquer que des musulmans qui s'adonnent à la pratique religieuse de manière pieuse et assidue aient eu à subir les affres des extrémistes ? S'il y avait eu assimilation entre les deux concepts, ces mêmes musulmans pratiquants auraient plutôt suivi la déferlante islamiste qui ne cesse de s'illustrer. Il existe de nombreux exemples – faits historiques, récents ou anciens, témoignages… – qui démontrent clairement qu'une majorité de musulmans subit cet extrémisme et souvent, la violence qui l'accompagne. De l'Algérie à l'Égypte en passant par le Pakistan, les tenants de l'islamisme oppriment, depuis de nombreuses années, leurs coreligionnaires, réticents à épouser les attitudes les plus extrêmes de la religion. Cela s'avère aussi bien pour les islamistes sunnites que pour leurs *alter ego* chiites. Le musulman, y compris pratiquant, n'est donc pas, tant s'en faut, cet intégriste potentiel auquel quelques voix l'assimilent à tort.

Un autre aspect, stratégique celui-ci, devrait également inciter, et surtout dans le cadre de l'action politique, à éviter les amalgames. En proposant aux musulmans, français par exemple, de se doter des armes intellectuelles, des arguments théologiques, du cadre sociétal et d'un environnement leur permettant de construire une identité laïque et citoyenne inscrite dans l'esprit de l'universalité des valeurs, voire de combattre eux-mêmes l'extrémisme qui ronge leur religion, c'est les aider et les encourager à lutter contre leurs intégristes. *A contrario*, en refusant de leur reconnaître cette volonté de s'affranchir des lectures extrémistes, on induit implicitement qu'ils seraient potentiellement aptes à épouser les doctrines les plus totalitaires. Cette seconde attitude peut, paradoxalement, conduire un grand nombre d'entre eux vers un repli sur soi et engendrer par là même les situations idéales pour en faire des recrues possibles pour l'islamisme, une idéologie qui sait, nous le verrons plus loin, surfer sur les discours victimaires, agir dans une société communautariste et abuser des conditions de vulnérabilité. Stratégiquement toujours, il est tout aussi vital de garder à l'esprit que l'objectif doit demeurer clair : rendre les citoyens d'une manière générale et les musulmans en particulier imperméables aux appels de cet islam politique, idéologisé et, faut-il l'affirmer, obscurantiste. Ce sont là, nous semble-t-il, autant de raisons qui devraient suffire à convaincre les plus réticents d'opérer ce repositionnement sémantique nécessaire.

Naturellement, il est des tenants de certaines postures idéologiques qui, réfutant ces arguments, continueront de considérer qu'islam et islamisme ne font qu'un. Parmi eux, l'« islamologue » Anne-Marie Delcambre[1] qui soutient *mordicus* qu'« au risque de choquer, il faut avoir le courage de dire que l'intégrisme n'est pas la maladie de l'Islam. Il est l'intégralité de l'Islam »[2].

1. Anne-Marie Delcambre est Docteur d'État en droit et docteur en civilisation islamique.
2. Anne-Marie Delcambre, *L'Islam des interdits*, Paris, Desclée de Brouwer, 2003.

C'est là un postulat qui ne cède aucune place au débat et à la réflexion. L'auteure de cette phrase élude une question qui aurait mérité une approche beaucoup plus rationnelle et moins passionnée. Ce n'est pas l'envolée lyrique, somme toute inutile, qui choque, mais bien l'absence de méthodologie dans l'appréciation des versets coraniques et de certains éléments contenus dans le corpus islamique.

Pour ne citer que cet exemple, il est nécessaire de préciser qu'Anne-Marie Delcambre, avec de tels propos, pour le moins inopportuns et erronés, est devenue la « coqueluche » des milieux d'extrême droite qui militent notamment à travers les autoroutes de l'information offertes par Internet pour amalgamer arabe, islam et islamisme. Un glissement sémantique usité par des chapelles extrémistes qui, soit sous couvert de la défense de la laïcité, soit dans le but de préserver la « civilisation occidentale », usent et abusent de la confusion. Aussi, pour entretenir ces glissements, la même « islamologue » avait-elle, par exemple, violemment critiqué Rachida Dati, ancienne ministre de la Justice, nommée à ce poste par Nicolas Sarkozy après son élection, en 2007, à la présidence de la République.

Elle affirmera en effet sur une radio québécoise[1] que la nomination d'une jeune femme musulmane dans un ministère sensible comme celui de la Justice « ne [lui] m'inspire pas confiance », ajoutant que l'islam exercerait des « pressions naturelles » sur Rachida Dati, qui serait donc vouée « à agir comme une musulmane » et par « solidarité » à l'égard de l'*Oumma*[2]. Outre qu'il faut s'interroger sur la validité d'une telle construction intellectuelle émanant *a fortiori* d'une personne qui utilise

1. Cité par Caroline Brancher dans un article intitulé « Nombreuses attaques racistes contre Rachida Dati », publié en mai 2007 sur le site féministe Prochoix.
2. L'*Oumma* qualifie le principe d'une « Nation musulmane » défendue par les islamistes.

un statut d'« universitaire » ou de « spécialiste » pour asséner des « vérités » hasardeuses et dangereuses, il convient aussi de démontrer tout simplement l'absurdité d'un propos qui ne repose sur aucune étude sérieuse prouvant – et de manière incontestable – que derrière chaque musulman se cacherait l'ombre d'un islamiste malfaisant.

Dans ce cas précis, il est important de rappeler que Rachida Dati n'a jamais fait étalage de sa foi et n'a, en aucune manière, laissé apparaître une quelconque sympathie en direction des fanatiques. On peut probablement lui reprocher certaines choses, mais sûrement pas l'instauration, au sein du ministère de la Justice, d'un laxisme à l'égard de l'islamisme ou d'un favoritisme dont auraient bénéficié des musulmans, tant s'en faut. En tout état de cause et au vu du bilan fait *a posteriori* sur l'attitude sans ambiguïté de l'ancienne ministre sur ce sujet, on ne peut que constater l'énorme et assez scandaleuse erreur de jugement contenue dans l'appréciation formulée par Anne-Marie Delcambre.

Ce que la « spécialiste » omet d'intégrer dans sa réflexion, c'est qu'au moment où elle jetait l'anathème sur Rachida Dati, cette dernière se faisait insulter sur les forums propageant des visions extrémistes de l'islam. Un internaute s'exprimant sur le site islamiste *Mejliss* la qualifiait ainsi en février 2007 en ironisant : « Un bon parcours d'être magistrat à la faveur d'une sioniste au nom de Simone Veil, née Simone Jacob qui fut l'initiatrice avec toute la clique maçonnique de la loi sur l'avortement. »[1] Aussi, tandis que le doute était jeté sur elle par Anne-Marie Delcambre, en raison de ses origines maghrébines, des islamistes n'ont eu de cesse de traiter l'ancienne garde des Sceaux tantôt d'« islamophobe » tantôt de « sioniste ». Et c'est justement cet amalgame qui est entretenu

1. Le site Mejliss.com, poste du 1/02/2007 (archives personnelles de l'auteur).

sciemment par certains milieux d'extrême droite et involontairement par d'autres courants qui se présentent, sous le couvert de l'anticléricalisme, comme de simples pourfendeurs de l'islam. Cette position serait par ailleurs tout à fait recevable dans une démocratie laïque si ces derniers n'utilisaient pas, en réalité, les mêmes schémas de pensée que des cercles racistes, adaptant simplement leur harangue aux craintes légitimes que peut faire naître l'islamisme pour fustiger l'Arabe, l'étranger et le musulman tout en les amalgamant pour mieux les stigmatiser au nom d'une indispensable lutte contre l'extrémisme religieux.

Il est aisé de constater que le sermon caricatural et populiste d'une grande partie de l'extrême droite a glissé d'un imaginaire qui fantasmait sur « l'arabe voleur, violeur, perfide, etc. » vers un autre imaginaire tout aussi fantasmé et qui considère désormais le musulman comme forcément « fanatique, extrémiste, terroriste, etc. ». C'est dire une fois de plus combien il est important de marquer la différence qui existe entre le musulman et l'islamiste et de prendre ses distances face à ce genre de discours qui d'une part n'apportent absolument rien au débat et d'autre part renforcent l'argumentaire des islamistes qui s'alimente de toutes les dérives racistes observées ici ou là.

De telles précisions sont d'autant plus nécessaires qu'il serait insupportable et malhonnête de considérer l'intellectuel Abdelwaheb Meddeb, qui qualifie l'islamisme de « maladie de l'islam »[1] comme une sorte de coupable potentiel, incapable de se démarquer de l'intégrisme qui s'exprime au nom de sa religion ou de penser que le professeur de philosophie Abdenour Bidar qui plaide, de manière courageuse, pour l'abrogation de certains versets coraniques, serait aussi suspect qu'un militant

1. Abdelwahab Meddeb, *La maladie de l'islam*, Paris, Seuil, 2002.

islamiste ou encore que la sociologue Leïla Babès, pourfendeuse du voile et de la *burqa* serait, elle aussi, susceptible de subir les « pressions de l'*Oumma* » et de céder face à celles-ci.

Ce travail de différentiation entre les uns et les autres est important quand on sait que dans l'histoire islamique, la question relative au culte est née des débats, des échanges et des polémiques qui ont opposé les différents courants de l'islam sur les plans doctrinal, dogmatique et juridique. Il serait donc tout simplement faux de considérer que les musulmans parlent tous d'une même voix, et ce, même s'ils se réfèrent au même Livre. Chaque musulman, et notamment en l'absence de clergé dans l'islam sunnite, comprend et interprète le Coran selon sa formation, sa subjectivité, ses connaissances, son milieu et son contexte. Partant de là, comment pourrait-on vilipender tous les musulmans en raison de l'existence de sectes ou de courants ayant des interprétations extrémistes du texte ?

Cet ouvrage se refuse donc de donner dans le simplisme. Il se contentera de rapporter des faits, commenter certains documents et accomplir des démonstrations sans passion et avec distance, mais tout en assumant les engagements de son auteur en faveur de la laïcité et contre les extrémismes. En tout état de cause, il ne serait pas sérieux de parler des musulmans comme s'ils représentaient un groupe ou un bloc homogène et monolithique. Les musulmans, que ce soit en Europe ou ailleurs, sont aussi divers que les juifs ou les catholiques. Qui s'aventurerait à parler de « catholiques modérés » ou de « juifs modérés » ? Seules des idéologies haineuses et ignorantes seraient tentées aujourd'hui d'amalgamer le juif intégriste de celui qui ne l'est pas ou le catholique illuminé de celui qui, même pratiquant, peut être totalement baigné dans les valeurs humanistes contenues dans la Déclaration universelle des Droits de l'homme. Dans cet ordre d'idées, il n'est pas, plus, acceptable de laisser croire que tous les musulmans seraient des islamistes ou des terroristes en puissance. La diversité qui existe au sein du monde musulman depuis plusieurs siècles ne saurait être niée. Que ce soit dans la manière de pratiquer le culte ou s'agissant de la place de l'islam dans le champ politique, ou encore concernant l'interprétation des textes, toutes ces questions appartiennent à une vieille tradition et ont été débattues dans les différentes écoles de pensée, faisant même parfois l'objet de vives polémiques. Rationalistes et littéralistes se sont longtemps opposés ; salafistes et soufis continuent de se méfier les uns et des autres ; religieux et philosophes ont connu plusieurs périodes d'affrontements idéologiques, etc.

Homogénéiser les musulmans, les généraliser, les dénigrer en raison de leur croyance et les assimiler systématiquement aux islamistes s'apparente à un racisme qui a trouvé le moyen de se manifester insidieusement, en préférant se cacher derrière la défense d'honorables causes. Les dictionnaires admettent globalement que le racisme est « l'hostilité forte envers une catégorie de personnes »[1]. Or, le droit français est clair quant au distinguo qu'il établit entre la légitime critique des dogmes, des philosophies et des religions et « la provocation à la discrimination, à la haine ou à la violence à l'égard d'une personne ou d'un groupe de personnes à raison de leur origine ou de leur appartenance ou de leur non-appartenance à une ethnie, une nation, une race ou une religion déterminée »[2].

Il est donc possible que les tribunaux puissent considérer, à tout le moins comme diffamatoire, l'action d'affirmer que les musulmans seraient tous des islamistes, susceptibles de représenter un danger pour la société.

Outre Anne-Marie Delcambre déjà citée, d'autres militants se proposent – et notamment sur Internet – de livrer leurs « vérités » sur l'islam. C'est le cas du site Riposte laïque et de

1. Définition donnée par le Dictionnaire *Le Petit Littré*.
2. Cité par Pascal Cobert in *Le Droit français contre le racisme* (archives personnelles de l'auteur).

certains de ses animateurs. Munis de quelques connaissances empiriques, ils propagent depuis quelques années des idées plus que douteuses sur la nature réelle de l'islamisme. Beaucoup d'entre eux soutiennent, directement ou indirectement, que l'islam est l'islamisme et inversement. Pour certains de leurs pseudo-auteurs, le « musulman modéré » n'existerait pas. Le message véhiculé est clair. Ce discours, empreint d'une crispation certaine vis-à-vis du musulman, se veut l'expression de la « résistance ». Les auteurs du site seraient les courageux chevaliers défenseurs de la laïcité et ceux qui ne se reconnaissent pas dans leur discours extrémiste de « lâches munichois ». Pour eux, la violence serait consubstantielle à l'islam et si les « modérés » ne sont, pour eux, qu'une vue de l'esprit, les démocrates de confession musulmane sont jugés « modérément musulmans ». Les meilleurs d'entre eux seraient, selon les écrits de Riposte laïque, ceux qui décident « courageusement » de renier l'islam. En clair, le « bon musulman » serait celui qui cesse d'en être un. Attitude arrogante s'il en est, contre-productive politiquement et stérile intellectuellement. Elle ne peut même pas être qualifiée de posture « anticléricale », étant donné que la notion de clergé n'existe pas en islam. Ce sont donc les croyants, c'est-à-dire les individus, qui sont régulièrement stigmatisés et amalgamés aux islamistes.

Il serait également intéressant de se pencher sur cette notion de « musulman modéré », très répandue en Occident et qui ne sera utilisée dans cet ouvrage qu'entre guillemets tant l'adjectif n'a de sens que si l'on estime que le musulman serait par définition « extrémiste » et que le « modéré » représenterait une telle exception qu'il deviendrait impératif de le distinguer. Or, cette approche est non seulement inique mais totalement erronée. D'abord, si l'on considère que c'est dans le segment composé par les musulmans pratiquants que les islamistes doivent être comptabilisés, ces derniers ne pourraient constituer qu'une minorité. Il est évident qu'un islamiste est nécessairement un pratiquant régulier fréquentant assidûment les mosquées et les lieux de culte même si, rappelons-le, le musulman pratiquant n'est pas forcément un islamiste.

Par exemple, selon les chiffres fournis régulièrement par le ministère français de l'Intérieur, on constate que de 8 à 10 % des musulmans de France fréquentent les mosquées. Cette estimation est fiable puisqu'elle corrobore avec les 2 000 salles de prières et autres lieux de culte musulman recensés en France. C'est dire que les islamistes se confondent forcément avec les 8 à 10 % de pratiquants. Même si l'on admettait – ce qui serait malhonnête – que tous les musulmans pratiquants seraient des islamistes ou des activistes, on ne pourrait pas raisonnablement faire rayonner les théories de l'amalgame sur l'ensemble des musulmans, y compris non pratiquants et sur ceux qui se contentent d'accomplir les principaux piliers de la religion musulmane[1].

« Ceux qu'on appelle "musulmans modérés", lit-on sur le site de Riposte laïque, ont abandonné peu ou prou la *charia* et autres horreurs du Coran et de Mahomet. Ce sont en quelque sorte des croyants et pratiquants à géométrie variable, ne gardant de l'islam que ce qui les arrange. »[2] Voilà précisément un exemple-type montrant l'étendue de la méconnaissance des réalités de la religion musulmane par ceux-là mêmes qui, tout en s'autoproclamant « spécialistes » de la question, ne cachent guère – même si c'est leur droit – leur méfiance à l'égard de cette croyance, mais en même temps, construisent un discours qui repose essentiellement sur leurs convictions personnelles, lesquelles leur dictent que le Coran ne contiendrait que des

1. Il existe cinq piliers en islam : la profession de foi qui atteste de l'Unicité de Dieu et de la Prophétie de Mahomet, les prières quotidiennes, le jeûne du mois du Ramadan, la Zakat, c'est-à-dire l'aumône obligatoire et le Pèlerinage à La Mecque.
2. Riposte laïque numéro 104.

« horreurs ». Or, lorsqu'on parle d'islamisme, il ne s'agit pas uniquement d'asséner ses « vérités » sur l'islam, il faut être surtout capable de cerner le phénomène. Les religions ne sont que ce que les individus en font. C'est là une vérité axiomatique valable pour toutes les idéologies, les croyances et les religions. Et littéralement, le Coran ne contient pas plus d'« horreurs » que d'autres textes. L'islam éclairé a existé – et existe encore, n'en déplaise à ses pourfendeurs – et ce sont des hommes, des philosophes et des érudits qui l'ont fait rayonner et l'islam obscurantiste existe aussi et ce sont d'autres hommes, des ignorants et des extrémistes qui l'ont momifié.

À ce propos, il est important d'apporter quelques clarifications. Primo, le rejet d'une religion, quelle qu'elle soit, ne confère pas à son auteur la légitimité de diffuser des contrevérités. En clair, s'il est tout à fait normal qu'on puisse critiquer, redouter, voire haïr une religion, il est par contre tout à fait malhonnête de vouloir faire passer ses thèses pour des vérités absolues. Secundo, il n'est pas tolérable de laisser ces mêmes contrevérités polluer et parasiter le débat sur l'islamisme. Tertio, outre le fait que de telles idées sont fausses, elles n'apportent surtout aucun élément de réponse à même de nous permettre d'engager une vraie réflexion sur la manière de lutter, à travers le monde, contre l'islamisme.

Cela dit, et pour revenir à la phrase citée plus haut, il est clair comme de l'eau de roche que l'auteur de ce texte ne possède qu'une connaissance sommaire du corpus islamique. Affirmer que les « musulmans modérés » seraient ceux qui auraient « abandonné peu ou prou la *charia* » revient à légitimer totalement le discours des islamistes qui écrivent exactement la même chose à propos des musulmans progressistes qui rejettent l'islamisme et toutes les lectures littérales de l'islam. Les islamistes ont, en effet, une approche binaire et refusent catégoriquement le principe du « musulman modéré » qu'ils considèrent comme un « apostat ».

Pour les islamistes, il existe les « musulmans », c'est-à-dire eux-mêmes et les autres qu'ils qualifient tantôt de « mécréants » pour désigner les polythéistes, les chrétiens ou les juifs, tantôt « d'apostats » pour montrer du doigt le musulman qui aurait clamé son athéisme ou celui qui n'aurait pas une pratique susceptible de trouver grâce à leurs yeux. C'est dire qu'à travers des affirmations aussi tranchées que celles portées par certains animateurs de Riposte laïque, les musulmans attachés aux principes démocratiques se retrouvent entre le marteau de l'islamisme et l'enclume des partisans de l'amalgame ainsi que de celle des racistes.

Mais plus grave encore, en affirmant que les musulmans progressistes seraient « en quelque sorte des croyants et pratiquants à géométrie variable, ne gardant de l'islam que ce qui les arrange », Riposte laïque démontre qu'il ignore que, sur un plan purement théologique, l'absence de clergé dans l'islam sunnite[1], plaide pour la verticalité qui doit prévaloir dans la relation entre le musulman croyant et son Créateur et consacre le droit de la pratique à « géométrie variable ». Il existe à ce propos un verset coranique clair qui précise cette réalité : « Et dis : "La vérité émane de votre Seigneur". Quiconque le veut, qu'il croie, et quiconque le veut qu'il mécroie". »[2] D'autres passages du Coran abondent en effet dans le même sens et spécifient que le croyant n'est jugé, dans sa foi, que par son Créateur et certainement pas par ses coreligionnaires ou par le tout-venant. Partant d'un tel verset qui, rappelons-le, s'adresse à Mahomet qui joue alors, d'après la tradition, son rôle de « messager », chargé de transmettre une

1. Il existe deux grands courants en islam : le sunnisme représentant 88 % des musulmans et le chiisme qui en représente près de 12 %, soit autour de 150 millions de personnes dans le monde. Certains courants de l'islam chiite admettent l'existence du clergé. Cet aspect sera longuement évoqué plus loin.
2. Coran, Sourate 18, Verset 29.

foi et une spiritualité, l'on peut constater l'existence de cette « verticalité » qui donne aux individus le choix de croire ou de ne pas croire ainsi qu'une grande liberté dans la pratique.

Si nous admettons que cette relation « verticale » est exigée par l'islam, à la fois à travers les textes et par l'absence d'un clergé, comment pourrait-on se permettre d'évoquer une « pratique à géométrie variable » chez certains musulmans qui, selon leurs aspirations, leur foi, la compréhension de leur religion et les interprétations qu'ils seraient susceptibles de faire, décideraient de suivre telle ou telle autre vision de l'islam ?

Cette religion consacre, d'après plusieurs lectures, la place intime qu'occupe l'islam dans le cœur des femmes et des hommes qui le choisissent. Or, ce mot « islam » qui veut dire, rappelons-le, soumission ou abandon total à Dieu, est suffisamment clair quant à la pratique de chaque musulman, seul comptable de ses faits devant son Créateur.

Mais pour autant, il est également important, pour ne pas créer de stériles polémiques, de préciser que les confusions entre musulman et islamiste, islam et islamisme, sont parfois établies en raison d'une profonde méconnaissance de l'idéologie islamiste, phénomène complexe s'il en est.

Il faut reconnaître que la complexité du sujet peut provoquer, par ignorance, des amalgames incontrôlés. En effet, les partisans d'une sorte de « tout se vaut » ont tendance à se forger des certitudes en se contentant d'une lecture littérale du texte coranique ou de certains *hadiths*[1]. Or, c'est ce qui est précisément reproché aux islamistes et aux défenseurs de la théorie qui évoque l'existence d'un seul islam consubstantiellement extrémiste. En d'autres termes, les plus grands

1. Les *hadiths* sont un ensemble de paroles prononcées par le Prophète Mahomet ou attribuées à ce dernier, et rapportées, selon une chaîne de transmission complexe par les différentes écoles musulmanes.

pourfendeurs de l'islam ont la même approche du corpus, le littéralisme en l'occurrence, que les islamistes qu'ils prétendent honnir. C'est là un fait !

À ce propos, des questions s'imposent. Elles sont à adresser aux deux extrêmes que nous venons de citer. Peut-on réellement juger d'un texte révélé au VIIe siècle avec une grille de lecture du XXIe ? Doit-on interpréter, dans le Coran, la lettre et délaisser totalement l'esprit contenu dans le message ? Et pouvons-nous apprécier le texte et sa teneur réelle sans prendre en considération le contexte dans lequel tel verset fut transmis ou tel *hadith* prononcé ? Nous ne pouvons évidemment répondre que par la négative à ces trois questions.

Comment faut-il procéder alors ? De prime abord, il est clair que le Coran n'est pas un Livre à mettre entre toutes les mains. En réalité, sa complexité fait forcément de lui une œuvre élitaire qui doit être étudiée selon des approches rigoureuses dénuées de passion et séparées de certaines pulsions idéologiques. Mais le corpus islamique, pour qu'il soit compris et interprété correctement, doit être par ailleurs approché – et c'est aussi valable pour l'idéologie islamiste – de façon pluridisciplinaire. La sociologie, la géopolitique, la théologie, la littérature et l'histoire sont autant de disciplines, parmi d'autres, qui permettraient de mieux cerner le message coranique et donc, l'islam.

S'il ne fait aucun doute que cette religion laisse apparaître un besoin vital de réinterprétation, elle est condamnée en même temps à accepter le principe de l'*Ijtihad*[1] et la réouverture des portes du débat, de la polémique et de la discussion, fermées à double tour par les tenants des différents courants islamistes[2] à travers les âges.

1. Le mot *Ijtihad* puise sa racine dans le mot *Juhd* qui veut littéralement dire « effort ». Par *Ijtihad*, il faut comprendre l'effort d'interprétation préconisé d'ailleurs en islam.
2. Plus loin seront détaillés les différents courants islamistes.

L'islamisme est devenu aujourd'hui une idéologie politico-religieuse qui séduit, interpelle, inquiète et suscite maintes interrogations au sein des sociétés européennes. Il reste néanmoins méconnu. Sa « littérature », son histoire, ses mécanismes, son fonctionnement, les ressorts psychologiques qu'il utilise ainsi que sa dangerosité sont souvent ignorés. Or, plusieurs indications montrent que cet intégrisme, si particulier, demeurera, pour de nombreuses années encore, un sujet qui ne cessera de préoccuper et de poser problème, notamment quant à son incompatibilité avec les systèmes démocratiques.

Cet ouvrage ambitionne donc de décrypter l'idéologie islamiste pour ceux qui se posent un certain nombre de questions sur le succès de ce « projet de société », proposé aujourd'hui aux sociétés, tant musulmanes qu'occidentales.

Introduction

Pourquoi écrire un énième livre sur l'islamisme ? La question mériterait d'être posée, d'autant plus que depuis les attentats du 11 septembre, un nombre incalculable d'ouvrages ont tenté de raconter la religion musulmane, l'islamisme et le terrorisme ; les uns ont cherché à répondre aux interrogations soulevées par l'opinion publique, d'autres ont voulu percer les mystères de cette idéologie qui fascine les uns et inquiète les autres. Cela étant dit, peu d'écrits ont exploré les raisons qui font de l'islam politique un pôle d'attraction pour beaucoup d'individus à travers le monde, y compris parmi des non-musulmans. Comment et pourquoi une vision de la religion décrite par des musulmans comme obscurantiste, séduit-elle, attire-t-elle des personnes qui délaissent la modernité et ses fastes pour aller s'enfermer dans des dogmes qui consacrent tous les interdits ? L'ambition de cet ouvrage est de répondre entre autres à cette question. Pourquoi des femmes choisissent-elles de s'emprisonner sous le voile, le *niqab* ou la *burqa* ? Pourquoi des hommes sont-ils prêts à sacrifier leur vie ? Pourquoi des « Européens », issus parfois de familles catholiques conservatrices[1], voire

1. Muriel Degauque est née dans une famille belge catholique. En 2005, elle se convertit, elle épouse l'islamisme et ira commettre un attentat suicide en Irak. Nous verrons son cas plus loin.

juives[1], se convertissent-ils à une certaine interprétation de l'islam ? Et pourquoi des jeunes ayant été éduqués par l'école de la République, finissent-ils dans les bras de l'intégrisme ?

On peut légitimement s'interroger aujourd'hui sur ce constat que l'islamisme plaît, y compris à des non-musulmans qui choisissent de trouver une foi, une idéologie politique ou une « communauté », ou peut-être tout en même temps dans l'offre globale que propose cet intégrisme. Parce qu'en effet l'islamisme est une lecture de la religion musulmane (mais pas LA religion musulmane), une idéologie politique, une communauté de croyants, un dogme, une loi, un projet de société, une vision du monde ; c'est parce qu'il offre à certaines personnes une espérance, une voie, une identité, une doctrine, des principes, etc., qu'il arrive à ratisser aussi large, à recruter tant dans les milieux aisés qu'auprès des plus défavorisés, à séduire des intellectuels et des illettrés, à attirer des femmes et des hommes, des jeunes et des moins jeunes, des Occidentaux et des Orientaux, des universitaires et des manutentionnaires, des délinquants et des citoyens légalistes, bref, tout le monde !

Si plusieurs questions s'imposent d'elles-mêmes, deux d'entre elles sont certainement essentielles : celle qui introduit la nécessaire explication à apporter au « grand public » qui s'interroge sur la nature réelle de l'islamisme, et celle qui permettra le décryptage de certains comportements observés dans l'espace public et autres revendications qui peuvent légitimement choquer des pays sécularisés.

Nous verrons tout au long de cet ouvrage quelles sont les raisons qui poussent toutes les strates de toutes les sociétés vers l'islamisme. Un phénomène à la mode qui se targue de

1. Alma et Lila Lévy sont nées d'un père juif non pratiquant et d'une mère musulmane non pratiquante (d'origine algérienne), elles étaient au centre de la polémique sur le voile à l'école en 2005.

pouvoir donner des réponses à toutes les questions, qui est capable de s'adapter à toutes les situations et qui propose, du moins en apparence, ce que probablement notre monde globalisé, matérialiste, individualiste, ultralibéral et forcément injuste ne sait pas, plus, offrir. L'un des slogans des islamistes n'est-il pas : « L'islam est la solution ! ».

À l'islamisme, le plus souvent, seuls les différents représentants des extrêmes droites européennes répondent. Les autres courants politiques sont généralement comme pétrifiés face à ce sujet. Il est traité soit par l'angélisme, soit par la caricature. Il fallait verser un nouvel élément au débat afin de pousser la réflexion le plus loin possible et pour que la réponse à cette vision extrémiste de l'islam ne soit pas apportée uniquement par des chapelles tout aussi extrémistes, d'un point de vue idéologique s'entend. Il est nécessaire, nous semble-t-il, de connaître tous les aspects de cette doctrine avant d'espérer lui opposer des ripostes politiques ou idéologiques ambitieuses. Nul ne peut combattre un phénomène sur lequel il ignore tout. Or, beaucoup de choses sont aujourd'hui méconnues sur la pensée islamiste. Il était important aussi de livrer quelques clarifications sur la réalité de cette idéologie qui, quoi qu'on en dise, ne cesse de s'imposer comme une « alternative » aux idéologies incarnées par les puissances démocratiques, tant sur les plans socio-économique que politique et culturel.

L'islamisme reste un sujet tabou, tout comme l'islam d'ailleurs. Ce phénomène, alors qu'il est, rappelons-le, statistiquement et historiquement d'abord responsable de la mort de beaucoup de musulmans – voire de leurs souffrances et parfois de leur oppression –, et l'une des principales sources d'inquiétude des sociétés occidentales, se voit soit confondu – comme nous l'avons déjà vu – avec la religion musulmane, soit injustement minimisé dans sa nocivité par certains observateurs se prétendant pourtant avertis. Ces derniers préfèrent en effet ignorer, dans leurs travaux, la dangerosité de l'islamisme et des interprétations intégristes de l'islam. Si cette religion est différente de l'idéologie politique qui la manipule, on ne peut pas la séparer totalement de celle-ci tant le littéralisme qui favorise le terrain du fanatisme, lui-même à l'origine de l'islamisme, est un courant à ne pas négliger dans la sphère musulmane. En clair et pour résumer, gardons à l'esprit qu'une approche littéraliste du Coran provoque *de facto* une pratique intégriste, ce qui induit systématiquement une politisation de l'islam.

C'est dire, et cela n'est pas contradictoire avec le distinguo que nous avons rappelé précédemment, que l'islamisme puise sa pensée dans les lectures littéralistes de l'islam. L'islamisme est donc également un rigorisme islamique qui refuse le monde moderne, y compris dans ses aspects positifs. Et d'ailleurs, l'islam politique, en tant qu'idéologie et projet de société, est presque aussi ancien que la religion musulmane et très lié à elle puisqu'il s'en inspire pour l'instrumentaliser et l'utiliser.

Cela dit, bien qu'il faille, répétons-le, dissocier l'un de l'autre et préciser, de nouveau, que l'islamisme n'est pas l'islam dans ce sens qu'il ne représente nullement un corpus spirituel, mais plutôt une doctrine politique, il est tout aussi fondamental de ne pas se faire bêtement le défenseur des théologiens musulmans – et surtout les contemporains – qui n'ont eu, pour l'instant, ni le courage, ni l'audace, ni les capacités intellectuelles qui auraient permis d'opérer l'*aggiornamento* de l'islam. Une religion – et notamment lorsqu'elle repose sur la Foi et la Loi – est semblable à un logiciel informatique : des mises à jour régulières sont nécessaires pour son bon fonctionnement. Or, les musulmans n'arrivent pas encore à trouver l'environnement sociologique, politique et culturel favorable qui faciliterait l'élaboration d'une telle mise à jour. L'Europe aurait pu représenter cet environnement, mais les choses ne s'annoncent pas sous les meilleurs auspices. Du moins pas pour le moment puisque ceux qui parlent au nom de l'islam sont souvent ceux-là mêmes qui propagent une pensée islamiste.

D'autre part, des précisions s'imposaient quant aux débuts de l'islamisme. Ces clarifications sont aujourd'hui nécessaires, tant plusieurs déclarations ou analyses ont imputé le succès de l'islam fanatisé ou sa naissance à la politique hégémonique américaine, au conflit israélo-palestinien ou encore exclusivement à la pauvreté. Ce sont là incontestablement des appréciations approximatives. On sait par exemple que des pays islamistes[1] comme l'Arabie Saoudite sont loin de souffrir d'une misère endémique. L'histoire nous démontre par ailleurs que les premiers pas de l'islamisme ont eu lieu bien avant la création de l'État d'Israël en 1948 et avant même que Christophe Colomb ne foule le sol du continent américain en 1492.

Peut-on dater pour autant la naissance de l'islamisme ? Il existe cinq dates ou plus précisément cinq périodes qui montrent que le phénomène islamiste est né, en réalité, en plusieurs phases distinctes qu'il conviendra d'analyser avec précision. D'autre part, nous observerons que ce même phénomène n'a pas eu une évolution linéaire et constante, mais des soubresauts réguliers dans des sociétés faisant elles-mêmes face à des convulsions ponctuelles dues tantôt à une mauvaise gouvernance ou à des volontés expansionnistes, tantôt à des situations d'injustice et d'oppression. L'histoire de l'islamisme sera l'objet du premier chapitre qui reviendra sur les différentes étapes ayant forgé à la fois le discours et la pensée islamistes.

Évoquons néanmoins d'ores et déjà le fait que l'instrumentalisation politique de l'islam a commencé avec l'instauration de la dynastie omeyyade en 661 qui marque le début du pouvoir dynastique en islam. Une seconde période, qui s'étalera

1. Par « pays islamistes », on entend les États régis par la *charia*, un ensemble législatif puisé dans des interprétations littérales et parfois extrémistes du texte coranique.

de 810 à 1290, verra l'émergence de deux personnages-clés qui allaient devenir, tour à tour, les principales références idéologiques des islamistes : Ibn Hanbal et Ibn Taymiya[1].

Le premier donnera naissance à l'école et à la pensée qui porteront son nom : le hanbalisme ; le second (Ibn Taymiya) reprendra le flambeau de cette école de pensée, moins de trois siècles plus tard, en ravivant le hanbalisme et par là même légitimera une vision littéraliste de l'islam, redonnant vie à l'islamisme. Il peut être considéré, de nos jours, comme l'un des principaux théoriciens de l'intégrisme musulman. Une troisième période s'ouvre au XVIIIe siècle avec Mohamed Ibn Abdelwaheb[2], fondateur du salafisme wahhabite et néanmoins cofondateur de la monarchie saoudienne. Le XXe siècle – plus précisément en 1928 –, ouvre la quatrième période avec la naissance de la Confrérie des « Frères musulmans », fondée par Hassan Al-Banna[3] ; enfin, une dernière séquence, la plus récente, débutera en 1973 avec la défaite du nationalisme panarabique lors

1. Ibn Taymiya est né en 1263 à Harran (Carrhes) dans l'actuelle Anatolie (Turquie). Certaines sources affirment qu'il serait d'origine kurde. Jeune, il s'installa à Damas avec sa famille où il étudia les sciences islamiques. Il deviendra à l'âge adulte une sorte d'inquisiteur, critiquant toutes les pensées philosophiques, les rationalistes, les autres religions monothéistes, les différents courants de l'islam dont le soufisme, et théorisa les principes du *jihad*. Il fut d'ailleurs emprisonné à maintes reprises et interdit de *fatwa*. Il mourut à Damas en 1328. Les islamistes le surnomment « Cheikh Al-Islam » qui veut dire le « maître », le « savant » ou le « sage » de l'islam. Tous les travaux contemporains effectués par les islamistes et plusieurs exégèses font référence à ses écrits.
2. Mohamed Ibn Abdelwahab est né en 1703. Appartenant à une famille de juristes hanbalites, il théorisa le wahhabisme, une doctrine salafiste qui préconisa le retour à un islam expurgé de la *bidaa*, les « innovations blâmables », en d'autres termes à toutes les pensées philosophiques et humanistes et à toutes les coutumes tribales qui ne font pas partie de la tradition des premiers compagnons du Prophète. Il mourut en 1792 après avoir scellé un pacte avec la tribu des Saoud pour propager cette doctrine à travers toute la péninsule Arabique et au-delà, à travers l'ensemble du monde musulman.
3. Hassan Al-Banna est égyptien. Fondateur de la Confrérie des « Frères musulmans », il est né en 1906 et décédé en 1949, assassiné dans des conditions obscures.

de la guerre israélo-arabe du Kippour et l'émergence du mouvement islamiste que nous connaissons aujourd'hui qui se présenta comme l'unique alternative pour laver le « déshonneur et l'humiliation » engendrés par les cuisants revers militaires subis par le monde arabe face à Israël. Au panarabisme allait succéder le principe de « monde musulman », la fameuse *Oumma*, et le rêve de réinstaurer le Califat.[1] Vœu porté par tous les courants islamistes et notamment par *Hizbu At-Tahrir* (Parti de la libération)[2], un courant salafiste méconnu en Occident.

Ce sont là les cinq phases qu'il faudra étudier avec précision si l'on veut comprendre les réalités proposées par l'islamisme de nos jours. Le livre sera composé de deux grandes parties : la première reviendra sur l'histoire passée et contemporaine de l'islamisme ; la seconde se penchera sur les ressorts utilisés, depuis quelques années, par cette idéologie pour séduire les masses.

---

1. Littéralement, la succession. Le calife veut dire le successeur (ou parfois le représentant).
2. *Hizbu At-Tahrir* est un mouvement né d'une dissidence au sein des « Frères musulmans ». Il a été créé en 1953 par le cheikh Taqiuddin An-Nahbani.

1

Retour sur l'histoire tumultueuse de l'islamisme

On ne peut comprendre l'islamisme et sa forme contemporaine, sans nous intéresser préalablement à son évolution et, en arrière-plan, à toute l'histoire musulmane. Cela dit, il est nécessaire, avant toute chose, de répondre à une question fondamentale : l'islam est-il politique ? Certains analystes et observateurs estiment que oui, d'autres soutiennent le contraire. Les premiers forgent leur conviction sur une lecture de l'« islam de Médine »[1] qui fut un islam de conquêtes, de batailles et d'expansion ; les seconds se basent sur une analyse de l'« époque mecquoise »[2] qui fut une période de révélation, de spiritualité et d'apprentissage. Nous pensons que la compréhension de la religion musulmane ne peut être complète qu'à travers la prise en considération des deux périodes

1. Après la révélation entamée à La Mecque vers 610, le Prophète Mahomet et ses premiers compagnons subirent brimades, tortures et répression. Ils durent s'exiler à Médine en 622, où ils fondèrent la première communauté musulmane.
2. Mahomet est né à La Mecque vers 570, selon la tradition musulmane. Il aurait reçu la révélation vers 610. L'époque de la révélation mecquoise s'étale donc de 610 à l'année de l'exil (l'hégire) en 622.

citées. Il faut cependant ne pas négliger certains aspects occultés par l'historiographie officielle et notamment la partie qui met en lumière les luttes intestines qui ont miné, dès la mort du Prophète, le monde musulman. L'ensemble de ces aspects représente à la fois l'histoire de l'avènement de l'islam dans une péninsule Arabique peuplée majoritairement de tribus polythéistes possédant une culture guerrière et un caractère rugueux, et le contexte sociologique et géopolitique dont la connaissance est indispensable à qui veut se faire une opinion précise.

Dès son installation à Médine, l'islam fut associé à l'État et il est vrai que Mahomet était Prophète, guide spirituel, mais aussi chef de guerre, homme d'État et dirigeant d'un gouvernement. Ce sont les circonstances de la naissance de l'islam et le contexte de celle-ci qui l'ont exigé et non pas le texte coranique en tant que tel. Une connaissance de ce contexte et une étude chronologique de la révélation nous poussent à penser que l'islam est, avant tout, une spiritualité, les quelques aspects bellicistes ou politiques contenus dans le Coran étant généralement des réponses à des situations bien précises et ponctuelles.

Prenons un exemple : la guerre[1]. La violence fut catégoriquement interdite durant les premières années de la révélation. Le texte coranique exhorte alors les croyants à la « patience »[2], y compris lorsqu'ils étaient opprimés par les mecquois[3], en raison de leur adhésion à l'islam. Ce n'est qu'après l'hégire et

1. Nous prenons volontairement l'exemple le plus extrême.
2. « Fais preuve de patience [en restant] en compagnie de ceux qui invoquent leur Seigneur matin et soir, recherchant Sa Face. Et que tes yeux ne se détachent point d'eux, en cherchant (le faux) brillant de la vie sur terre. Et n'obéis pas à celui dont Nous avons rendu le cœur inattentif à Notre Rappel, qui poursuit sa passion et dont le comportement est outrancier », Sourate 18, Verset 28.
3. Les habitants de La Mecque. Ce sont certains notables de La Mecque qui mèneront la répression contre Mahomet et ses premiers compagnons.

après que les notables de La Mecque eurent décidé d'exproprier les musulmans de toutes leurs richesses, que les premiers versets appelant à l'action armée furent transmis[1]. En effet, quelques semaines après son exil, Mahomet apprit à ses fidèles, qui voulaient alors en découdre pour récupérer leurs biens, les passages coraniques: « Autorisation est donnée à ceux qui sont attaqués (de se défendre) – parce que vraiment ils sont lésés; et Allah est certes Capable de les secourir; ceux qui ont été expulsés de leurs demeures, – contre toute justice, simplement parce qu'ils disaient: "Allah est notre Seigneur". – Si Allah ne repoussait pas les gens les uns par les autres, les ermitages seraient démolis, ainsi que les églises, les synagogues et les mosquées où le nom de Dieu est beaucoup invoqué. Allah soutient, certes, ceux qui soutiennent (Sa Religion). Allah est assurément Fort et Puissant ; ceux qui, si Nous leur donnons la puissance sur terre, accomplissent la Salat[2], acquittent la Zakat[3], ordonnent le convenable et interdisent le blâmable. Cependant, l'issue finale de toute chose appartient à Allah. »[4] Ce furent là les premiers versets qui rendirent légitimes le recours à la guerre dite « défensive »[5].

Cela dit, il serait intéressant de comprendre la nature de la légitimation du biais de la violence, dans le texte coranique et dans ce contexte précis pour montrer les différences fondamentales qui existent avec l'époque contemporaine. Lorsqu'ils

1. 86 des 114 sourates que contient le Coran ont été révélées à La Mecque. Cela dit, les 28 sourates médinoises sont beaucoup plus longues que les sourates mecquoises.
2. Littéralement, les prières.
3. La Zakat est l'un des piliers de l'islam. C'est l'impôt obligatoire pour chaque musulman qui en possède les moyens.
4. Sourate 22, Versets 39,40 et 41.
5. Appelées *Jihad Arred* (ou guerre défensive), les premières batailles entraient dans le cadre d'une sorte de « légitime défense ». Plus tard, il sera question de *Jihad Attaleb* (ou guerre offensive) qui permettra aux musulmans de mener des guerres d'expansion.

arrivèrent à Médine, les premiers croyants mecquois – moins de trois cents – étaient dans le dénuement le plus total. Ils furent accueillis par des médinois fraîchement convertis à la nouvelle religion qui leur assurèrent, un temps, le gîte et le couvert, mais cette situation ne pouvait pas durer éternellement. À ce moment précis, l'islam jouait sa survie et Mahomet sa prophétie. L'action militaire devenait dès lors stratégiquement et politiquement nécessaire pour permettre aux musulmans de recouvrer leurs richesses à travers les razzias (une pratique coutumière à l'époque dans toute la péninsule), mais surtout une fierté d'appartenir à une communauté puissante et capable de se défendre et de construire une cité prospère, une armée, un État.

À partir de Médine, Mahomet et ses compagnons lancèrent ce qu'il conviendrait d'appeler « une guerre de harcèlement » contre les riches notables mecquois, attaquant leurs caravanes (qui passaient à proximité de Médine, cité située sur la route commerciale menant vers la Syrie, appelée alors Al-Sham). Ces attaques étaient menées par les musulmans qui espéraient obtenir une sorte de réparation pour leurs biens spoliés par les mecquois et pour punir ces derniers de les avoir chassés de leur ville natale. De plus, les musulmans se réservaient le droit de reconquérir La Mecque, considéré comme un lieu sacré parce qu'abritant *La Kaaba*[1], construite par Abraham et son fils Ismaël, selon la révélation coranique.

En 624, voulant mater Mahomet et ses compagnons, les notables mecquois levèrent une armée et se dirigèrent vers Médine. La première grande bataille menée par les musulmans sera celle de Badr, oasis située à quelques encablures de la ville abritant Mahomet et ses hommes. C'est après cette

1. *La Kaaba* est la construction de forme cubique située au centre de La Mecque. Selon la tradition, elle aurait été construite par Abraham que l'islam considère comme prophète.

confrontation que le *jihad* allait occuper une place centrale dans la vie des premiers croyants. Ils en tirèrent plusieurs conclusions qui seront récupérées plus tard par le mouvement islamiste : leur religion leur permettait de se défendre, ils pouvaient remporter un combat, même opposés à une troupe plus puissante et mieux équipée et les versets coraniques annonçaient le « paradis éternel » à ceux qui seraient tués « dans le sentier de Dieu ». Mais précisons tout de même que si la « guerre sainte » ne fut autorisée, une première fois, que parce que les musulmans – et leur foi – risquaient de disparaître, l'on peut s'interroger aujourd'hui sur la validité du *jihad* quand on sait que l'islam est désormais installé, répandu et qu'à l'évidence, nul ne met en danger l'existence de cette religion monothéiste.

À ce propos, le théologien Mohamed Saïd Ramadan Al-Bouti[1] écrit dans son livre *Le Jihad en islam*[2] que « le *jihad* a été prescrit pour défendre des acquis réels et non pour en obtenir ceux qui n'existent pas ». En d'autres termes, la question du « *jihad* offensif », c'est-à-dire l'attaque contre un pays non musulman dans le but de convertir de force ses habitants, doit être abrogée. D'ailleurs, affirme le Dr Mohamed Said Ramadan Al-Bouti, sur les quatre écoles juridiques de l'islam sunnite, trois rejettent le principe du « *jihad* offensif »[3] pour « dénégation »[4]. Selon lui, « la majorité des jurisconsultes, c'est-à-dire les hanafites, les malikites et les hanbalites, estiment que la cause du *jihad* belliqueux consiste à repousser la combativité[5]. El-Chaféï[6] est, quant à lui, pour la dénégation comme cause

1. Théologien syrien d'origine turque né en 1929.
2. *Al-Jihad Fil Islam*, Dar Al-Fikr, Damas, 1996.
3. *Idem*.
4. Par « dénégation », l'auteur parle ici de rejet de l'islam comme religion.
5. Par « combativité », l'auteur parle d'agression contre un État musulman.
6. L'imam Al-Chaféï est le fondateur de l'école chaféite.

de *jihad*. C'est également l'opinion d'Ibn Hazm[1] »[2]. Même si ce n'est pas aujourd'hui un avis prédominant, notamment dans la mouvance islamiste qui instrumentalise sa notion, ses règles et ses principes, plusieurs jurisconsultes n'ont retenu du *jihad* que son aspect « défensif ». D'ailleurs, le « *jihad* offensif » ne reposerait de nos jours sur aucune légitimation théologique puisque les recommandations prescrites pour ce type de *jihad* exigent qu'il doive être déclaré par une autorité musulmane légitime, en d'autres termes un calife, possédant une autorité civile et militaire sur l'ensemble des musulmans. Ce qui n'existe plus depuis la fin du califat.

Par ailleurs, les jurisconsultes opposés au « *jihad* offensif » utilisent, pour argumenter leur exégèse, des versets dont l'interprétation, qu'elle soit littérale ou rationnelle, interdit l'action violente qui se traduit aujourd'hui par des faits de terrorisme : « Allah ne vous défend pas d'être bienfaisants et équitables envers ceux qui ne vous ont pas combattus pour la religion et ne vous ont pas chassés de vos demeures. Car Allah aime les équitables. »[3] Nous pouvons affirmer que le « *jihad* offensif » n'a plus lieu d'être et que son existence passée est à apprécier dans son contexte. Les « guerres saintes » menées par l'islam sont équivalentes historiquement aux croisades et aux guerres lancées par Saint-Louis (le roi Louis IX[4]).

Quoi qu'il en soit, si la partie du Coran révélée à La Mecque est davantage orientée vers des exhortations répétées à l'adoption de la nouvelle foi, l'acceptation du monothéisme et l'aban-

1. Abu Muhammad Ali Ibn Hazm, plus connu sous le nom d'Ibn Hazm, est un historien, juriste et théologien né en 994, mort en 1064. Il vécut à l'époque omeyyade de Cordoue et fut deux fois ministre.
2. *Al-Jihad Fil Islam*, *op. cit*.
3. Sourate 8, Verset 60.
4. Seul roi de France à avoir été canonisé. Il alla en croisade après une maladie au cours de laquelle il avait fait le vœu de partir en « guerre sainte » en cas de guérison.

don du polythéisme, les versets apparus à Médine comportent, quant à eux, des arguments doctrinaux et juridiques appelés à organiser une société musulmane qui, précisons-le, est alors dans une démarche révolutionnaire et en rupture par rapport aux us et coutumes de l'époque. En réalité, ce sont notamment des textes puisés dans cette période de la révélation, la médinoise, qui allaient, plus tard, forger la pensée islamiste et l'approche rigoriste.

Toujours est-il que ce n'est pas parce que cette proximité entre la religion et la politique a déjà existé qu'il faut, pour autant, la faire perdurer. Puisque, rappelons-le, à cette période, toutes les religions monothéistes et les autres croyances régissaient la vie des différentes sociétés. L'islam, lors de son apparition, n'a fait que s'adapter à son environnement.

Figer les choses en faisant fi de l'évolution de l'humanité et de la modernité, c'est se condamner, à un moment ou à un autre, à la régression. De plus, à son époque, Mahomet avait une légitimité à être à la fois porteur d'une prophétie et homme État. Cette légitimité n'est possédée aujourd'hui ni par les monarques ni par les prédicateurs ni par les chefs d'État ni par les imams. C'est dire que si l'islam fut politique à Médine, comme l'étaient alors les autres religions, rien n'indique que cette religion soit une idéologie politique valable en tout temps et tout lieu – comme le rappelle fort justement Abdou Filali-Ansary[1], en citant Ali Abderraziq[2].

1. Abdou Filali-Ansary est un philosophe marocain qui s'intéresse à la relation entre l'islam et la démocratie.
2. Ali Abderraziq est un théologien égyptien né en 1888, mort en 1966. Il s'opposa au salafisme et notamment aux « Frères musulmans ». Il fut condamné par les théologiens d'Al-Azhar après avoir déclaré, entre autres, que « la religion musulmane ne justifie ni le Califat, ni un quelconque État islamiste qui n'a jamais existé pas même aux premiers temps de l'*Oumma*. Le prophète est un guide spirituel et non un roi de ce monde. Aucun principe religieux n'interdit donc aux musulmans d'édifier un État sur la base de principes politiques modernes, comme la séparation des pouvoirs ».

Dans l'un de ses textes intitulé « Islam, laïcité, démocratie », Abdou Filali-Ansary reprend les interrogations du théologien égyptien tout en convoquant quelques réalités : « Une communauté créée par un prophète dans le cadre de sa prédication peut-elle être de même nature qu'une entité politique, ou un État dans le sens qu'on lui accorde généralement ? L'autorité qu'exerce un prophète sur ses partisans, sur ceux qui adhèrent à la foi qu'il prêche, est-elle de même nature que l'autorité qu'exerce un chef temporel, même bénéficiant de pouvoirs “spirituels” ? Et si c'était l'État islamique que le prophète avait créé de son vivant à Médine, pourquoi ce dernier n'a-t-il pris aucune disposition en vue d'assurer sa continuité, comme c'est le cas dans chaque État qui se considère comme tel, autrement dit, comme l'exige la logique qui régit les États ? » Abdou Filali-Ansary rappelle également que ces « questions formulées par Ali Abderraziq n'ont en réalité jamais cessé de tourmenter la conscience des musulmans ». Certes, mais en même temps, ces questions n'ont jamais pu être débattues sereinement dans un cadre théologique apaisé.

Et pour cause : dès la mort du Prophète en 632, l'islam devient un instrument de pouvoir. Tous les successeurs de Mahomet – les califes – connurent de grandes difficultés et des dissidences extraordinaires. Trois d'entre eux (Omar Ibn Al-Khattab, Othmane Ibn Affane et Ali Ibn Abi Taleb) furent assassinés dans d'effroyables luttes de pouvoir. Durant leur règne, ils approuveront, tout comme les jurisconsultes, des normes qui allaient amalgamer les lois s'inspirant des textes coraniques, l'organisation sociale adoptée par le prophète à Médine et les coutumes pratiquées alors dans la péninsule Arabique et dans les territoires annexés par les conquêtes, à la jeune nation musulmane. C'est ainsi que les razzias par exemple ou l'esprit de conquête, bien qu'ils fussent abordés dans le Coran, faisaient partie du contexte de l'époque, et ce, dans l'ensemble des communautés et des civilisations. L'abrogation de telles pratiques devait être un fait incontestable, mais les islamistes, notamment les plus extrémistes, très prompts à privilégier l'approche littéraliste, ont toujours tenté de faire perdurer ces procédés ancestraux. *Idem* pour les questions de prise de pouvoir qui furent, dès la disparition de Mahomet, au centre de toutes les discordes.

Ainsi, la course à la succession du Prophète commença-t-elle dans la *saqifah*[1], alors que « l'Envoyé de Dieu » était encore sur son lit de mort. Tandis qu'Ali Ibn Abi Taleb, le cousin et néanmoins gendre de Mahomet[2], avec d'autres compagnons et des membres de la famille, s'occupait de la dépouille, les chefs politiques et militaires de la toute jeune nation musulmane intriguaient et se disputaient, en coulisse, la nomination du calife. Si cette succession ne pouvait avoir de dimension religieuse puisque l'islam consacre Mahomet comme le dernier des « messagers de Dieu », elle allait, cela dit, revêtir un enjeu considérable. En effet, les *Ansars*[3] pensaient que le califat leur reviendrait de plein droit. Ils désignèrent pour favori l'un des leurs. Omar Ibn Al-Khattab força la main aux différents chefs de clans afin qu'ils lui préfèrent un mecquois. C'est finalement à Abou Bakr, le plus proche compagnon de Mahomet et père d'Aïcha, sa troisième épouse, que toutes les tribus musulmanes feront allégeance. Ali, pourtant membre de la famille du Prophète, se retrouvera de fait écarté[4]. Cette succession difficile allait ouvrir la voie à d'in-

1. Une tente qui servait de lieu de réunions au Prophète et à ses compagnons. Les historiens l'appellent également le vestibule.
2. Ali avait épousé Fatima, l'une des filles de Mahomet.
3. Littéralement les Partisans. Cette appellation fut donnée aux habitants de Médine qui accueillirent Mahomet après son exil de La Mecque.
4. Selon la version d'At-Tabari, un exégète et historien du xe siècle reconnu comme référence dans le monde musulman. Abou Jaafar At-Tabari est né en 839 en Iran. Il passa sa vie à Bagdad où il mourut en 923.

terminables luttes intestines donnant naissance, au fil des années, à plusieurs courants et provoquant des schismes qui continuent de miner les rapports au sein du monde musulman à ce jour.

Après la disparition d'Abou Bakr, en 634, c'est Omar Ibn Al-khattab qui est désigné calife. Il est assassiné en 644 par un esclave persan. Dès lors, les successions ne se résoudront que dans le sang. Othmane Ibn Affane, le troisième calife, est tué en 656. Sa mort brutale inaugure une profonde crise. En effet, alors qu'Ali Ibn Abi Taleb est choisi pour lui succéder, sa nomination est contestée par plusieurs rivaux. Parmi eux, Aïcha, épouse de Mahomet et fille d'Abou Bakr, d'un côté, et Mouaouiya, cousin d'Othmane Ibn Affane, de l'autre. Tous deux réclamaient le pouvoir. Le quatrième calife entre en guerre contre la veuve du Prophète et triomphe de son armée. Mais deux ans plus tard, il perd contre Mouaouiya et renonce à ses droits. Situation qui provoquera un schisme en islam et la création du courant *chiite*. Ali sera finalement assassiné en janvier 661 par un homme appartenant au courant *kharidjite*[1]. C'est Mouaouiya qui lui succède. Ce dernier déplace, la même année, la capitale de la Nation musulmane à Damas et fonde la plus grande dynastie du monde islamique : celle des Omeyyades[2]. Plusieurs raisons nous poussent à considérer que c'est avec l'avènement de cette dynastie que l'islamisme a fait ses premiers pas.

Outre l'instrumentalisation politique de la religion par les membres de la dynastie fondée par Mouaouiya qui voulaient s'approprier les textes pour gagner une légitimité, cette époque

1. Courant ultra-minoritaire en islam né à la suite de la guerre entre Ali et Mouaouiya. Les *kharidjites* renvoyèrent les deux parties dos à dos.
2. La dynastie des Omeyyades vit le jour en 661 et elle fut anéantie en 750 pour être remplacée par la dynastie abbasside. Il y eut néanmoins les Omeyyades de Cordoue en Espagne qui proclamèrent leur indépendance par rapport à la dynastie abbasside.

vit la naissance d'une multitude de sectes[1] qui transformèrent l'islam en un outil de prise de pouvoir. Installés à Damas, les Omeyyades firent de cette ville la capitale de leur dynastie, mais aussi le centre de toutes les intrigues. Il est à signaler tout de même que durant la bataille qui avait opposé Ali à Mouaouiya, ce dernier demandera à ses soldats d'accrocher des exemplaires du Coran au bout de leurs lances au moment où il allait perdre la confrontation armée. Ce qui poussera Ali à arrêter l'affrontement. Ce détail, en apparence anecdotique, revêt incontestablement un message fort quant à l'utilisation de la religion et de ses symboles à des fins politico-militaires.

En revisitant l'époque omeyyade, l'on s'aperçoit d'abord que les musulmans furent dirigés, pendant cette période, par les descendants de ceux qui avaient le plus combattu le Prophète lors des premières années de la révélation. En effet, le père de Mouaouiya n'est autre qu'Abou Sofiane Ibn Harb Ibn Omayya, un notable mecquois qui fut, avec plusieurs membres de sa famille, parmi les détracteurs les plus acharnés de Mahomet et l'un des derniers à avoir embrassé l'islam. Mais le fait le plus marquant qui va caractériser la gouvernance omeyyade concerne la nouvelle culture politique que va instaurer Mouaouiya. Les Omeyyades tordent le cou à la tradition

1. Parmi les sectes nées à cette époque et sans les citer toutes, il y eut les kharidjites (qui estimèrent que seul Dieu devait arbitrer entre Mouaouiya et Ali et se présentèrent comme les « puritains » de l'islam), mais aussi les azraquites. Nés des kharidjites, ils furent parmi les premiers des extrémistes à utiliser le terrorisme en assassinant tous ceux qui étaient de leur point de vue responsables des divisions au sein du monde musulman ; les sufrites qui se révoltèrent contre les dirigeants omeyyades et ensuite abbassides ; les najadats qui furent les partisans de la prise de pouvoir par les armes ; les ibadites qui furent pour un islam politique communautaire, mais rejetant la violence ; les chiites, partisans d'Ali qui estimèrent que le califat devait demeurer entre les mains des membres de la famille du prophète ; les chiites duodécimains qui suivirent les descendants d'Hussein, petit-fils de Mahomet ; l'islamaélisme qui représenta un chiisme extrémiste basé sur la violence, etc.

arabe, celle suivie d'ailleurs après la mort de Mahomet et qui voulait que le calife soit nommé par un consensus trouvé dans une sorte de conseil des sages. Les maîtres autoproclamés de la nation musulmane instituèrent une transmission du pouvoir par voie héréditaire non sans avoir préalablement orienté les textes à leur convenance afin de leur donner le sens qui arrangeait leurs visées politiques. Mais ils cassèrent également les us islamiques qui récusent le principe de race ou d'ethnie, en instaurant un « nationalisme arabe »[1] avant l'heure, lequel allait marginaliser les musulmans non issus des tribus arabes et notamment les Perses. Alors que jusque-là, la règle consistait à gouverner par consensus, le premier calife de la dynastie omeyyade érigea une monarchie qui obéira désormais à la succession héréditaire puisque de son vivant, il demanda aux croyants de prêter allégeance à son fils Yazid. Celui-ci succédera ainsi à son père en 680 après avoir ordonné, la même année, le tristement célèbre massacre de Karbala qui décimera la famille d'Ali, dont son propre fils Hussein, petit-fils de Mahomet, lequel convoitait le califat. Un épisode qui allait définitivement sceller le schisme à l'intérieur du monde musulman entre sunnites, partisans des Omeyyades et chiites, supporteurs d'Ali.

Il faut reconnaître que les leaders du sunnisme n'ont jamais voulu assumer les torts qu'ont causés plusieurs courants de l'islam à des descendants du Prophète Mahomet. Nombre de rancœurs, divisions et ressentiments sont dus à cette histoire lourde, bien que quasiment occultée. Le massacre de Karbala

1. À ce propos, dans *l'Islam* (Petite Bibliothèque Payot, 2003), l'orientaliste Bernard Lewis écrit : « Le califat omeyyade se perpétua pendant près d'un siècle, grâce à une suite de compromis et de dispositions intérimaires qui préservèrent l'unité de l'Islam et de la société islamique ; ce fut au prix d'une domination de l'aristocratie arabe établie et maintenue sur les non-Arabes – y compris les non-Arabes musulmans –, et d'un système de gouvernement et d'administration qui emprunta de plus en plus ses structures, ses méthodes et même son personnel aux empires que l'Islam avait supplantés. »

est un vrai tabou, mais aussi un réel traumatisme dans l'inconscient musulman puisque des dirigeants politiques, se disant profondément attachés à l'image du Prophète ou présentés comme tels, l'ayant parfois côtoyé ou vécu en son temps, se sont attaqués de manière abominable à des membres de sa famille. Ali et son fils Al-Hussein furent tués pour l'un par un élément du courant kharidjite pour l'autre par les Omeyyades. Al-Hassan, l'aîné d'Ali, fut contraint à céder le pouvoir en 678, avant d'être empoisonné par sa propre épouse Asma Bent Ashaat. Selon les chroniques d'At-Tabari, ce serait Mouaouiya qui aurait commandité le crime avant de faire assassiner Asma.

Ce sont là autant de faits historiques, parmi d'autres, qui n'ont guère laissé indifférentes plusieurs générations de penseurs musulmans. Ce type d'événement a certainement, et de manière considérable, contribué, au fil des siècles, à la banalisation de la violence en islam, mais surtout à son utilisation dans le cadre du conflit politique. C'est de là qu'est née, nous semble-t-il, cette facilité qu'ont les tenants de l'islamisme à légitimer, y compris par l'instrumentalisation du corpus islamique, le meurtre, voire les massacres, et plus tard le terrorisme.

Les graves dérives des Omeyyades, mais pas seulement, qui ont préconisé une manipulation abusive de la religion à des fins exclusivement de pouvoir n'ont-elles pas forgé, d'une certaine manière, une tradition qui voudra que l'islam soit mis au service de toutes les velléités de gouvernance ? À ce sujet, il est aisé de constater que l'histoire officielle musulmane survole habilement cette partie indissociable de la trajectoire suivie par les différentes dynasties, ou alors la tronque totalement pour n'en révéler, le plus souvent, qu'une version hagiographique de ses principales figures.

Si l'on observe attentivement la période des Omeyyades, l'on s'aperçoit qu'ils ont préfiguré ce qu'allaient être plus tard les régimes arabo-musulmans. Clientélisme, nationalisme exacerbé, intolérance religieuse, instrumentalisation de la religion mais aussi expansion et conquêtes à la recherche de nouveaux territoires[1] sont autant de faits avérés que l'observateur averti peut déceler en revisitant l'histoire. S'il est important de rappeler tous ces faits, c'est en raison de la place qu'ils occupent dans l'inconscient collectif musulman et de leur manipulation continue par les islamistes qui ne manquent pas, dans leurs discours, d'utiliser ces références historiques pour parler du présent.

Les Omeyyades ont donc joué le rôle de précurseurs dans l'instrumentalisation politique de l'islam. Ils ont su, par exemple, élever à un rang de « théologien reconnu » un personnage dont la trajectoire et surtout la crédibilité laissent perplexes tous ceux qui s'intéressent de manière objective, froide et distanciée, à son parcours. Il s'agit d'un certain Abou Hourayra. Si ce nom n'évoque rien pour les non-musulmans non initiés au corpus islamique, il trône pratiquement au rang de « saint » dans l'esprit de beaucoup d'intégristes aujourd'hui, y compris dans l'imaginaire collectif forgé, lui aussi, par des années de propagande islamiste.

Qui est donc ce « compagnon du Prophète », présenté par la tradition musulmane comme un théologien incontesté, alors que l'on ne connaît de lui qu'un sobriquet ? En effet, Abou Hourayra veut littéralement dire « le père du chaton », surnom qui lui aurait été donné parce qu'il élevait un chat qui ne le quittait quasiment jamais. Cet homme est devenu, au fil du temps, un personnage central dans l'historiographie islamique et surtout auprès des traditionnistes chargés de transmettre, parfois plusieurs siècles après la mort de Mahomet, les différentes

1. En 665, parachèvement de la conquête de l'Ifriqiya, l'actuel Maghreb ; en 670, fondation de Kairouan et prise de Carthage ; en 671, débuts de la conquête de l'Espagne ; en 708, début de la conquête sur les Baléares : la conquête de l'Espagne ne sera toutefois effective qu'en 711 ; en 716, débuts des incursions au-delà des Pyrénées et conquête du Languedoc-Roussillon, etc.

paroles du Prophète. Et si Abou Houayra est important, c'est en raison du rôle qu'il a voulu jouer (ou que les Omeyyades lui feront jouer), notamment dans la transmission du *hadith* et de la tradition prophétique.

L'histoire officielle le présente, en effet, comme celui qui aurait recueilli le plus de *hadiths* dits par le Prophète. Cela aurait été possible si ce n'est qu'une certaine rationalité nous empêche de croire à cette version qui occulte volontairement certains aspects de son parcours. En effet, Abou Hourayra, selon ce qui semble être une légende qui l'a propulsé au rang de « proche compagnon du Prophète »[1], a embrassé l'islam trois ans et demi seulement avant la mort de Mahomet. Or, l'histoire prétend qu'en trois années et demie, cet homme qui vivait dans la misère et qui était totalement analphabète a pu recueillir, selon les différentes versions, entre 4 500 et 5 500 *hadiths*[2] de la bouche même du Prophète et qu'il aurait « grâce à un miracle » réussi à en mémoriser l'ensemble, devenant ainsi le principal transmetteur de la parole prophétique. Une simple opération arithmétique nous permet de constater qu'il aurait donc recueilli entre quatre et cinq *hadiths* par jour, et ce, de manière ininterrompue. Or, quand on s'attarde sur la biographie de Mahomet durant les trois dernières années de sa vie, l'on s'aperçoit que son « emploi du temps » était très chargé : il mena plusieurs expéditions, paracheva sa

1. *Les compagnons du Prophète*, Messaoud Abhou Oussama, Éditions Tawhid, 2001.
2. Certains commentateurs affirment avoir recensé au total plus de 60 000 *hadiths*. Ce qui équivaut à une moyenne de huit *hadiths* prononcés par jour par Mahomet durant une révélation qui a duré vingt et un ans. Dans son livre *Al-Musnad*, Ahmed Ibn Hanbal affirme en avoir recensé 40 000. En ce qui concerne, Abu Hourayra, la majorité des commentateurs estiment qu'il aurait rapporté, à lui seul, 5 374 *hadiths* (archives personnelles de l'auteur). De plus, il aurait affirmé : « J'ai recueilli de l'envoyé de Dieu deux séries de *hadiths*. L'une, je l'ai répandue parmi les hommes ; l'autre, je ne l'ai pas divulguée, sinon on m'aurait coupé la gorge » (voir *Dictionnaire du Coran*, *op. cit.*). Ainsi, à l'en croire, il aurait recensé beaucoup plus que les 5 374 *hadiths* qu'il a relayés.

« mission », établit des relations diplomatiques avec d'autres tribus et nations, etc. Il fut également souvent malade lors de la dernière année de sa vie et avait pris pour habitude de s'isoler pour méditer. Nous ne craignons donc pas d'affirmer ici que la version qui prétend qu'Abou Hourayra aurait entendu près de 5 500 *hadiths* de la bouche du Prophète est à prendre avec beaucoup de précautions tant ce fait peut sembler, disons-le clairement, tout simplement impossible à croire.

Et pour cause ! Comment expliquer que des compagnons de la première heure de Mahomet recensèrent beaucoup moins de *hadiths* qu'Abou Hourayra ? Des proches tels Abou Bakr – le premier homme à avoir embrassé l'islam – ou Omar Ibn Al-Khattab – converti les premières années de la révélation – ne rapportèrent pas autant de paroles du Prophète qu'ils côtoyaient pourtant régulièrement. Les traditionnistes recensent un peu plus de 120 *hadiths* du premier et une cinquantaine du second. De même pour Othmane Ibn Affane et Ali Ibn Abi Taleb qui étaient, du vivant de Mahomet, parmi ses dix scribes et secrétaires. Le premier ne transmit, selon les traditionnistes, qu'une quinzaine de *hadiths* et le second, qui embrassa l'islam alors qu'il était encore adolescent, n'en rapporta qu'une centaine tout au plus, toujours selon les mêmes traditionnistes. Même Aïcha, épouse de Mahomet, qui a vécu avec lui durant huit ans, en aurait rapporté bien moins qu'Abou Hourayra : 2 220 selon les spécialistes des « sciences du *hadith* »[1].

D'autre part, si les *hadiths* rapportés par Abou Hourayra peuvent être sujets à caution, ce n'est pas uniquement en raison du peu de temps qu'il a passé avec le Prophète. Durant son califat, Omar Ibn El-Khattab l'avait nommé gouverneur de Bahreïn. À ce poste, les historiens racontent que ce

1. Archives personnelles de l'auteur.

« théologien reconnu », mais ayant vécu toute sa vie dans le dénuement, aurait accumulé, en peu de temps, d'importantes richesses, ce qui ne manquera pas d'attirer l'attention d'Omar qui soupçonnera chez lui un enrichissement illicite au point qu'il exigera d'Abou Hourayra la restitution de tous ses biens au Trésor des musulmans *(Bayt Mel Al-Mouslimin)*[1]. Il y a là une contradiction flagrante, les traditionnistes étant censés accorder du crédit aux seuls « proches compagnons » qui font l'unanimité sur leur probité intellectuelle et morale. Il se trouve que des soupçons ont souvent été formulés à l'égard d'Abou Hourayra, que ce soit par des compagnons de Mahomet ou par des membres de sa famille.

L'on peut dès lors se demander d'où il tient sa notoriété ; comment se fait-il que son nom soit aujourd'hui cité dans tous les livres théologiques reconnus dans le monde sunnite et comment a-t-il réussi à devenir la référence dans la « science du *hadith* » ? Questions légitimes s'il en est.

En revisitant l'histoire et sa biographie, l'on s'aperçoit qu'Abou Hourayra a connu son heure de gloire et consacré sa légitimité sous la dynastie omeyyade. Celui qui aurait avoué à Omar Ibn El-Khattab : « Je crains de juger sans savoir et de parler sans sagesse » est devenu, en l'espace de quelques années, le théologien le plus prolixe et le plus zélé des califes omeyyades. Analphabète, peu crédible et sans aucune qualification, Abou Hourayra donnera, contre un statut social inespéré, une légitimité religieuse qui faisait défaut aux Omeyyades, notamment devant Ali, le cousin et gendre du Prophète. Il n'est donc pas impossible, en tout cas le doute est plus que permis, qu'Abou Hourayra ait tout simplement inventé, tout ou partie des *hadiths* afin de servir tout simplement le pouvoir politique

1. Littéralement, Maison des biens des musulmans, ce qui est l'équivalent du Trésor public de nos jours.

des Omeyyades. Il révélera d'ailleurs des *hadiths* qui convenaient aux dirigeants de l'époque[1]. Et il sera bien récompensé puisque sous leur règne, alors qu'il ne voulait plus d'un statut de responsable sous le califat d'Omar, il sera nommé gouverneur de Médine, lieu stratégique pour les Omeyyades qui avaient installé leur capitale à Damas.

Les non-musulmans et les non-initiés à la chose théologique ne peuvent pas mesurer l'importance d'une telle remise en question. Abou Hourayra – et il n'est pas le seul – est l'illustration de cette histoire tronquée et l'utilisation de ses « travaux » par les milieux les plus obscurantistes du monde musulman, par les terroristes, mais aussi par des « modérés » qui propagent, par lâcheté ou par ignorance un dogme intégriste, nous pousse à nous interroger sur la crédibilité des « références » que les uns et les autres ne cessent de nous asséner depuis quatorze siècles. Remettre en cause la crédibilité de personnes telles qu'Abou Hourayra consiste à remettre en question la doctrine qui prédomine aujourd'hui dans le monde sunnite. Nous pensons qu'une telle entreprise est aujourd'hui plus que nécessaire malgré les risques qu'elle comporte. Nous ne sommes pas les premiers à nous interroger sur ces « fondamentaux » et sur ces personnages sacralisés par une pensée obscurantiste qui ne cesse d'instrumentaliser la religion et l'histoire de celle-ci à des fins politico-idéologiques. Les écoles chiites révèlent cet aspect, mais si elles le font, c'est uniquement pour alimenter leur guerre idéologique contre les sunnites.

Il aurait été préférable de voir des théologiens sunnites critiquer – ou laisser la critique s'opérer quant à – certaines de leurs références au lieu d'élever plusieurs générations dans le mensonge. Certes, ils ne sont pas nombreux, mais d'autres

1. Curieusement, Ali, pourtant très proche du Prophète, n'aurait rapporté selon les traditionnistes que très peu de *hadiths*. Il en va de même pour d'autres compagnons de Mahomet, cités très rarement dans les livres du *Hadith*.

avant nous se sont attaqués à ces questions. Les réactions furent – comme il fallait s'y attendre – violentes, empreintes d'intolérance et d'intégrisme. Mustapha Bouhandi[1], un intellectuel marocain laïque, musulman pratiquant, spécialiste des religions comparées, s'est vu pratiquement excommunier dans l'enceinte même de l'université marocaine pour avoir osé s'attaquer à Abou Hourayra. Ce chercheur avait dénombré dans ses travaux près de 9 000 *hadiths* prétendument rapportés par Abou Hourayra sur un total de 62 169 paroles ou attitudes du Prophète, compilées, entre un et trois siècles après la mort de celui-ci, dans les recueils reconnus comme références et sacralisés par la doxa sunnite[2]. Cela dit, les islamistes utilisent aujourd'hui deux des neuf traditionnistes, notamment Al-Bukhari et Muslim, et à un degré moindre, Al-Nisaï. Or, les *hadiths* rapportés par Abou Hourayra représentent entre 20 % et 70 % de l'ensemble des *hadiths* recensés par ces trois traditionnistes.

Comme nous l'avons constaté, le personnage d'Abou Hourayra fait naître plusieurs interrogations. Elles sont aujourd'hui d'autant plus légitimes que les *hadiths* qu'il a rapportés comportent souvent une connotation politique qui fait le bonheur du mouvement islamiste depuis plusieurs siècles. Les soupçons qui pèsent sur lui devraient inciter les chercheurs et autres universitaires qui se contentent le plus souvent de reprendre les portraits hagiographiques pour forger leurs convictions, à s'intéresser à l'« œuvre » de cet homme qui continue d'être une référence incontestée dans la plupart des instituts de sciences islamiques qui se complaisent à transmettre ce qui est véhiculé depuis ces périodes mouvementées de l'histoire musulmane.

1. Mustapha Bouhandi est Professeur de religions comparées à l'université Hassan II de Casablanca.
2. Il existe neuf compilateurs reconnus du *hadith* : Hammam Ibn Mounabbih (VIIIe siècle) ; Malik Ibn Anas (VIIIe siècle) ; Ahmed Ibn Hanbal (IXe siècle) ; Al-Boukhari (IXe siècle) ; Moslim Ibn Hajjaj (IXe siècle) ; Abu-Daoud (IXe siècle) ; At-Tirmidhi (IXe siècle) ; Ibn Majah (IXe siècle) ; an-Nissai (IXe et Xe siècles).

Or, se poser la question de savoir quel a été le rôle réel joué par Abou Hourayra dans la légitimation d'abord du pouvoir omeyyade, ensuite de la pensée islamiste, ne constitue ni un « blasphème » ni une injure à la vérité scientifique.

La reconnaissance d'Abou Hourayra de la légitimité politique et religieuse des Omeyyades, son offre de service à Mouaouiya et la nature des *hadiths* qu'il a prononcés à cette période précisément, permettent à tout observateur soucieux de connaître la vérité historique de se poser un certain nombre de questions. L'étude du parcours, de la personnalité et de la crédibilité d'Abou Hourayra nous intéresse parce que les *hadiths* rapportés par ce « personnage historique », présenté comme un « proche compagnon du Prophète », occupent une place importante dans les discours et l'argumentaire islamistes. Ces *hadiths* traitent pratiquement de tous les sujets. Sur le *jihad*, il rapporte que le Prophète aurait affirmé : « Quiconque meurt sans avoir participé au *jihad* ou en avoir fait un discours de l'âme est mort avec une portion d'hypocrisie »[1] ; sur l'inégalité entre les hommes et les femmes, il raconte que Mahomet aurait déclaré : « Si je devais ordonner à quelqu'un de se prosterner devant son semblable, j'ordonnerais sûrement à la femme de se prosterner devant son mari »[2] ; sur l'obligation faite aux femmes d'accepter systématiquement les rapports sexuels avec leur mari, il avance que le Prophète aurait dit : « Quand l'homme appelle sa femme à son lit et quand elle n'y répond pas et qu'il passe sa nuit plein de colère contre elle, les Anges ne cessent de la maudire jusqu'au matin »[3]. Trois exemples pour rappeler que ces *hadiths*, parmi tant d'autres, sont littéralement

1. Rapporté par le traditionniste Mouslim dans son *Sahih* (compilation des *hadiths*).
2. Rapporté par le traditionniste At-Tirmidhi dans son *Sahih* (compilation des *hadiths*).
3. Rapportés par les traditionnistes Al-Boukhari et Mouslim dans leurs *Sahihs* respectifs (compilations des *hadiths*).

appliqués par les islamistes cependant que celui qui est à l'origine de leur transmission souffre incontestablement d'un déficit de crédibilité.

Si les croyants pouvaient observer de manière dépassionnée les premiers siècles de l'histoire musulmane, ils s'apercevraient aisément que certaines coutumes politiques et certaines idéologies sont nées à une époque où les discordes, les conflits, l'instabilité et l'instrumentalisation de l'islam à des fins politiques étaient légion. Les Omeyyades s'étaient, comme nous l'avons précisé, illustrés par une attitude nationaliste, contraire d'ailleurs à la lettre et à l'esprit de la religion, en privilégiant les Arabes sur les musulmans perses, éthiopiens et tous les autres convertis. Les non-Arabes subirent même des injustices criantes qui finiront d'ailleurs par créer les conditions ayant scellé la fin de la dynastie omeyyade et la naissance de celle qui allait lui succéder : la dynastie des Abbassides[1].

Lorsque les Quraychites pensaient, au lendemain de la mort du Prophète, qu'ils étaient plus dignes d'occuper le poste de calife au détriment des médinois, ils étaient, eux aussi, consciemment ou pas, alimentés par une idéologie nationaliste et, eux aussi, comme les Omeyyades, ont mis les textes coraniques à leur disposition pour s'accaparer un pouvoir qui, pensaient-ils, leur revenait de plein droit.

Ce sont là des exemples qui ne manqueront pas de se renouveler à travers les siècles – même si on les retrouvera sous des formes et dans des contextes différents – et de constituer par là même une doctrine politique qui n'avait plus aucun mal à mettre le texte coranique à sa disposition à des fins de pouvoir.

Il faudrait certainement tout un livre – et non pas un chapitre – pour revenir sur cette histoire tronquée. Nous pensons notamment au rôle des mutazilites, les rationalistes, passé sous

1. La dynastie abbasside a régné sur le monde musulman entre 750 et 1258.

silence ou encore celui joué par les théologiens soufis et, naturellement par les philosophes qui ont su, notamment durant la dynastie abbasside, et, à un degré moindre, pendant l'époque andalouse, sauver l'honneur, osons l'expression, d'une civilisation qui a été trop longtemps empreinte de violence politique, d'assassinats et de terrorisme.

Les années qui suivront l'avènement de la dynastie omeyyade ne seront pas moins sanglantes que les précédentes. En 680, lors de la bataille de Karbala, Hussein, fils d'Ali et de Fatima, la fille du Prophète, est massacré, avec ses partisans, par les troupes de Yazid, fils de Mouaouiya. Cet épisode marque le divorce définitif entre *sunnites* et *chiites* qui ne cesseront désormais de vivre en rivalité. En juin 750, les Abbassides, descendants du Prophète, massacrent à leur tour les Omeyyades et fondent une nouvelle dynastie dont le siège est installé à Bagdad. Les Abbassides régneront sur le monde musulman durant cinq siècles et devront, eux aussi, faire face à une forte opposition politique dont la violence n'est pas sans rappeler le terrorisme tel que nous le vivons aujourd'hui. L'ère des Abbassides est également intéressante à connaître. C'est durant cette période que les littéralistes s'opposèrent le plus aux rationalistes mutazilites[1].

Ces derniers furent à l'origine de la « théologie spéculative », laquelle sera pratiquement interdite quelque temps plus tard par les différentes écoles juridiques. *Idem* pour le soufisme qui sera vilipendé par les mêmes littéralistes. L'ère des Abbassides connaîtra la véritable naissance des quatre écoles juridiques de l'islam sunnite même si les fondateurs de deux d'entre elles virent le jour sous le règne omeyyade. Le rigorisme

1. Les origines du mutazilisme remontent à la fin de la dynastie omeyyade. Ce courant de pensée avait basé sa réflexion sur la notion de la responsabilité de chaque croyant à travers le « libre arbitre » et qui conduit à limiter la toute-puissance divine. Démarche que les littéralistes ne pouvaient partager. Après avoir été soutenus par le calife abbasside Al-Maamoun, ils subirent l'inquisition des littéralistes après sa disparition.

qui allait plus tard inspirer le mouvement islamiste allait donc naître à cette période et notamment *via* l'école hanbalite[1]. Les quatre écoles, appelées *Madhahib*[2], allaient entre la fin du IXe et le début du Xe siècle sacraliser la notion selon laquelle l'islam est constitué d'un ensemble de textes normatifs qui doivent impérativement régenter la vie de tous les croyants. Pourtant, le penseur musulman Abu Hamid Al-Ghazali[3] évaluait peu ou prou le nombre de versets normatifs à plus ou moins 500 sur un total de 6 300[4], ce qui est très peu, pour considérer le Coran comme un texte législatif, ainsi que le prétendent les islamistes.

Cela étant dit, globalement, les différentes écoles – et à un degré moindre peut-être l'école hanafite –, décident de se référer au Coran et à la Sunna, mais aussi aux premiers compagnons *(essalef essalih)*[5] et aux successeurs *(ettabiine)*[6] pour y puiser les sources fondamentales de la loi qui sera appelée *charia*.

Œuvre humaine, cette *charia* allait néanmoins être sacralisée et le principe d'*Ijtihad*, l'effort d'interprétation, totalement abandonné au profit du *taqlid*, l'imitation. Pourtant recommandé

1. Fondée par l'imam Ahmed Ibn Hanbal (780-855). C'est l'imam Chaféï (767-820), fondateur de l'école chaféite, qui jettera néanmoins les bases de la jurisprudence islamique *(usûl al-fiqh)*. Le malékisme fondé par l'imam Malek (715-795) se spécialisera dans le *hadith* alors que le hanafisme dont le fondateur est Abu Hanifa (699-767) se distinguera par l'élaboration de la jurisprudence *(fiqh)* en laissant une large place à l'avis personnel, ce qui lui attira de nombreuses critiques de la part des autres écoles, plus rigoristes. Voir à ce propos le *Dictionnaire historique de l'islam*, *op. cit.*
2. *Madhahib* est le pluriel de *madhab* qui signifie école de pensée.
3. Penseur musulman d'origine persane né en 1058, mort en 1111.
4. Voir le *Dictionnaire du Coran*, sous la direction de Mohamed Ali Amir-Moezzi, Robert Laffont, 2007.
5. *Essalef essalih* veut littéralement dire les « pieux prédécesseurs », en l'occurrence les premiers compagnons du Prophète. Les mots « salafiste » ou « salafisme » proviennent de là. Le salafisme est une doctrine qui appelle au retour à l'islam tel qu'il était pratiqué par ces « pieux prédécesseurs ».
6. *Ettabiine* veut littéralement dire les successeurs. Dans la théologie musulmane, ce mot fait référence à la première génération de musulmans née après la mort du Prophète et ayant côtoyé ses compagnons, les « pieux prédécesseurs ».

par le Coran qui reconnaît l'intelligence[1] dont a été doté l'être humain, les portes de l'*Ijtihad* furent fermées au Xᵉ siècle. Les musulmans devaient désormais se contenter d'imiter les différentes écoles juridiques. Seul l'islam chiite continue de pratiquer l'*Ijtihad* et une sorte de théologie spéculative ainsi que quelques intellectuels sunnites et des soufis qui se voient, le plus souvent, ostracisés par les tenants de l'islamisme. C'est sous le règne du dixième calife abbasside Jaafar Al-Mutawakkil (822-861) que les musulmans abandonnèrent, sous ses directives, le principe de l'*Ijtihad*. Ahmed Ibn Hanbal, rappelons-le fondateur du hanbalisme, interdit d'enseignement sous le règne des prédécesseurs d'Al-Mutawakkil, fut réhabilité et avec lui sa doctrine rigoriste. Les mutazilistes et les chiites furent combattus, les églises et les synagogues détruites et les minorités religieuses humiliées. La parenthèse de la modernité ouverte avec l'avènement des Abbassides est alors refermée. Ibn Hanbal instaura le principe du refus de la *bidaa*, les « innovations blâmables », qui concerne toute chose n'ayant pas été appliquée par le Prophète ou ses compagnons, les « pieux prédécesseurs ». Avec Ibn Hanbal étaient ainsi jetées les bases de l'islamisme.

La *charia* allait accéder désormais au statut du « sacré » puisque, selon ses premiers concepteurs, elle s'inspirait de textes sacrés ; elle ne pouvait donc plus être modifiée ni même discutée. Ainsi, devint-elle, dès la fin du IXᵉ siècle, une doctrine normative.

C'est à partir de cette période que sur le plan théologique, le principe affirmant que « l'islam est un englobant »[2] est né. Il mettait en place un système idéalisé par les islamistes qui affirmeront en substance qu'étant donné la « source divine »

1. Coran : « Il donne la sagesse à qui Il veut. Et celui à qui la sagesse est donnée, vraiment, c'est un bien immense qui lui est donné. Mais les doués d'intelligence seulement s'en souviennent », Sourate 2, Verset 269.
2. Cette notion sera théorisée plus tard par la Confrérie des « Frères musulmans » comme nous l'étudierons plus loin.

du texte coranique et son caractère englobant, la législation qui allait découler de l'interprétation de ces mêmes textes, la fameuse *charia*, ne pouvait qu'être « parfaite ». Ce principe de « perfection » allait dès lors représenter le principal argument dans le discours politique des islamistes. Raison pour laquelle, lorsque leurs représentants haranguent aujourd'hui les foules, ils vantent la *charia* qu'ils proposent comme projet de société, en répétant : « Y a-t-il mieux que la loi d'Allah ? »[1] ; les fidèles crédules répondent alors en chœur « Non ! ». L'auteur de ce prêche n'est autre que l'islamiste algérien Ali Belhadj[2] qui, quelques mois plus tôt, répondant à une interview, affirmait : « Il n'y a pas de démocratie parce que la seule source de pouvoir, c'est Allah à travers le Coran, et non le peuple. Si le peuple vote contre la loi de Dieu, cela n'est rien d'autre qu'un blasphème. Dans ce cas, il faut tuer ces mécréants pour la bonne raison que ces derniers veulent substituer leur autorité à celle de Dieu. »[3]

Ce qu'affirme là le leader islamiste algérien a été dit par des islamistes de tous les pays, et s'inspire directement de la pensée hanbalite, devenue plus tard la pensée salafiste, un courant islamiste qui se réfère, selon la perception de ses idéologues, aux textes fondateurs de l'islam, c'est-à-dire certes, au Coran et à la Sunna, mais aux travaux de jurisprudence réalisés par les différentes écoles de pensée et notamment par ceux qui se reconnaissent dans le hanbalisme.

Les écoles juridiques – dont les travaux ont été sacralisés – ont théorisé également le principe de la « validité permanente » en « tous lieux et tous temps » de la *charia,* aussi bien sur les principes dogmatiques que sur les questions sociales, économiques et

1. D'après l'enregistrement audio d'un meeting populaire, en 1990, du parti islamiste algérien le Front islamique du salut (FIS), aujourd'hui dissous (archives personnelles de l'auteur).
2. Ali Belhadj fut le n° 2 du FIS avant la dissolution du parti en 1992 par le pouvoir algérien.
3. Quotidien algérien *Horizons* du 23 février 1989.

individuelles. Préconisant une approche binaire, manichéenne, basée sur les notions du « bien et du mal » et du « licite et de l'illicite » notamment, la *charia* ne pouvait que recueillir au fil des siècles un franc succès tant son simplisme[1] mène les croyants vers une approche quasi procédurière du dogme en l'éloignant de toute spiritualité. Un simplisme qui peut, par ailleurs, parfaitement s'imbriquer dans un discours politique, notamment s'il adopte une couleur populiste. Et qui permet aussi une instrumentalisation politique, idéologique ou sectaire de la religion. Ce fut le cas des fameux haschischins[2] qui, durant près de deux siècles, allaient semer la terreur au cœur de la dynastie abbasside et auprès des rangs seldjoukides[3]. L'activisme de la secte des haschischins inaugure, en effet, une nouvelle ère au cours de laquelle les assassinats vont se succéder à un rythme effréné. Cette période, qui s'étend de 1080 à 1256, et qui est aussi celle des croisades chrétiennes pour la délivrance de « la terre sainte » verra, au sein du monde musulman, la mise en place d'une nouvelle méthode de terreur : l'attentat suicide.

La secte des haschischins est alors formée d'Ismaéliens[4]. À sa tête, un homme charismatique répondant au nom de Hassan Al-Sabah, appelé également le « vieux de la montagne ». En 1090, il prend, par ruse, le contrôle de la citadelle d'Alamut, en Iran, et se met à propager violemment sa doctrine qui consistait à bannir définitivement les prescriptions rituelles islamiques pour ne se focaliser que sur le côté mystique. Répartis

1. Nous ne parlons pas de simplicité, puisque la *charia* reste complexe, mais bien de simplisme.
2. Appelés également la « secte des Assassins », les haschischins ont inspiré de nombreux fantasmes littéraires bien qu'ils aient réellement existé. Ils furent les premiers à utiliser et à conceptualiser le principe du *fedaï* qui, en termes opérationnels, fut l'ancêtre de l'attentat suicide.
3. Familles de chefs turcs qui se partagèrent le pouvoir au XIe siècle en Iran, en Irak et en Syrie. Voir aussi le *Dictionnaire du Coran*, *op. cit.*
4. L'ismaélisme est un courant de l'islam chiite. Son origine remonte à la mort en 765 du sixième imam chiite et des luttes qui vont naître à propos de sa succession.

en *daïya*[1] et en *fedayins*[2], ses hommes propagent la contestation contre les sunnites et répandent la violence entre l'Iran, l'Irak et la Syrie. Envoyés individuellement ou par petits groupes, les *fedayins* – souvent drogués au haschisch, dit-on – exécutent des missions spectaculaires et assassinent les responsables de la dynastie abbasside ainsi que des notables seldjoukides. Pour frapper les esprits, les exécutions se déroulent, le plus souvent, en public, dans les mosquées ou dans les marchés, le jour de la grande prière du vendredi. Généralement, les tueurs sont abattus sur-le-champ par les gardes des personnalités ciblées. Les Assassins, comme le précisent Gérard Chaliand et Arnaud Blin[3], « faisaient partie d'une organisation qui s'inscrivait dans la logique d'une lutte pour le pouvoir politique »[4]. Eux aussi instrumentaliseront les textes coraniques pour en faire une charte de lutte politique à l'image de ce que feront plus tard certaines organisations terroristes comme Al-Qaïda.

Pendant plus de deux siècles, les haschischins vont terroriser la région. Huit idéologues succéderont à Hassan Al-Sabah et perpétueront sa stratégie jusqu'en 1256, date à laquelle ils seront finalement massacrés par les Mongols, partis à la conquête du Moyen-Orient.

En 1257, en effet, les Mongols prendront Bagdad, massacrant le calife et l'ensemble de sa famille. C'est dans un contexte politique, social et économique fort compliqué que naîtra, quelques années plus tard, un personnage qui allait façonner la doctrine salafiste et jouer un rôle central dans la propagation de l'idéologie islamiste : Ahmed Ibn Taymiya.

Né en 1263, à Haran, au nord de la Turquie, Ibn Taymiya consacra sa vie, dès son plus jeune âge, à l'interprétation du

1. Littéralement, prosélyte.
2. Littéralement, martyr.
3. *Histoire du terrorisme : De l'Antiquité à Al-Qaïda*, Bayard, 2004.
4. *Ibid.*

Coran et des *hadiths*. Son œuvre, composée d'un nombre extraordinaire de *fatwas*, quasiment sacralisée, déterminera plus tard l'idéologie wahhabite saoudienne, celle de la confrérie des « Frères musulmans » et l'école deobandi pakistanaise, ainsi que d'autres courants salafistes contemporains que nous évoquerons tout au long de cet ouvrage. Surnommé *cheikh Al-islam*, le « maître de l'islam » ou le « sage de l'islam », Ibn Taymiya s'inspirait du courant de pensée hanbalite, que nous avons déjà eu l'occasion d'évoquer, décrit par tous les spécialistes comme le plus littéraliste et le plus rigoriste de tous les courants sunnites. Il préconisait un strict retour au comportement des *Salafs* – les premiers musulmans, compagnons de Mahomet –, l'interdiction de toute théologie spéculative et, comme le fit avant lui Ahmed Ibn Hanbal, de toute *bidaa*, les « innovations blâmables », en d'autres termes, toute action ou tout rituel non pratiqués par Mahomet et ses compagnons. Son dogme est aujourd'hui largement suivi par l'ensemble du mouvement islamiste sunnite. Pour Ibn Taymiya, les philosophes et grands penseurs musulmans tels Ibn Sina (Avicenne), Ibn Rochd (Averroès) ou Al-Farabi (Alpharabius), étaient des « hérétiques ».

De nos jours, certains islamistes, s'inspirant de ses travaux, qualifient d'« apostats » de nombreux intellectuels musulmans et comme lui, ils considèrent que le rationalisme est une « hérésie ».

Auteur de plusieurs *fatwas* prônant le *jihad* – un de ses livres, intitulé *Al-Jihad*, fait aujourd'hui autorité dans les milieux islamistes et alimente la mouvance terroriste ,– Ibn Taymiya appelle à combattre les chrétiens, les juifs, les chiites et les Mongols. Ces derniers, considérés à son époque comme des envahisseurs du monde musulman, sont souvent comparés, dans la littérature islamiste contemporaine, aux Américains. Pour justifier les actions terroristes, beaucoup d'idéologues islamistes, se référant à Ibn Taymiya, s'exercent à trouver des analogies et à procéder par le *qiyas*, la comparaison, entre le contexte du monde musulman des VIIe ou XIIIe siècles et celui d'aujourd'hui, comparant très souvent le terrorisme s'abattant sur des pays musulmans aux batailles engagées contre les Quraychites et la guerre déclarée à l'Occident à l'opposition faite aux Mongols.

Ibn Taymiya passera la majeure partie de sa vie à Damas où il sera emprisonné à plusieurs reprises pour avoir remis en cause l'autorité des califes et en raison de la nature de ses *fatwas*. Il mourra finalement en 1328, laissant derrière lui une œuvre qui n'aura de cesse d'inspirer les courants intégristes se réclamant de l'islam. On peut d'ailleurs établir, légitimement, une corrélation entre l'influence croissante des travaux d'Ibn Taymiya durant ces dernières années et la montée de l'islamisme. Ces livres, diffusés par des officines saoudiennes ou rattachées aux « Frères musulmans » inondent le marché et toutes les « bonnes » librairies islamistes[1].

Ibn Taymiya, l'adepte du hanbalisme, est aujourd'hui la principale référence idéologique des salafistes contemporains. Dans ses écrits, il exige par exemple une application stricte de la *charia* et appelle à imposer l'autorité de l'islam par le *jihad*. À ce propos, il écrit : « Sachez que le *jihad* comporte de nombreux bienfaits aussi bien pour la vie ici bas que pour l'Au-delà. Le délaisser est la perte de la vie ici-bas et de l'Au-delà. »[2]

1. Nous utiliserons l'appellation « librairie islamiste » au lieu de « librairie musulmane » puisque la majorité des commerces proposent, le plus souvent, une littérature d'auteurs islamistes et des livres propageant les idées des écoles et des idéologues les plus rigoristes. En Europe, peu de librairies dites « musulmanes » vendent des livres non validés par les institutions saoudiennes. Nous verrons plus loin quels sont les différents idéologues islamistes dont les livres figurent en bonne place de nos jours sur le territoire européen.
2. *Al-Jihad,* d'Ibn Taymiya Dar Al-Jil, Beyrouth, 1997 (livre en arabe) (archives personnelles de l'auteur).

S'agissant de l'application stricte de la *charia*, Ibn Taymiya poursuit : « Celui qui gouverne sans se référer au Livre saint est un Taghout.[1] »[2] Deux exemples parmi tant d'autres pour préciser que ce « juriste et théologien » occupe, à nos jours, une position centrale tant dans la jurisprudence islamique que dans le discours islamiste qui a quasiment sacralisé ses travaux. Les organisations terroristes, par exemple, le citent régulièrement pour justifier le principe du « *jihad* offensif ».

C'est le cas notamment des deux principaux leaders d'Al-Qaïda : Ousssama Ben Laden et Aymen Al-Zawahiri. Les deux hommes – et ils ne sont pas les seuls – adhèrent totalement à ses interprétations et estiment, selon ses *fatwas*, que l'individu doit être jugé selon sa propension à accomplir le *jihad* et appellent, selon ses recommandations, à appliquer le principe du *takfir*[3], l'équivalent de l'excommunication, contre les musulmans qui refusent de souscrire au principe du *jihad*. À ce titre, Ibn Taymiya divise les musulmans en trois catégories : « Ceux qui sont sur la voie victorieuse, les paresseux qui refusent le *jihad* et les ignorants. »[4]

Cette classification est également adoptée par la plupart des organisations extrémistes qui prônent la violence. Le *jihad* préconisé par Ibn Taymiya cible tous ceux qui ne se reconnaissent pas, non pas dans la religion musulmane, mais dans ce qui est considéré aujourd'hui comme la doctrine salafiste, en d'autres termes ceux qu'il qualifie d'« apostats » parmi les musulmans et notamment les chiites, les rationalistes et les soufis, mais aussi tous les dirigeants musulmans qui n'appliquent pas la

1. Le mot *taghut* signifie selon plusieurs commentateurs et exégèses « le tyran » ou celui qui « dépasse les bornes ». Il est utilisé de nos jours par les islamistes qui l'utilisent généralement pour désigner les dirigeants des pays musulmans.
2. *Madjmou al-Fatawa*, 28/201. Recueil des *fatwas* d'Ibn Taymiya (archives personnelles de l'auteur).
3. Le principe du *takfir* consiste à déclarer un musulman « apostat ».
4. *Al-Jihad, op. cit.* (archives personnelles de l'auteur).

charia, les « mécréants », les « polythéistes » et, sous certaines conditions, les juifs et les chrétiens.

Outre les conflits intérieurs, après les croisades, différents conflits continueront d'alimenter certaines formes d'extrémismes et de façonner une sorte de subconscient musulman où la guerre finira par occuper une place importante et la politisation de l'islam une sorte d'acte naturel. Les « recommandations » bellicistes de certains idéologues seront de plus en plus sacralisées. Les notions de *charia* ou de *jihad* finiront par occuper, au fil du temps, une place prépondérante dans les sociétés musulmanes. Et même si elles ne sont pas systématiquement appliquées, beaucoup croient que ce sont là des « obligations délaissées ». Le XVe siècle sera caractérisé par la production de nouvelles *fatwas*, notamment en Afrique du Nord. Ce fut le cas avec Al-Birzali (ou Al-Burzuli)[1] et d'Al-Wancharissi[2]. Ils ont essayé, avec d'autres, d'adapter l'islam à leur temps notamment dans la relation avec les non-musulmans. En ce qui concerne Al-Wancharissi, ses travaux ont été réalisés après la *Reconquista*[3]. En 1492, en effet, les musulmans assistent à la chute du dernier califat d'Espagne et à la montée de la dynastie ottomane qui régnera pendant plusieurs siècles sur le monde. L'extrémisme, incarné par différents courants, poursuivra, lui aussi, son ascension. En 1501, par exemple, le chiisme duodécimain devient religion d'État en Perse sous l'impulsion de la dynastie safavide[4].

De son côté, l'islam *sunnite* continuera de faire l'apologie des travaux d'Ibn Taymiya. Au XVIIIe siècle, le chef religieux

1. Théologien ibadite né en 1339, mort en 1440.
2. Ahmad Ibn Yahya Al-Wancharissi est un théologien de l'école malékite. Né à Fez en 1430, il écrivit une collection de douze volumes de *fatwas*. Il est mort en 1508.
3. La *Reconquista* (ou la reconquête) des territoires espagnols a duré de 718 à 1492.
4. La dynastie safavide apparaît en Azerbaïdjan vers le XIVe siècle. Les fondateurs du *chiisme* duodécimain estiment que leur dirigeant est le douzième imam du courant chiite.

Mohamed Ibn Abdelwaheb[1], adepte de l'école hanbalite, s'attachera à promouvoir à la fois sa pensée rigoriste qui s'inspirait directement des travaux d'Ahmed Ibn Hanbal et de ceux d'Ibn Taymiya. Né dans la péninsule Arabique, il s'allie avec Mohamed Ibn Saoud, le chef d'une tribu très influente dans l'Arabie de l'époque, alliance qui donnera naissance, par la suite, à l'actuelle Arabie Saoudite. Les deux hommes et leur descendance vont s'atteler à propager l'idéologie wahhabite, désormais doctrine d'État. Mohamed Ibn Abdelwaheb commença, selon les écrits d'Ibn Taymiya, par ériger, dès 1745, le principe du *jihad* au centre de sa stratégie politique ; il en fera une sorte de sixième pilier de l'islam pour renforcer son système d'alliance avec Ibn Saoud. C'est cet alliage fort complexe qui permettra à leurs descendants respectifs de prendre possession de la péninsule Arabique et de créer la monarchie telle que nous la connaissons aujourd'hui. Le principe du *jihad* allait être par ailleurs alimenté, en quelque sorte, par un contexte géopolitique qui vit l'émergence du phénomène colonisateur engagé par les puissances européennes dès le XIXe siècle. Le wahhabisme doit en partie son succès à ce contexte particulier.

D'un autre côté, le wahhabisme, qui plaide pour une interprétation littérale du Coran et de la Sunna, est devenu, au fil des années, la justification revendiquée pour l'application d'un islam intégriste dit « fondamentaliste ». La doctrine wahhabite justifie par ailleurs, à travers certains de ses idéologues contemporains, le recours aux actions violentes auxquelles nous assistons depuis quelques années ainsi que l'hostilité qu'il « faut montrer » aux non-musulmans. Le cheikh

1. Né en 1703 dans le Nejd dans une famille de juristes hanbalites, Mohamed Ibn Abdelwaheb sera également le cofondateur de la monarchie saoudienne. Il mourut en 1792 après avoir théorisé le principe du *Tawhid*, l'Unicité de Dieu, qui expurgeait l'islam de toutes les « innovations blâmables » et de certaines coutumes. Il est le concepteur de la pensée wahhabite qui ne cessera dès lors de se répandre à travers le monde. Le wahhabisme est la doctrine officielle en Arabie Saoudite.

Abdelaziz Ibn Al-Baz[1], Grand Mufti[2] de la monarchie saoudienne, avait par exemple émis une *fatwa* appelant à montrer une hostilité à l'égard de tous les non-musulmans. Il écrivit : « Le Coran et la Sunna et le consensus des musulmans indiquent qu'il est obligatoire d'être hostile aux mécréants parmi les juifs, les chrétiens et le reste des polythéistes. Et ils mettent en garde contre le fait de les aimer et de les prendre comme alliés, comme Allah nous a informés. »[3]

D'autres idéologues saoudiens du salafisme wahhabite n'ont eu de cesse d'utiliser les travaux du cofondateur de la monarchie pour propager des idées islamistes à travers le monde tantôt *via* des publications tantôt à travers la diffusion de prêches enregistrés sur des cassettes ou des vidéos. Parmi eux, on peut compter Salmane Al-Awdah et Safar Al-Hawali, le cheikh Otheimine, le cheikh Al-Albani, Abu Bakr Al-Djazaïri, le cheikh Saleh Ibn Fawzen Al-Fawzen, le cheikh Rabii Al-Madkhali et tant d'autres. Chacun a eu sa conception du wahhabisme, mais globalement, ils se reconnaissent tous dans la pensée de Mohamed Ibn Abdelwaheb dont les idées n'ont eu de cesse de se propager à la fin du XIXe siècle et surtout au XXe siècle.

En effet, à partir du XIXe siècle, le califat se disloque progressivement. L'*Oumma*[4] se fissure. Les conquêtes coloniales, les luttes intestines et les visées expansionnistes finiront par sonner le glas

1. Abdelaziz Ibn Al-Baz est né à Riyad en 1910. Grand Mufti d'Arabie Saoudite, il promulguait généralement des *fatwas* qui arrangeaient la politique intérieure et extérieure de la monarchie. S'il a légitimé le *jihad* contre les Soviétiques quand la politique saoudienne faisait de même, il a autorisé l'intervention du GIGN lors de la prise d'otages de La Mecque contre l'avis d'autres islamistes. Il avait par ailleurs légitimé le *jihad* contre Saddam Hussein lors de la première guerre du Golfe et il a critiqué Oussama Ben Laden lorsque celui-ci est rentré en disgrâce avec la monarchie. Il est mort en 2000. Nous verrons plus loin la question relative à l'instrumentalisation politique de l'islam par les États.
2. Le mufti est celui qui est habilité à émettre des *fatwas*.
3. *Majmu'fatawa wa maqalat mutanawwi'a*, de Cheikh Abdelaziz Ibn Al-Baz, vol. 2, p. 178-179 (archives personnelles de l'auteur).
4. Littéralement, la communauté des croyants.

d'un monde musulman en apparence rayonnant, mais qui n'a pas su suivre le train de la modernité. Le rapport de force basculera définitivement en faveur des Européens. Cela commencera par l'expédition napoléonienne d'Égypte en 1798. Dès lors, les choses allaient se précipiter : l'avancée des troupes russes dans le Caucase contrôlé par les Ottomans et la conquête française du Maghreb affaibliront encore davantage le califat. Suivront la guerre d'indépendance des Grecs, lancée contre les Ottomans en 1821 et l'occupation britannique de l'Égypte en 1882, deux événements qui auront définitivement raison de l'hégémonie islamique. Le XIXe siècle marquera le subconscient des masses musulmanes qui portent toujours en elles les séquelles d'une défaite perçue comme une terrible humiliation. Ainsi, ce sont des courants de pensée extrémistes qui s'imposeront finalement dans les pays musulmans. Le colonialisme radicalisera les masses et le salafisme, sous ses différentes formes, se révélera un excellent moyen de mobilisation.

De cette époque, les théories islamistes deviennent un moyen de rallier les musulmans contre l'ensemble des forces coloniales. Plusieurs penseurs s'emploieront à « souder » les rangs de l'*Oumma.* Parmi eux, Jameleddine Al-Afghani[1] et son disciple Mohamed Abduh[2], ainsi que Rashid Ridha[3], bien que

1. Né vers 1838 en Iran, il s'établit tout d'abord en Afghanistan puis en Égypte. Il est considéré comme l'un des « réformateurs » les plus célèbres de la période dite de « renaissance islamique » appelée également la *Nahda*. Il mourra en 1897.
2. Né en 1849 en Égypte, il est également considéré comme un « réformateur » bien qu'il propageât la notion de *jihad* contre le colonialisme et le totalitarisme des monarchies musulmanes de l'époque. Il mourut en 1905.
3. Né en 1865, d'origine syrienne, Rashid Ridha vécut cependant en Égypte. C'est un penseur appartenant à la lignée des « réformateurs » que sont Al-Afghani et Abduh. Il fut le fondateur de l'association « Prédication et formation » pour « raviver l'esprit islamique ». Il milita, après la chute du califat, pour le rétablissement de ce système. Plus conservateur qu'Al-Afghani et Ridha, il encensa, contrairement à Al-Afghani et Abduh, le wahhabisme saoudien, comme le précise Abdelwaheb Meddeb dans son livre *La maladie de l'islam*, *op. cit.* Rashid Ridha mourut en 1935.

se référant à de grands philosophes musulmans, inspireront des disciples beaucoup plus « orthodoxes », ne retenant, le plus souvent, de leurs travaux que la notion de « *jihad* contre l'occupant » et faisant fi de toutes les notions philosophiques, pourtant développées en leur temps par Abduh et Al-Afghani, notamment. S'agissant de la violence, Rashid Ridha et Mohamed Abduh développèrent un nouveau parangon en théorisant le principe selon lequel seul « le *jihad* défensif » serait permis. Cette conception correspondait alors totalement au contexte de lutte contre le colonialisme.

De l'école de ces deux penseurs, *a priori* « modérée », naîtra l'un des courants islamistes les plus extrémistes et les plus dangereux au sein du monde musulman : la confrérie des « Frères musulmans ».

Fondés en 1928 par Hassan Al-Banna[1], les « Frères musulmans » deviendront, au fil des années, avec le wahhabisme saoudien, le principal mouvement inspirant l'idéologie islamiste. Plus politiques que le wahhabisme, les « frères » conceptualisent le principe de création d'associations et de partis politiques. Les visées de cette organisation sont, dès le départ, extrémistes. D'un autre côté, le programme inspiré alors par Hassan Al-Banna, se résumait dans sa célèbre phrase-doctrine : « L'islam est religion et État, Coran et glaive, culte et commandement, patrie et citoyenneté. Allah est notre but, le Prophète notre modèle, le Coran notre loi, le *Jihad* notre voie, le martyr notre vœu. » Dès leur création, les « Frères musulmans » établirent un programme précis, sous l'impulsion d'Al-Banna, dont les objectifs sont tout aussi clairement définis : chasser l'occupant britannique et établir la *charia*. Le fondateur de la confrérie dira à ses premiers disciples : « Faisons un serment d'obédience à Dieu, par lequel nous serons des soldats du message de l'islam, message qui contient la

1. Hassan Al-Banna est né en Égypte en 1906. Il sera assassiné en 1949.

vie de notre patrie et la force de la nation musulmane. Notre groupement sera en premier, et foncièrement, une idée avec toutes ses implications et toutes les actions qui en découlent. Nous sommes des frères au service de l'Islam, nous sommes les Frères musulmans. »[1] Il répétait alors : « À nous l'action, à Dieu le succès. »[2]

Qu'observe-t-on dans ces deux phrases ? D'abord que les « Frères musulmans » entérinent, dès le départ, le principe de « l'islam est un englobant » ; ensuite que leur action ne s'inscrit pas exclusivement dans une lutte contre l'occupant britannique comme le soutiennent aujourd'hui certains de leurs supporters, mais bien dans l'instauration et la propagation de l'idée de l'application de la fameuse *charia*. C'est ce qu'on lit dans ce passage de la phrase citée plus haut : « Nous serons des soldats du message de l'islam, message qui contient la vie de notre patrie et la force de la nation musulmane » ; enfin, que ce sont des activistes qui allaient instrumentaliser l'islam à des fins politiques et idéologiques.

En réalité, Hassan Al-Banna s'était inspiré de plusieurs écoles de pensée, y compris du soufisme[3] ; influencé par les travaux de Ridha, Abduh et Al-Afghani, il a réalisé une sorte d'amalgame entre tous les courants de l'islam, leur rajoutant les pensées des courants nationalistes, en vogue dans les années 1930, et la doctrine salafiste, utilisée comme idéologie, pilier de sa pensée.

1. Cité par Olivier Carré dans l'article « Le combat pour Dieu et l'État islamique pour Sayeed Qutb, l'inspirateur du radicalisme islamique actuel », *Revue française de sciences politiques*, 1983.
2. Hassan Al-Banna, *Mémoires du message et du messager* (en arabe), Beyrouth 1970. Cité par Olivier Carré, art. cit.
3. Le pacte d'allégeance des « Frères musulmans » est similaire à celui des soufis. On ne conteste ni ne discute les décisions des leaders. Le disciple doit être selon eux entre les mains du chef « comme le cadavre entre les mains de celui qui le lave ». Or c'est là un slogan du soufisme qui dit que « le disciple doit être comme le cadavre entre les mains de celui qui le lave, et comme l'aveugle marchant sur le bord du précipice tenu par la main de celui qui le conduit ». D'où une sorte de culte de la personnalité observé chez beaucoup de militants féristes.

Et c'est ainsi qu'il s'est présenté en « réformateur » tout en impulsant, en réalité, une nouvelle école de pensée : les « Frères musulmans ». Parce qu'en effet en analysant leur programme, en étudiant leur évolution et en suivant leur parcours, on réalise que les « Frères » ont créé le salafisme du XXe siècle, celui qui, tout en s'inspirant d'Ibn Taymiya[1], participe aux processus électoraux sans pour autant adhérer aux valeurs démocratiques. Tout en s'accommodant du wahhabisme, ils rejettent le rigorisme de façade, notamment en ce qui concerne l'« accoutrement » des hommes, et plaident pour l'instauration de la *charia* dans tous les pays musulmans. Enfin, tout en critiquant les « salafistes jihadistes », ils n'ont jamais renoncé au *jihad*[2] et continuent de se présenter eux-mêmes comme des partisans du salafisme, en lui ajoutant l'adjectif « réformé ».

C'est grâce à une telle démarche que les « Frères musulmans » ont réussi à gagner leur statut de « musulmans modérés » auprès de certains médias occidentaux méconnaissant leur réalité, leur programme et leur objectif réel. Les « Frères musulmans » ne sont guère en réalité des « modérés », ils prônent un islam intégriste et ce sont des islamistes qui utilisent la religion à des fins de pouvoir. On peut même ajouter que, dès leur création, ils ont été séduits par l'ordre et la discipline des courants fascistes.

D'ailleurs, Hassan Al-Banna n'hésitera pas à imaginer un islam totalitaire à l'image des mouvements fascistes qui traversaient l'Europe dans les années 1930 ; comme le rappelle

1. Les véritables héritiers de la pensée hanbalite et d'Ibn Taymiya, comme les wahhabites par exemple, rejettent l'idée de toute activité partisane et électorale et certains d'entre eux considèrent la démocratie comme une religion.
2. Les « Frères musulmans » ont très vite opté pour l'action armée. Une première organisation « Chabab Mohamed » (Les jeunes de Mahomet) est née d'une scission au sein de la confrérie, au début des années 1940. Dans l'intervalle, les « frères » donnent naissance à « Al-Jihaz Al-Khaas » (L'organisation spéciale) qui allait s'illustrer par une série d'assassinats politiques dont a été victime notamment le Premier ministre de l'époque Al-Nuqrashi Pacha.

Fiammetta Venner[1] : « Obsédé par la formation intellectuelle et sportive des plus jeunes, il [Hassan Al-Banna] crée même une section de chemises vertes. Les programmes des Frères font régulièrement référence à l'Allemagne nazie, et plusieurs économistes de la confrérie se sont inspirés du programme fasciste italien. »[2]

Nous ne manquerons pas de rappeler à ce propos les très bonnes relations entretenues par l'un des plus importants promoteurs de l'idéologie des « Frères musulmans », l'ancien mufti de Jérusalem, Hadj Amin Al-Husseini[3], avec Adolf Hitler et les responsables nazis d'un côté, et avec Benito Mussolini[4] de l'autre. Proche du fondateur de la confrérie des « Frères musulmans », le mufti de Jérusalem partageait avec Hassan Al-Banna la haine des juifs et une admiration pour les leaders fascistes et nazis[5]. Hadj Amin Al-Husseini a même formé, selon diverses sources, entre 12 000 et 30 000 soldats de confession musulmane qui feront partie des divisions Waffen SS. À la fin de la guerre, il sera considéré comme un criminel de guerre. C'est Hassan Al-Banna qui l'aidera à se réfugier et à s'installer en Égypte. Et ce sont les adeptes des « Frères musulmans » qui, jusqu'à ce jour, continuent de propager tant les idées antisémites que négationnistes ou révisionnistes aussi bien en Égypte que dans une partie du monde arabo-musulman.

Les « Frères » et leurs sympathisants nient naturellement toute présence d'idées antisémites dans la pensée qu'ils véhiculent, mais leur histoire, l'évolution de leur discours et leurs écrits plaident pour le contraire. Récemment encore, en 2008, un site Internet pour enfants[6] dirigé par les animateurs du site officiel

1. *OPA sur l'islam de France*, Fiammetta Venner, Calmann-Lévy, 2005.
2. *Ibid.*, p. 18.
3. Hadj Amin Al-Husseini (1895-1974).
4. Hadj Amine Al-Husseini prendra cependant ses distances avec Mussolini à la suite de la colonisation de la Libye par l'Italie.
5. Les « Frères musulmans » firent dans les années 1930 et 1940 la promotion en Égypte du « Protocole des Sages de Sion ».
6. Awladnaa.net (*awladnaa* veut littéralement dire « nos enfants »).

des « Frères musulmans » écrivait, s'adressant aux jeunes lecteurs que « les Juifs ont assassiné vingt-cinq prophètes d'Allah et que c'est une coutume juive d'assassiner des enfants ». Dans le même article, ils prônaient le « *jihad* contre les infidèles en général et contre l'Amérique en particulier ». Mais cela n'est guère une surprise pour l'observateur averti puisque l'organisation fondée par Hassan Al-Banna a toujours adopté le principe du double discours. Ses adeptes dénoncent le terrorisme tout en l'encourageant ; ils nient tout antisémitisme tout en le propageant ; ils se disent modernistes tout en favorisant l'archaïsme et prétendent respecter la démocratie tout en fustigeant les valeurs qu'elle renferme. Et ils ont agi ainsi depuis leur création.

Lorsque dans les années 1940, ils créent (ou laissent se créer) l'organisation spéciale, ils prenaient leurs distances avec toute idée de violence dans leur discours officiel. À l'époque, leur projet consistait à opérer un coup d'État contre le roi Farouk. Al-Banna avait rendu « licite » le fait de se « révolter contre le gouverneur mécréant ». Mais il l'avait fait alors de manière discrète puisque les « Frères musulmans » accordent une importance fondamentale à la notion de ce qui doit être *baatini*[1], en d'autres termes, à ce qui doit être secret, caché et non révélé. C'est là un principe soufi ayant dû certainement influencer Hassan Al-Banna qui s'intéressa, un moment, à cette doctrine, comme nous l'avons déjà signalé. D'un autre côté, Hassan Al-Banna a, dans ses écrits[2], dévoilé une partie de sa stratégie et celle des « Frères musulmans ». Il appelle à utiliser plusieurs étapes pour réaliser un prosélytisme efficace et recruter le futur militant, l'islamiste

1. Les « Frères musulmans » comme certaines sectes soufies utilisent ce principe de *baatini* (secret) et *aalani* (manifeste) dans leurs activités. Le *baatini* doit rester entre les adeptes initiés et le *aalani* est mis sur la place publique. Cette démarche efficace leur a permis de profiter de la méconnaissance des pays occidentaux et de leurs sociétés qui les jugent exclusivement sur leurs déclarations publiques comme on le fait généralement avec un parti politique classique.
2. *Épître aux jeunes*, par Hassan Al-Banna (archives personnelles de l'auteur). Cet écrit aurait été réalisé au début des années 1940.

convaincu. Pour lui, il faut d'abord lancer un « appel général » pour l'ensemble des musulmans en s'adressant à chaque individu et notamment aux jeunes auxquels il précise : « Elle [la pensée des « Frères musulmans »] n'accepte pas de dirigeant en dehors du chef des musulmans, elle n'obéit pas aux lois qui ne viennent pas de l'Islam. »[1]

Cette première étape doit former le jeune musulman et en faire, selon Al-Banna, « un individu musulman, dans sa pensée et dans sa croyance, dans sa moralité et dans ses sentiments, dans ses actes et dans son comportement. Ceci constitue notre formation à l'échelle de l'individu »[2].

Par la suite, ces « bons musulmans » doivent adhérer à la pensée des « Frères » et soutenir leurs idées pour constituer ensuite « une famille musulmane »[3] ; en d'autres termes, après l'individu islamiste, il faut créer des familles islamistes et ainsi transformer la société par le bas et en douceur *via* le principe de la *daawa* (la prédication). Et si la société est islamiste, l'étape suivante, selon Hassan Al-Banaa, s'imposera d'elle-même et le dirigeant deviendra lui-même islamiste.

Il précisera que ce gouvernement « mènera, par le peuple, les gens sur la guidée de l'islam, comme l'ont fait auparavant les compagnons du Prophète, paix sur lui, Abou Bakr et Omar. C'est pour cela que nous ne reconnaissons aucune organisation gouvernementale ne reposant pas sur des fondements islamiques, et ne s'inspirant pas de ces fondements. C'est pour cela également que nous ne reconnaissons pas les partis politiques, ni toutes ces figures traditionnelles avec lesquelles les négateurs et les ennemis de l'islam nous ont contraints à gouverner et à contribuer à leur développement. Nous allons donc œuvrer pour la renaissance du gouvernement islamique,

1. *Ibid.*
2. *Ibid.*
3. *Ibid.*

sous tous ses aspects, et à la mise en place d'un gouvernement islamique sur les bases de cette organisation »[1].

L'étape suivante consiste, selon Al-Banna, à redonner vie à l'*Oumma*, cette grande nation musulmane qui regrouperait l'ensemble des pays musulmans. Pour lui, il fallait aussi reconquérir « toutes les contrées qui ont eu la chance d'accueillir l'Islam pendant un certain temps »[2] et enfin, écrira-t-il, « exposer notre message islamique au monde entier, atteindre les gens dans leur totalité, répandre à tous les horizons terrestres, et y soumettre tous les tyrans jusqu'à ce qu'il n'y ait plus de désordre, et que la religion soit entièrement vouée à Dieu »[3]. Naturellement, dans cette « épître », il n'évoquera pas le *jihad*, mais il appellera, de manière subtile à la violence, en précisant : « Les Frères Musulmans savent que le meilleur exemple, pour le meilleur groupe, est celui des compagnons du Prophète, paix sur lui, moines la nuit et chevaliers le jour. »[4] Parce qu'en vérité, Hassan Al-Banna n'a tout simplement jamais rejeté la violence, bien au contraire. La mise en place de l'organisation spéciale, en est la meilleure illustration[5].

Le double discours est également une constante chez les « Frères musulmans ». Le principe de *taqiya*[6] (la dissimulation) est adopté par plusieurs mouvements sectaires islamistes sunnites bien qu'à l'origine, ce sont des sectes chiites et kharidjites qui eurent recours à cette méthode. Qu'est-ce qui nous permet d'affirmer que les « Frères » sont de ceux qui appliquent cette pratique ? D'abord leur histoire. Ils se sont distingués à maintes reprises, aussi bien en Égypte qu'ailleurs, par le maniement du double discours

1. *Ibid*.
2. *Ibid*.
3. *Ibid*.
4. *Ibid*.
5. Dans la plupart de ses écrits, Hassan Al-Banna précisait que les piliers de l'action des « Frères musulmans » étaient « la formation, l'éducation et le *jihad* ». Cité dans l'ouvrage (en arabe) *Men Katala Hassan Al-Banna ?* (Qui a tué Hassan Al-Banna ?) de Mohsin Mohamed, *Dar Ecchourouk*, 1987.
6. La *taqiya* est une stratégie de dissimulation qui donne, selon les islamistes, le droit dans l'adversité de recourir à toutes les ruses ou de mentir.

et la dissimulation. À ce propos, Hassan Al-Banna exigeait que les membres confirmés des « Frères musulmans » doivent être capables de faire preuve de « patience, de dissimulation et de préservation du secret »[1]. Cette attitude s'est révélée par exemple dans la relation entretenue par les « Frères » à l'égard du roi Farouk dans les années 1940. Lorsque Al-Banna crée l'organisation spéciale, il la charge de commettre des opérations terroristes, mais surtout de renverser le souverain. À la même période, il publiait une « lettre ouverte » destinée au roi Farouk dans laquelle il ne tarissait pas d'éloges à son égard en précisant : « Les Frères musulmans honorent Votre Majesté. »[2] Ayant appris la manœuvre, le roi Faourk décida en personne[3] de dissoudre l'organisation.

C'est tout le principe de la *taqiya* : montrer et dire le contraire de ce que l'on prépare et qui doit demeurer secret et dissimulé. Cette « technique », qui facilite l'entrisme, a sans cesse été utilisée par les partisans de la pensée des « Frères musulmans ». Que ce soit en Palestine, *via* le Hamas[4], au Maroc ou en Algérie

1. *Ibid.*
2. Cité par Mahmoud Abdelhalim dans son livre (en arabe) intitulé *Al-Ikhwan al-Muslimun : ahdath sanaat al-tarikh* (Les Frères musulmans : des événements ayant fait l'Histoire), Alexandrie, Dar al-Da'wah, 1979.
3. Dans son ouvrage *Men Katala Hassan Al-Banna ? (op. cit.)*, Mohsin Mohamed cite un article du *Chicago Daily Tribune* qui affirme que « l'organisation des "Frères musulmans" a été dissoute sur instructions personnelles du roi qui a appris qu'ils [« Les Frères musulmans »] planifiaient un coup d'État et une prise du pouvoir ».
4. Le Hamas s'est à maintes reprises distingué par un double discours. Un exemple, en mai 2009, Khaled Machaal, le leader de l'organisation islamiste, affirmait : « Nous sommes pour un État [israélien] avec les frontières de 1967, sur la base d'une trêve à long terme », cependant qu'il refuse catégoriquement de reconnaître l'État d'Israël et alors que la charte du parti islamiste (article 28) énonce : « Les États arabes qui entourent Israël sont priés d'ouvrir leurs frontières aux combattants du *jihad,* fils des peuples arabes et islamiques, pour qu'ils puissent jouer leur rôle et joindre leurs efforts à ceux de leurs frères de l'Association des Frères musulmans en Palestine. » D'un autre côté, les leaders de la milice islamiste n'ont de cesse d'affirmer qu'ils ne sont pas antisémites alors que la même charte précise (article 28) : « Israël, par sa judéité et ses Juifs, constitue un défi pour l'islam et les musulmans : que les lâches jamais ne ferment l'œil. » Enfin, certains cadres du Hamas précisent qu'ils ne sont pas liés aux « Frères musulmans » alors que la charte qu'ils ont eux-mêmes rédigée précise (article 2): « Le Mouvement de la Résistance Islamique est l'une des ailes des Frères musulmans en Palestine. »

à travers le PJD[1] d'un côté, le parti de Mahfoud Nahnah[2] et des islamistes de l'ex-parti unique FLN[3], de l'autre, ou encore en France *via* l'UOIF[4] ou en Égypte, le double discours a toujours été une constante chez les « Frères musulmans ».

Ce double discours fait totalement partie de leur doctrine, de leur culture politique et de leur idéologie. Il leur permet, autant que faire se peut, d'éviter la confrontation directe, de se faire passer pour des militants « sérieux, modernes et respectables » alors qu'en suivant leur parcours – et c'est une réalité dans tous les pays dans lesquels ils sont présents – l'on s'aperçoit que de manière sournoise et pernicieuse, ils propagent une idéologie extrémiste et visent des projets totalitaires.

1. Le Parti de la Justice et du développement (PJD) se défend d'être lié aux « Frères musulmans » alors que dans son dernier congrès, des représentants des « Frères musulmans » égyptiens et pakistanais étaient les invités d'honneur de ce parti islamiste marocain (archives personnelles de l'auteur).
2. En Algérie, Mahfoud Nahnah, aujourd'hui décédé, alors président du Mouvement Hamas Algérien, se présentait comme un « modéré » alors qu'en 1991, il avait appelé, entre les deux tours des élections législatives, à soutenir les extrémistes du FIS (archives personnelles de l'auteur).
3. Le Front de libération nationale, le FLN, ex-parti unique en Algérie, bien que baigné dans une idéologie nationaliste, a toujours compté une branche d'islamistes en son sein. L'un d'eux, Abdelaziz Belkhadem, représentant personnel du président Bouteflika, a toujours été proche des idées des « Frères musulmans ». Se faisant passer pour un « modéré », il avait néanmoins mené une campagne antisémite notamment contre le chanteur populaire Enrico Macias qui devait, en 2000 se rendre en Algérie pour un concert avant que cette tournée ne soit annulée sous la pression de cet islamiste du FLN.
4. Un exemple du double discours de l'UOIF : sur leur site, il est écrit : « Tout en s'associant aux peines des peuples en difficulté, l'UOIF refuse l'émergence sur le territoire français ou l'importation, au nom de l'islam, des problèmes ou conflits étrangers, comme elle refuse l'exploitation de ces mêmes problèmes ou conflits pour nuire à l'islam et aux musulmans de France ou à l'ordre et la sécurité de tous. » Durant l'offensive israélienne sur Gaza, sur le même site Internet on pouvait lire : « La mobilisation populaire de soutien à Gaza continue et prend d'autres formes d'actions, manifestations, dépôts de plaintes pour crimes de guerre, rassemblements, veillées avec bougies. » Et d'aucuns se souviennent des slogans haineux proférés lors de ces manifestations qui n'étaient autre chose que l'importation d'un conflit étranger.

Les « Frères musulmans » n'hésitent pas par ailleurs à utiliser des moyens modernes pour paralyser une société ou se faire entendre. Aussi, les grèves ou les manifestations, comme la propagande et l'agitation font-elles partie également de leurs techniques. Nous l'avons vu en France par exemple lors des différentes polémiques sur le voile, l'affaire dite « des caricatures de Mahomet » ou plus récemment sur la « *burqa* ».

Activisme littéraire également et médiatique puisqu'ils tentent d'utiliser tous les supports pour faire entendre leur voix sur les différents sujets qui leur sont chers. Mais les « Frères musulmans » ont, durant ces dernières années, cherché à gagner en respectabilité en participant notamment à des processus électoraux. Comme nous l'avons précisé précédemment, cela fait-il pour autant d'eux des « démocrates » ?

La question, nous le pensons, mérite d'être posée puisque certains défenseurs de la pensée des « Frères musulmans », y compris parmi les non-musulmans, leur accordent leur confiance et les proclament « progressistes », « modérés » ou « démocrates » uniquement parce qu'ici ou là un parti se réclamant de la pensée fririste prend part au « jeu démocratique ». C'est le cas du Hamas palestinien, du PJD marocain, du MSP[1] algérien, des « Frères musulmans » pakistanais ou jordaniens, etc. En raison de leur participation aux élections, ces partis ont parfois été comparés aux formations européennes suivant une ligne « chrétienne-démocrate ». Ainsi, aux yeux de certains, les « Frères musulmans » seraient une sorte de « musulmans démocrates ». Ce parallélisme, disons-le clairement, est inadéquat et faux. Il est erroné parce que la « démocratie-chrétienne » a totalement adhéré aux principes et aux valeurs démocratiques, ce qui n'est pas le cas des « Frères

1. Mouvement de la société pour la paix (MSP) est la nouvelle appellation du parti algérien Hamas, fondé par Mahfoud Nahnah.

musulmans ». Les « cinquante recommandations de Hassan Al-Banna »[1], écrites en 1936, précisaient par exemple qu'il fallait que les « Frères » exercent un « contrôle sur le théâtre et le cinéma », « interdire la mixité » ou encore contrôler les « méthodes d'enseignement pour les filles ».

Outre le fait que consacrer l'inégalité hommes/femmes est loin d'être la valeur d'un mouvement démocratique et au-delà du fait que la lutte contre la mixité est loin d'être un principe progressiste, les « Frères musulmans » cherchent à exercer la censure par exemple, comme nous l'avions vu lors de l'affaire des « caricatures de Mahomet », et protestent souvent bruyamment, voire violemment, lorsque la contradiction leur est apportée. La liberté d'expression n'est pas une valeur reconnue par la Confrérie. Ce sont là quelques exemples – mais nous pourrions en fournir beaucoup d'autres – qui montrent que même si les partisans de la pensée des « Frères musulmans » donnent l'impression de respecter la démocratie, ils sont les premiers adversaires des principes qu'elle incarne. Et cette nuance est importante à relever si nous voulons avoir une appréciation juste sur ce mouvement.

Après l'assassinat de Hassan Al-Banna, en 1949[2], la confrérie continue d'être active. L'un des idéologues qui lui succéderont, Sayeed Qutb[3], sera d'ailleurs l'un des plus grands théoriciens de l'islamisme moderne. C'est lui qui donnera une nouvelle impulsion aux théories du *jihad*, tout en s'imposant comme l'héritier de Hassan Al-Banna.

Sayeed Qutb, estimant alors que les musulmans s'étaient éloignés de leur religion au point de créer une société semblable à la *jahiliya*, c'est-à-dire à la période préislamique, n'hésitera pas

1. Archives personnelles de l'auteur.
2. S'agissant de l'assassinat de Hassan Al-Banna, tué dans des conditions troubles, il existe deux thèses : la première accuse le pouvoir égyptien de l'époque, une seconde des membres de l'organisation spéciale qu'il avait éloignés de la Confrérie.
3. Sayyed Qutb (1906-1966).

à conceptualiser le principe du *takfir*, qui consiste à excommunier tous les musulmans n'appliquant pas un islam salafiste, rétrograde et extrémiste.

Se réclamant, de fait, des travaux d'Ibn Taymiya et d'autres idéologues de l'obscurantisme, il appellera ses adeptes à « un retour aux vraies valeurs de l'islam », à couper tous les liens avec les gouvernants et la société considérés comme « corrompus ». Il plaidera pour une réislamisation profonde de la société, et exigera l'application de la *charia* comme mode de gouvernement. Il utilisera enfin le conflit israélo-arabe et la création de l'État d'Israël pour commencer à répandre des idées antijuives et clairement antisémites et critiquer violemment les dirigeants de son pays. Il sera finalement condamné à mort et exécuté en 1966 par le pouvoir égyptien incarné alors par le très nationaliste président Nasser.

Mais la mort de Sayeed Qutb[1] donnera le goût du martyre à ses adeptes qui suivront la ligne tracée par lui. Ses idées ne cesseront, dès lors, d'irradier une grande partie du monde musulman. Son frère, Mohamed Qutb, continuera dans cette voie. Il ira enseigner à l'université de Médine en Arabie Saoudite.

Entre les années 1950 et 1970, l'islamisme n'a pas de réelle prise sur les masses musulmanes. C'est le nationalisme arabe qui a alors le vent en poupe. Mais au lendemain des défaites arabes de 1967 et de 1973 contre Israël, beaucoup de jeunes musulmans cessent de croire dans le panarabisme, cette alliance du monde arabe chère aux chefs d'État égyptien, algérien, jordanien ou syrien de l'époque. Beaucoup de jeunes répondent aux appels des islamistes qui fondent leur discours sur l'incapacité des dirigeants nationalistes corrompus à vaincre l'Occident et à construire des sociétés dans lesquelles régnerait la justice.

1. Sayeed Qutb sera jugé, condamné à mort et pendu en 1966.

Les « Frères musulmans » reprennent alors un vieux slogan, « l'islam est la solution », et se mettent à endoctriner à tout va. De son côté, l'Arabie Saoudite met la main à la poche et commence à propager le wahhabisme grâce à l'argent du pétrole. Le salafisme était dès lors prêt à aller à la conquête du monde. Nous examinerons plus loin les mécanismes que cette idéologie utilisera pour endoctriner et séduire tout ou partie de certaines sociétés.

Entre la fin des années 1970 et les attentats du 11 septembre 2001, plusieurs événements majeurs se sont produits sur la scène internationale, dont l'impact et la conjugaison permettront une diffusion effrénée de l'idéologie islamiste.

Aujourd'hui, les théories des « Frères musulmans » et à un degré moindre celle des salafistes wahhabites inspirent un nombre incalculable d'associations, de personnalités et d'organisations à travers le monde. Du Hamas palestinien aux islamistes syriens en passant par l'UOIF française[1], et Tariq Ramadan, petit-fils du fondateur de la Confrérie, les adeptes de Hassan Al-Banna et les héritiers de sa pensée propagent l'islamisme tantôt par le prosélytisme et l'entrisme, tantôt par les actions violentes, comme c'est le cas du Hamas palestinien[2] ou du régime soudanais par exemple.

Parce qu'en effet les théoriciens du *jihad*, et notamment parmi eux des Égyptiens, ont tous adhéré à la pensée frériste ou suivi un temps l'activisme de l'organisation. Ils reprirent

1. Les responsables de l'UOIF nient l'existence de « liens organiques » avec la confrérie. Rappelons qu'appartenir aux « Frères musulmans », c'est appartenir à un courant idéologique. Les grands mouvements islamistes n'encartent pas leurs adeptes, ils leur demandent de propager une idéologie. C'est ce que fait l'UOIF. Fouad Alaoui, secrétaire général de l'organisation, reconnaît d'ailleurs que la pensée de la confrérie « est partagée par l'UOIF mais elle doit être réactualisée en tenant compte de la France » (cité en page 17 du livre de Fiammetta Venner).
2. Il est question du terrorisme pratiqué par le Hamas contre Israël et de la violence exercée par cette organisation contre les Palestiniens laïques.

d'abord les uns après les autres le principe du « *jihad* défensif » prôné par Al-Banna, avant d'aller plus loin et de préconiser, de manière directe, l'idée du « *jihad* offensif ». Ce fut le cas, comme nous l'avons souligné, de Sayeed Qutb notamment, mais aussi du Pakistanais Abu Al-Ala Al-Mawdudi[1]. L'un et l'autre allaient légitimer la violence contre les dirigeants musulmans qui n'appliquent pas la *charia*. Âgé d'à peine 24 ans, Al-Mawdudi fit une entrée fracassante dans la galaxie islamiste avec son ouvrage intitulé *Le Jihad islamique*.

Quelques années plus tard, en 1941, il fonde le Jamaat-i-Islami, un parti islamiste qui prendra pied, après la partition de 1947, aussi bien en Inde qu'au Pakistan. Il développa des concepts en totale opposition avec le contexte de l'époque, rejeta le socialisme et le communisme, et, plus tard, dans les années 1950, le nationalisme qui allait dominer le monde arabe, traversé par l'idéologie des non-alignés. Al-Mawdudi lança une nouvelle sémantique islamiste puisée dans la pensée hanbalite et les travaux d'Ibn Taymiya. Comme les « Frères musulmans », il commença à employer le terme « *jahiliya* », mot qualifiant la période antéislamique dans le lexique musulman, pour évoquer le mode de vie des sociétés ou « *taghut* », terme puisé du Coran et désignant généralement les tyrans, pour parler des dirigeants musulmans. Al-Mawdudi appelle, lui aussi, à la création d'États islamistes régis par la seule *charia*. La politique représentait une part importante de son discours et il n'hésite pas à rentrer en confrontation avec le gouvernement pakistanais sur la question de la place de la

1. Abu Al-Ala Al-Mawdudi est né dans la ville d'Aurangabad, au sud de l'Inde, le 25 septembre 1903. Il apprit la langue arabe depuis sa plus tendre enfance et eut accès à la littérature islamiste en provenance d'Égypte ou d'Arabie Saoudite. À la fin des années 1920, il est journaliste puis éditeur du journal *Muslim* et celui d'*Al-Jam`iyyat*. Sous sa direction, *Al-Jam`iyyat* devint le premier journal des musulmans en Inde. Il mourut en 1979 après avoir laissé plusieurs ouvrages qui allaient inspirer de nombreux islamistes.

charia dans la Constitution du pays. Il fut arrêté, emprisonné et condamné à mort. Mais son aura devenait de plus en plus grande dans la société pakistanaise et le gouvernement subira de nombreuses pressions émanant de l'intérieur comme de l'extérieur du pays et devra commuer sa condamnation à mort en une détention à perpétuité. Al-Mawdudi sera finalement libéré et ses travaux reconnus par les dirigeants pakistanais, notamment par le président Zia Ul-Haq qui lui rendit hommage. Lorsqu'il mourut en 1979, près d'un million de Pakistanais marchèrent derrière sa dépouille.

Si les « Frères musulmans » ont longtemps caché leurs intentions réelles, certains de leurs membres se radicaliseront, notamment en prison, et prôneront ouvertement la violence. Ce fut le cas d'Abdessalem Faraj[1]. Celui qui deviendra très jeune l'idéologue du groupe Tandhim Al-Jihad (l'organisation du *jihad*), et qui formera le futur assassin du président égyptien Anouar Al-Sadate, déclarera que tous les dirigeants musulmans qui n'appliquent pas la *charia* doivent être combattus. Leurs théories violentes reposeront sur des principes déjà évoqués par Ibn Taymiya, notamment sur la question du « *jihad* offensif » et les notions d'*Al-Aadou Al-Karib oua Al-Aadou Al-Baïd,* l'« ennemi proche » et l'« ennemi lointain ». Le premier, l'« ennemi proche », désigne les dirigeants musulmans n'appliquant pas la *charia*, le second, l'« ennemi lointain », les dirigeants occidentaux et leurs sociétés. Dans « l'obligation absente », Faraj précise que le *jihad*, longtemps abandonné, est la « cause de l'état d'humiliation et de division dans lequel vivent les musulmans » appelant ainsi à raviver ce principe.

1. Abdessalem Faraj (1952-1982) théorisera le principe du *jihad* en écrivant, *Al-Faridha Al-Ghaïba* (L'obligation absente), un livre qui considère que le *jihad* doit être annoncé par l'ensemble des théologiens comme une obligation pour tout musulman. Son mouvement considérera le *jihad* comme le sixième pilier de l'islam.

L'année 1979 est un tournant dans l'histoire de l'islamisme contemporain. L'année précédente déjà, les idéologues de l'islamisme avaient condamné à mort le président égyptien Anouar Al-Sadate pour avoir enterré la hache de guerre et lancé un processus de paix avec l'État d'Israël. Le 1er février 1979, l'Ayatollah Ruhollah Khomeiny[1], tête de pont de l'islamisme chiite, revient à Téhéran après plusieurs années d'exil et proclame, quelques semaines plus tard, l'instauration de la République islamique d'Iran.

La fin de ces années 1970 marque, en quelque sorte, l'aboutissement de plusieurs décennies de militantisme effréné des islamistes de toutes les tendances puisque depuis quelques années déjà, l'irruption, dans la plupart des pays musulmans, de groupuscules et de mouvements revendiquant la politisation de l'islam, se faisait de plus en plus fréquente. En l'absence de véritables mouvements démocratiques organisés, la seule alternative à des régimes souvent corrompus et injustes était le « projet » islamiste.

De ce point de vue, l'instauration de la République islamique d'Iran sera une sorte de symptôme d'un phénomène qui n'allait pas tarder à gangrener la scène internationale. Et bien qu'ils appartinssent au courant chiite, Khomeiny et ses émules allaient galvaniser l'ensemble des mouvements islamistes sunnites. En clair, la notion d'« État islamique » n'était plus une utopie, mais un objectif réalisable. Psychologiquement, le mouvement islamiste était revigoré.

La naissance de la République islamique d'Iran a lieu au moment où le Président égyptien signe, le 26 mars, le traité de paix de Washington avec Israël, lequel lui permet de récupérer

1. L'Ayatollah Ruhollah Khomeiny (1902-1989) a vécu en exil entre 1964 et 1979 en Turquie, en Irak et en France. Il n'a eu de cesse de combattre le Shah d'Iran à travers des pamphlets et des discours qui faisaient la promotion de l'islam politique.

le Sinaï, perdu lors de la guerre de 1967. L'Égypte, longtemps considérée comme le centre du monde arabe, se retrouve isolée et ses dirigeants politiquement affaiblis sur la scène intérieure devant l'offensive des émules de la confrérie des « Frères musulmans ».

Quelques mois plus tard a lieu en Arabie Saoudite un événement qui aurait pu sonner comme une alerte. Le 1er novembre 1979, plus de 50 000 pèlerins sont pris en otage à La Mecque par 1 500 terroristes islamistes. Cette action, qui va durer plusieurs jours, provoque des dégâts considérables, notamment sur le plan psychologique et symbolique : un cap vient d'être franchi. Une action terroriste, à La Mecque, au centre du monde musulman ! Impensable pour les Croyants. Le message subliminal qu'il fallait lire à travers une telle opération disait également qu'aucun lieu ne pouvait désormais être à l'abri de l'islamisme.

La Mecque est un lieu de recueillement et de prières, où il est strictement interdit, sur un plan doctrinal, d'exercer une violence, quelle qu'elle soit. Même avant l'avènement de l'islam, La Mecque était sacrée, le sang ne devait pas y être versé. C'est un lieu où les fidèles doivent s'abandonner à leur Créateur et oublier leur vie d'ici bas. L'opération violente qui s'y déroule en 1979 ébranle les certitudes religieuses de millions de musulmans et renforce les arguments des idéologues de la terreur : ils affirment désormais que les lieux les plus sacrés ne sont pas à l'abri de la « guerre sainte ». Chose que même le Prophète Mahomet n'avait pas osé faire puisque c'est sans livrer bataille qu'il reprendra La Mecque aux polythéistes. La coopération du Groupe d'Intervention de la Gendarmerie Nationale, le GIGN français, dépêché sur place sur ordre du président Valéry Giscard d'Estaing, mettra fin à la prise d'otages.

Il n'y aurait donc plus désormais de région, de terre, de pays qui puisse se sentir loin d'une action terroriste ou revendiquer une quelconque immunité.

Les autorités saoudiennes virent dans cette opération la conséquence directe de l'instauration de la République islamique d'Iran, dirigée par l'Ayatollah Khomeiny. Le religieux chiite n'a jamais caché son hostilité à l'égard du royaume saoudien. Récupérant le conflit ancestral qui oppose les chiites aux sunnites, il en fait le cheval de bataille de sa politique extérieure. Il espérait d'ailleurs faire tomber toutes les monarchies arabes et celle du Golfe en priorité.

Un mois après l'épisode de la prise d'otages de La Mecque, l'armée soviétique envahit l'Afghanistan pour y imposer un régime communiste. L'administration américaine, qui cherche sa revanche contre l'ennemi de l'Est, notamment depuis la guerre du Vietnam, saisit l'aubaine. Nous sommes alors en pleine guerre froide, Américains et Soviétiques n'hésitent pas à se livrer des batailles par procuration en finançant et en armant des mouvements ou des États hostiles à l'adversaire.

Deux autres pays ont alors intérêt à prendre part indirectement au conflit qui aurait pour théâtre les vallées afghanes : l'Arabie Saoudite et le Pakistan.

Aux yeux de la monarchie saoudienne, l'instauration d'une République islamique en Iran représentait une menace pour l'ensemble de la région du Golfe où prédomine l'islam sunnite. Il fallait donc impérativement installer en Afghanistan un État islamiste sunnite qui ferait barrage aux velléités du voisin iranien, et ce d'autant plus que certaines régions de l'Afghanistan étaient peuplées par des chiites. Par ailleurs, la doctrine wahhabite, qui régit la monarchie saoudienne, est résolument anticommuniste. Il y avait donc dans l'engagement de cet État théocratique une considération géopolitique doublée d'une dimension idéologique. Ce sont les Saoudiens, à travers leur manne pétrolière notamment, qui se chargeront de financer une partie du conflit.

Le Pakistan avait, pour sa part, d'autres intérêts. Ennemi traditionnel de l'Inde, le régime d'Islamabad, lui-même d'inspiration islamiste, avait besoin du prolongement territorial que pouvait lui assurer un régime afghan allié, voire à sa solde. De plus, les fortes relations tribales entre certaines régions pakistanaises et afghanes allaient faciliter l'étroite coopération prévue. En effet, la frontière pakistano-afghane est, de part et d'autre, peuplée par les pachtous, ethnie guerrière et très conservatrice présente dans les deux pays.

Rappelons enfin, et c'est un élément dont l'impact n'est pas négligeable dans l'expansion du phénomène islamiste, que les États-Unis ne voulaient pas d'une guerre de libération classique, mais d'un conflit à connotation idéologique, voire religieuse. L'administration Carter puis celle de Reagan favoriseront toutes deux cette option et encourageront le financement d'écoles coraniques qui continuent d'exister, enseignant les principes du *jihad*.

En mars 1985, le président Ronald Reagan signe la directive de sécurité nationale n° 166, qui autorisa une assistance militaire secrète aux combattants afghans : la guerre menée en Afghanistan a bien pour objectif de combattre les troupes soviétiques. Cette nouvelle aide du gouvernement Reagan fut marquée par une augmentation assez importante de la quantité d'armes fournies en comparaison avec celle enclenchée, dès 1979, par l'administration Carter. Ce soutien américain pour des combattants afghans, appelés moudjahiddines[1], même par les puissances occidentales[2], sera d'ailleurs plus important que ceux apportés aux ennemis de l'URSS lors des précédents conflits de la guerre froide.

Néanmoins, échaudées par les actions secrètes menées par la CIA contre Cuba et le Laos, les autorités américaines décident de

1. Moudjahiddines est le pluriel de *Moudjahid*, ou celui qui accomplit le *jihad*, c'est-à-dire combattant de la guerre sainte.
2. Sur le plan sémantique, il y avait là une légitimation du principe du *jihad* accordée par tous les pays qui, par anticommunisme, soutinrent les islamistes afghans, eux-mêmes rejoints par des islamistes arabes.

ne pas engager sur le terrain afghan des agents de la centrale de renseignement. L'aspect opérationnel sera assuré par des officiers de l'Inter-Service Intelligence (ISI), les services secrets pakistanais, qui apportent tout leur savoir-faire en matière de guérilla aux chefs de guerre. La CIA, utilisant les services de renseignement pakistanais, joue cependant un rôle-clé dans l'entraînement des moudjahiddines. La connotation religieuse du terme, l'introduction de la notion du *jihad* dans un conflit politique et ses conséquences probables ne gênent alors personne. D'ailleurs, les combattants entraînés et soutenus par la CIA ont intégré dans leur préparation militaire un enseignement religieux strict. Les spécialistes du Pentagone et de l'agence américaine de renseignement répètent aux Afghans que « les troupes soviétiques athées » ont violé une terre d'islam, que le peuple musulman d'Afghanistan et tous les membres de la nation musulmane doivent décréter le *jihad* contre l'Union soviétique et ses alliés.

Et les États-Unis ont ainsi fini par convaincre les Afghans que cette guerre devait être une « guerre de religion », celle des « croyants contre les mécréants ». Une idée qui n'a cessé d'être diffusée depuis, par les mouvements islamistes : l'introduction par les Américains de la donne idéologico-religieuse dans ce conflit a, quelques années plus tard, changé la face du monde. Après le succès des islamistes chiites, les puissances démocratiques préparaient inconsciemment une autre victoire : celle des islamistes sunnites.

En 1982, deux ans après le début de la guerre d'Afghanistan, un certain Abdallah Azzem[1], un islamiste jordanien d'origine palestinienne, encouragé par les autorités saoudiennes, décide de s'engager dans le conflit. Professeur de théologie à l'université de Médine, en Arabie Saoudite, Abdallah Azzem milite pour les principes du *jihad* en reprenant les travaux des idéologues de l'islamisme. Son appel à l'engagement dans le conflit

1. Abdallah Azzem, d'origine palestinienne, né en 1941, est mort assassiné en 1989.

afghan est entendu par la jeunesse saoudienne, mais aussi dans l'ensemble du monde musulman. Cet islamiste très respecté et écouté jouera un rôle très important, notamment pour la suite des événements. Il redéveloppera le culte du « martyr », en revisitant tous les textes d'Ibn Hanbal, d'Ibn Taymiya et de Mohamed Ibn Abdelwaheb, et fera de ce sujet, une question centrale dans son discours. Cette approche lui permettra de valoriser le rôle et le statut de ceux qui adhèrent au *jihad*, en glorifiant le « combattant » et en sanctifiant le « martyr ». Il dira dans l'un de ses discours : « Vous ne vous battez pour l'Afghanistan ni pour l'argent ou la gloire, mais pour Allah ! »[1]

De telles envolées ne pouvaient que susciter l'adhésion de tous ceux qui n'étaient pas suffisamment armés intellectuellement et théologiquement et dont l'esprit critique n'était pas suffisamment développé.

À peine arrivé à Islamabad, il fonde ce qu'on appellera plus tard une légion arabe, constituée de jeunes musulmans venus du monde entier pour participer à la guerre. Il met en place une structure qui permet d'accueillir ces volontaires, de les former, puis de les incorporer dans des unités combattantes. Il érige une autre structure d'accueil à Peshawar, à quelques kilomètres de la frontière afghane. Son organisation, qui a alors pour nom Makteb Al-Khadamat (le bureau des services), poursuit plusieurs objectifs militaires matérialisés par un soutien aux combattants afghans, mais aussi une action sociale, à travers la prise en charge des réfugiés afghans, éducative, lui permettant de prodiguer un enseignement rigoriste de l'islam, importé d'Arabie Saoudite, et enfin une action logistique à travers laquelle il réunit des sommes colossales, produit des donations récoltées dans les pays musulmans. Cette infrastructure, on le sait aujourd'hui, est en réalité l'embryon de ce qu'on allait appeler plus tard Al-Qaïda.

1. Archives personnelles de l'auteur.

À cette époque, Azzem fait la connaissance d'un jeune Saoudien, issu d'une riche famille qui a construit sa fortune grâce au secteur du bâtiment. Ce jeune homme âgé alors de 25 ans s'appelle Oussama Ben Laden. Respecté par la jeunesse saoudienne et introduit dans les plus hautes sphères des monarchies arabes, Ben Laden commence à réunir des fonds et à recruter des combattants pour les envoyer s'entraîner au Pakistan, devenu la base arrière de la résistance afghane. Plus tard, Ben Laden fera acheminer vers la région des moyens logistiques pour ouvrir des routes ou creuser des caches et des tunnels. Le *jihad* contre les Soviétiques devient un objectif pour tous les islamistes de l'époque qui en font la promotion dans les mosquées avec le regard bienveillant de régimes qui pourtant les combattent. Des Algériens, des Yéménites, des Saoudiens, des Jordaniens ou des Égyptiens viennent par dizaines dans la région. Peu prendront directement part aux combats, mais la plupart s'engageront dans des associations humanitaires ou apporteront une aide logistique. Parmi eux se formera le noyau dur de ce qui deviendra Al-Qaïda : Ayman Al-Zawahiri, entre autres, et bien évidemment Oussama Ben Laden. Très vite, le jeune Saoudien va gagner l'estime des chefs de guerre afghans et des combattants étrangers. Avec Azzem, ils constituent jusqu'en 1987 un duo qui galvanise les jeunes et soutient les différentes factions afghanes, y compris en se présentant parfois comme médiateurs pour régler les luttes intestines entre chefs de guerre afghans.

À partir de 1987, des divergences dogmatiques commencent à opposer Ben Laden et Azzem. Les deux hommes sont en fait issus de deux écoles de pensée différentes. Le Saoudien est un pur produit de l'idéologie enseignée par l'école wahhabite, prédominante dans la péninsule Arabique, tandis que son aîné a été influencé, lui, par l'école des « Frères musulmans » qui accorde une importance non négligeable au calcul politique. Entre eux, l'opposition réside dans le prolongement du *jihad* afghan. Pour Azzem, il faut d'abord combattre « l'ennemi proche »[1], « libérer la Palestine » et renverser les « régimes musulmans » jugés apostats. Ben Laden cherche déjà à prendre pour cible « l'ennemi lointain », c'est-à-dire l'Occident et notamment les États-Unis[2]. Pour Azzem, la libération de la Palestine doit passer par un *jihad* régional alors que le Saoudien estime que pour atteindre ce but, il faut combattre le principal allié d'Israël.

Ben Laden prend progressivement ses distances par rapport à son mentor et emmène avec lui les membres les plus radicaux de la légion arabe, notamment des Saoudiens et des Égyptiens qui s'étaient considérablement radicalisés dans leur pays au cours des années 1970 en s'éloignant de toute action politique au profit de l'action armée.

Finalement, Abdallah Azzem sera assassiné dans une explosion à Peshawar en 1989. Certains islamistes pensent qu'il a été éliminé par des éléments d'une branche terroriste égyptienne. D'autres estiment que c'est Ben Laden lui-même qui aurait comploté contre lui. D'autres encore pensent que l'islamiste palestinien a été tué dans le cadre d'une opération de la CIA qui craignait l'influence croissante du père spirituel de la légion arabe. Mais ce ne sont là que des spéculations. Son élimination restera certainement à jamais un mystère.

Si les membres opérationnels des services secrets pakistanais conseillaient les chefs afghans dans les opérations de sabotage et les embuscades et leur enseignaient les opérations de guérilla

1. Dans l'idéologie islamiste, le « *jihad* contre l'ennemi proche » consiste à « lutter contre l'envahisseur » et « combattre le dirigeant apostat ». Le « *jihad* contre l'ennemi lointain » vise à s'attaquer aux puissances non musulmanes pour propager l'idéologie.
2. Oussama Ben Laden commence à s'intéresser au conflit israélo-palestinien et à le récupérer dans son discours, à partir de l'Intifada de 2000. Avant cette date, il faisait rarement référence à cette question.

et les techniques terroristes[1], la supériorité aérienne de l'Armée rouge faisait néanmoins subir aux combattants afghans et aux membres de la légion arabe des pertes considérables. Grâce à l'aide militaire occidentale, les unités afghanes allaient recevoir une arme redoutable : des missiles sol/air.

Les Américains envoyèrent d'abord les fameux missiles sol/air FIM-92A, plus connus sous le nom de *Stinger*. Cette arme, entrée en service dans l'armée américaine en 1982, allait, dès 1986, démontrer tout son potentiel sur le champ de bataille afghan. Les hommes de la CIA en livrèrent plus de mille unités aux chefs de guerre[2]. Tous les experts militaires s'accordent à dire aujourd'hui que ces missiles furent décisifs dans la défaite de l'armée soviétique. En effet, en l'espace de quelques mois seulement, l'Armée rouge perd sa suprématie aérienne et près de 300 avions de combat ; dès la fin de l'année 1987, l'état-major soviétique décide même de ne plus faire voler ses appareils. De plus, les combattants afghans reçoivent secrètement, la même année, des missiles antichars de fabrication française, les « Milan »[3]. On retrouvera cet armement quelques années plus tard dans les casernes des talibans, ce qui poussera Alain Madelin, alors député de Démocratie libérale (DL), à lancer devant ses collègues de l'Assemblée nationale : « Je m'interroge sur l'origine des missiles français Milan trouvés dans les arsenaux désertés des talibans à Kaboul. »[4]

Il est aujourd'hui admis que l'ensemble des puissances occidentales, ainsi que la plupart des pays arabes, ont participé d'une manière ou d'une autre à cette guerre contre l'Union soviétique, infligeant à l'armée de Moscou l'un des plus humiliants revers

1. Entretien de l'auteur avec Abdallah Anas, alias Boudjemaa Bounoua, l'un des combattants arabes en Afghanistan, Londres, décembre 2002.
2. Documents du Congress (archives personnelles de l'auteur).
3. MILAN est l'acronyme de « Missile d'Infanterie Léger Antichar ».
4. Alain Madelin à l'Assemblée nationale lors de la déclaration du gouvernement sur la situation en Afghanistan, le 21 novembre 2001.

militaires de son histoire. Des dizaines de milliers de soldats soviétiques furent tués et des centaines de millions de dollars partirent en fumée. Ce « Vietnam » de l'Armée rouge allait précipiter la fin de l'Union soviétique et celle de la guerre froide. Moins d'un an après le retrait des troupes de l'Armée rouge d'Afghanistan, le monde observait incrédule la « chute du mur de Berlin ». Une page était tournée, une autre époque s'annonçait. Désormais, le communisme n'allait plus être cette alternative politique face à l'idéologie ultralibérale. L'islamisme allait combler ce vide laissé par la dislocation du bloc de l'Est.

La guerre contre les Soviétiques est une victoire psychologique pour les islamistes. Ils croient avoir vaincu, à eux seuls, l'Armée rouge grâce à « la volonté d'Allah ». Le nationalisme arabe qui a essuyé tant de défaites est définitivement mort et enterré. Désormais, c'est le projet islamiste qui va redonner de la fierté aux jeunes musulmans, de plus en plus excédés par leurs dirigeants considérés, souvent à juste titre, comme des incompétents, des dictateurs, des corrompus, incapables de sortir leur pays du marasme économique, social et politique dans lequel vit le monde arabo-musulman depuis plusieurs décennies.

Pour les idéologues de l'islamisme, qui n'ont pas oublié l'expulsion des troupes américaines et françaises du Liban en 1983 à l'issue d'une multitude d'opérations suicides menées par le Hezbollah libanais, les choses sont claires : si l'Union soviétique a été mise à terre, tous les régimes peuvent l'être également.

Les idéologues du terrorisme islamiste utiliseront dès lors régulièrement ces deux exemples comme argument pour galvaniser les foules, lors de prêches enflammés, que ce soit à La Mecque, au Caire, à Alger, à Gaza ou à Djakarta. Les signes de rébellion se multiplient au cours des années 1980. Le président Sadate est assassiné en 1981. L'année suivante, Mustapha Bouyali, un islamiste algérien, prend le maquis et organise des attaques terroristes contre les forces de l'ordre. Il prône l'instauration de l'État islamique en Algérie. Il sera finalement tué dans une embuscade tendue par la Gendarmerie algérienne en 1987.

En Tunisie, le groupe islamiste Ennahda (Le Renouveau) se fait de plus en plus menaçant et veut l'instauration d'un État islamique. Les universités de Tunis sont alors infestées d'islamistes. Si le président Bourguiba exerce une forte répression, les « barbus », comme on les appelle déjà, menacent sans cesse son régime. Ils préparent même un coup d'État ; mais l'homme fort de Tunis, Zine Al-abidine Ben Ali, prendra tout le monde de vitesse : le 7 novembre 1987, il dépose Bourguiba et s'empare du pouvoir, qu'il détient toujours, plus de vingt ans plus tard.

Au Maroc, la Salafia Djihadia (le salafisme combattant), un groupe salafiste appelant au *jihad*, et d'autres groupuscules islamistes sont également très actifs. Ils remettent en cause la légitimité du roi Hassan II. Plusieurs islamistes marocains s'exilent en Europe pour fuir la répression du monarque qui s'est autoproclamé « commandeur des croyants ».

C'est à cette même époque que quelques islamistes tunisiens et Fayçal Mawlawi, un Libanais sunnite, créent, en France, l'UOIF, une branche des « Frères musulmans » qui commence à faire du prosélytisme dans les universités, les cités universitaires et les quartiers populaires. À Londres, Bruxelles, Rotterdam, Madrid, Milan ou en Scandinavie, les islamistes s'organisent aussi. Le mouvement est en marche.

En Asie du Sud-Est, c'est le même scénario. Dans plusieurs pays de la région, des groupes islamistes se constituent et exigent l'instauration d'États théocratiques, avec le soutien financier saoudien, par exemple, en Thaïlande, aux Philippines ou en Indonésie. Au Soudan, ils accèdent au pouvoir à l'issue du coup d'État du général Omar Al-Bashir, soutenu alors par Hassan Al-Tourabi, un idéologue respecté dans les milieux islamistes et formé à la Sorbonne.

Après la dislocation du bloc de l'Est, des islamistes tchétchènes, soutenus également par des combattants étrangers, espèrent eux aussi instaurer une République islamique et se rebellent contre Moscou. Des groupes de plus en plus radicaux naissent en Somalie, au Nigeria, en Jordanie, en Syrie, et ailleurs.

C'est dans ce contexte international où l'islamisme connaît une ascension fulgurante qu'intervient, en 1990, l'invasion du Koweït par les troupes de Saddam Hussein. La monarchie saoudienne est inquiète. Les Américains viennent à la rescousse et foulent la terre de la péninsule Arabique, ce qui déplaît fortement aux idéologues wahhabites et à Oussama Ben Laden. Ce dernier propose aux dirigeants de son pays de ne pas s'appuyer sur les Américains et de laisser plutôt ses hommes, les anciens d'Afghanistan, venir soutenir la monarchie face à la menace irakienne. Proposition naturellement rejetée par les émirs de Riyad qui préfèrent alors mettre leur sort entre les mains de la première puissance mondiale plutôt qu'entre celles de quelques desperados. Cette décision poussera Ben Laden et plusieurs idéologues à formuler de vives critiques à l'égard du Palais. Ben Laden est alors sommé de quitter le pays. D'autres salafistes comme les cheikhs Salmane Al-Awdah ou Al-Hawali sont emprisonnés pour avoir critiqué la monarchie. Même au pays du wahhabisme, un islamisme plus radical que celui de l'État se fait connaître.

Après cet épisode, Oussama Ben Laden, décrit alors uniquement comme un « milliardaire saoudien » part pour le Soudan. À Khartoum, plusieurs de ses anciens compagnons d'armes le rejoignent. Ils sont, pour la plupart, recherchés dans leur pays d'origine. Al-Qaïda, jusque-là à l'état embryonnaire, commence à prendre forme.

En Algérie, les extrémistes du Front islamique du salut (le FIS), gagnent les élections législatives en décembre 1991. Ils s'apprêtent à prendre le pouvoir, à abolir la démocratie naissante et à instaurer l'État islamique. Le pouvoir local, représenté par une armée qui dirige le pays depuis l'indépendance en 1962, décide d'arrêter le processus électoral et de dissoudre le parti islamiste, au grand soulagement des démocrates et des féministes algériens. Les chefs du mouvement, déjà emprisonnés, ont, dès 1989, appelé au *jihad*. Plusieurs actions ont d'ailleurs eu lieu avant même l'annulation des élections et notamment en 1991, lorsqu'un groupe terroriste, dirigé par un ancien « afghan » a attaqué une caserne militaire au sud-est du pays, massacrant sept conscrits.

Après l'arrêt du processus électoral, l'Algérie allait rentrer dans un tunnel de violence comme peu de pays en ont connu, tant par la sauvagerie du conflit que par le nombre de victimes[1].

En février 1993, un fourgon piégé explose dans le parking du *World Trade Center* à New York. Les terroristes sont pour la plupart d'anciens membres du Makteb Al-Khadamat d'Abdallah Azzem. Ils ont fréquenté le bureau que l'organisation islamiste a ouvert à Brooklyn durant la guerre en Afghanistan. Le principal suspect est un certain Ramzi Youssef, le neveu de Khaled Cheikh Mohamed. Ce dernier est l'un des hommes les plus proches de Ben Laden, mais il se fera surtout connaître, quelques années plus tard, comme le cerveau des attentats du 11 septembre 2001. Les autorités américaines arrêtent également le cheikh Omar Abderrahmane, surnommé le « cheikh aveugle », un vieux produit des « Frères musulmans », ensuite de Sayeed Qutb, qui s'est radicalisé pour devenir lui-même l'un des plus grands théoriciens de la « guerre sainte ». Il aurait donné la légitimation théologique, la *fatwa*, autorisant cet attentat contre le *World Trade Center*.

Durant cette période, les répercussions de l'effondrement de l'Union soviétique commencent à se faire sentir. Plusieurs pays

1. On estime que les opérations terroristes ont fait 150 000 morts en Algérie entre 1992 et 2000.

de l'Europe de l'Est connaissent des troubles. Les plus graves ont pour théâtre la Yougoslavie. Les conflits interethniques et interreligieux, longtemps en sommeil, se réveillent. Bientôt, le pays de Tito est disloqué par une guerre civile qui fera des dizaines de milliers de morts. Les musulmans bosniaques veulent leur indépendance. Ils sont massacrés par les troupes serbes et croates. Comme en Afghanistan, une légion musulmane internationale est créée. Moins importante que celle qui existait durant le conflit afghan, elle accueille néanmoins des jeunes venus de plusieurs pays. Certains musulmans et convertis européens se sentent concernés par le conflit. Cette partie de l'Europe devient, elle aussi, une terre de *jihad*. On apprendra plus tard que des Français musulmans se sont rendus en Bosnie pour prendre part aux combats.

En avril 1995, Oussama Ben Laden fait reparler de lui. Il annonce sur la chaîne de télévision américaine PBS que son principal ennemi est l'Amérique. Et il précise : « Pour contrer ces athées de Russes, l'Arabie Saoudite m'avait choisi comme représentant, mais je n'ai pas combattu contre les communistes sans oublier le péril venu de l'Ouest. En réalité, pour nous, l'idée était de ne pas s'impliquer plus que nécessaire dans le combat contre les Russes, car c'était l'affaire des États-Unis, mais plutôt de montrer notre solidarité avec nos frères musulmans d'Afghanistan. Le plus urgent était de combattre les communistes, la prochaine cible était l'Amérique. »[1] En 1996, les autorités soudanaises, qui subissent de fortes pressions internationales et notamment saoudiennes, demandent à Oussama Ben Laden et à ses hommes de quitter le pays. Le milliardaire prend la direction d'un pays qu'il connaît bien : l'Afghanistan.

Depuis la fin de la guerre contre les Soviétiques, les Afghans ont entamé plusieurs guerres fratricides pour le contrôle du

1. Archives personnelles de l'auteur.

pays. Éprouvée par des années de conflit, la population commence à se rallier à un nouveau courant, soutenu, formé et armé par le Pakistan : les talibans. Ce sont de jeunes « étudiants en théologie » qui veulent instaurer un régime islamiste. Ils sont issus de cette école de pensée deobandi qui propage un courant salafiste s'inspirant des travaux d'Ahmed Ibn Hanbal, Ibn Taymiya ou Mohamed Ibn Abdelwaheb.

Quand Ben Laden revient dans la région, les talibans, dirigés par le mollah Mohamed Omar, un islamiste formé par les écoles pakistanaises, contrôlent les trois quarts du pays. Ben Laden, désormais chef d'Al-Qaïda, est autorisé à rester en Afghanistan. Il est officiellement sous la protection des nouveaux maîtres de Kaboul. De nombreux signaux pouvaient alors alarmer les responsables politiques qui ont, très souvent, minimisé la capacité de nuisance de l'idéologie islamiste et de la violence qu'elle est susceptible d'engendrer. Pourtant, il suffit d'analyser avec attention à la fois les discours et les écrits des différents leaders islamistes pour se rendre compte des objectifs qui les motivent et de l'extrémisme qui les caractérise, même lorsqu'ils condamnent ou font mine de condamner la violence comme c'est le cas avec certains « Frères musulmans » par exemple.

Les islamistes ont, en effet, cette tendance à annoncer clairement ce que, à tout le moins, ils espèrent réaliser. Ainsi, avant le 11-Septembre, il y a eu une « littérature » abondante qui, en réalité, annonçait clairement la tragédie qui allait survenir. Ce fut le cas d'un ouvrage écrit par Ayman Al-Zawahiri, le stratège d'Al-Qaïda, quelques mois[1] avant les attentats perpétrés sur le sol américain à l'aube du XXIe siècle. Intitulé *Des chevaliers sous l'étendard du Prophète*, ce livre annonçait qu'avec de « petits moyens, de petits groupes [de combattants] peuvent semer la terreur parmi

1. Le texte avait commencé à circuler dans certaines mosquées islamistes à Londres en mars 2001.

les Juifs et les Américains » en précisant : « Nous devons déplacer le combat sur le terrain de l'ennemi. » On ne peut être plus clair.

Al-Zawahiri demandait par ailleurs à ses adeptes de faire passer le message « aux masses de l'*Oumma* ». En d'autres termes, il appelait à lancer également une guerre idéologique contre l'Occident, et ce, parallèlement aux actions terroristes qu'Al-Qaïda s'apprêtait à commettre. À ce propos, si une stratégie de lutte antiterroriste a été mise en place au lendemain des opérations kamikazes de New York et de Washington, les démocraties sont comme pétrifiées face à l'islamisme et à cette guerre idéologique engagée contre elles. Généralement, l'opposition au discours islamiste n'est assurée que par des milieux d'extrême droite qui répondent à un extrémisme en usant d'un autre extrémisme idéologique.

Il faut reconnaître qu'il n'est guère aisé d'apporter la contradiction à une mouvance polymorphe qui instrumentalise outre des textes religieux, des arguments d'idéologues fondamentalistes, une sémantique « anti-impérialiste » et un discours tiers-mondiste qui ne déplaisent guère à une partie de l'extrême gauche internationale. Les islamistes, qu'ils soient salafistes, wahhabites ou « réformistes », ou encore adeptes du *jihad,* savent aussi jouer sur les contradictions et les failles qui peuvent exister dans une démocratie. C'est le cas d'Al-Qaïda et de ses leaders qui sont arrivés à instrumentaliser l'actualité et tous les sujets brûlants. Que ce soit la question israélo-palestinienne ou le problème tchétchène, Ben Laden et ses émules récupèrent tous les sujets susceptibles de passionner les masses musulmanes pour en faire un fonds de commerce à même d'alimenter leur propos et de créer les divisions afin de provoquer, espèrent-ils, une véritable « guerre de religion »[1].

1. Oussama Ben Laden ou Ayman Al-Zawahiri utilisent régulièrement l'expression : « L'Occident judéo-chrétien est en guerre contre l'islam et les musulmans. »

Deux ans après son retour en Afghanistan, en février 1998, Oussama Ben Laden lance, avec d'autres idéologues de l'islamisme jihadiste, la fameuse *fatwa* pour le « *jihad* contre les juifs et les croisés ». Plusieurs actions terroristes sont alors planifiées contre les intérêts américains, notamment en Afrique de l'Est en août 1998 et au Yémen en octobre 2000. Le 11 septembre 2001, l'islamisme montrait sa face la plus hideuse tout en mettant en application certains des objectifs qu'il s'est toujours assignés et notamment le principal : le *jihad*.

L'action d'Al-Qaïda allait rejoindre, consciemment ou pas, celle des « Frères musulmans » et notamment de leurs différentes branches européennes puisque l'« action militaire » des premiers est complétée par l'« action idéologique » des seconds. Les uns et les autres, même s'ils utilisent des rhétoriques différentes et s'ils se détestent cordialement en raison de l'existence de certaines divergences dogmatiques et stratégiques historiques, se rejoignent dans l'instrumentalisation du discours victimaire et dans la construction d'une sorte d'identité musulmane révolutionnaire qui, à tout le moins dans le discours, rejette les valeurs universelles, les démocraties et leur système et séduisent ainsi, aussi bien des musulmans déracinés que des Européens en quête d'une idéologie alternative au monde libéral, mondialisé et globalisé qui a tendance à laisser certaines couches sociales sur le bord du chemin. Aussi, l'exclusion comme les attitudes xénophobes ou racistes qui peuvent exister en Occident sont-elles amplifiées, caricaturées et instrumentalisées tant dans le discours des « Frères musulmans » que dans celui d'Al-Qaïda.

Au début des années 2000, l'islamisme devient également une idéologie de contestation et ses promoteurs l'utilisent comme ils l'avaient utilisé jadis contre le colonialisme. Tout ceci, agrémenté d'un autre discours qui magnifie le « martyr » et qui mythifie son devenir allant jusqu'à instrumentaliser les textes coraniques et lui promettre « soixante-douze vierges au Paradis ». La martyrologie prend ainsi une place centrale dans les textes des islamistes, y compris dans ceux que certaines chapelles décrivent parfois complaisamment comme des « modérés », tout comme prendra une place centrale la légitimation des attentats commis contre les civils. Oussama Ben Laden et d'autres idéologues salafistes instrumentalisent, là aussi, d'autres textes pour justifier leur action par le fait que les populations civiles payent l'impôt à leur gouvernement et par conséquent, selon eux, participent à l'« effort de guerre contre l'islam ». En ce qui concerne les attentats commis contre des civils israéliens, les jihadistes estiment qu'étant donné la participation de chaque citoyen en Israël à la conscription, il faut considérer tout « Israélien comme un combattant »[1].

Dans cet ordre d'idées, le conflit israélo-palestinien est donc davantage utilisé comme un abcès de fixation par les intégristes car il revêt une importance idéologique résidant dans le fait que les islamistes estiment que « les Juifs ne doivent pas gouverner » sur une terre supposée musulmane. Une telle pensée découle d'une interprétation extrémiste et orientée du corpus théologique qui récupère des conflits ayant opposé Mahomet à certaines tribus juives de Médine pour valider un raisonnement antisémite. C'est le cas d'Al-Qaïda, mais c'est aussi celui du Hamas palestinien qui précise clairement cette question dans sa charte[2] et qui n'a de cesse de rappeler, à l'instar de tous les autres courants islamistes, qu'Israël « ne doit pas exister ». Il est évi-

1. Discours d'Oussama Ben Laden (archives personnelles de l'auteur).
2. Il est précisé dans l'article 11 de la Charte : « Le Mouvement de la Résistance Islamique considère que la terre de Palestine [Israël compris] est une terre islamique *waqf* [de main-morte] pour toutes les générations de musulmans jusqu'au jour de la résurrection. Il est illicite d'y renoncer en tout ou en partie, de s'en séparer en tout ou en partie : aucun État arabe n'en a le droit, ni même tous les États arabes réunis; aucun roi ni président n'en a le droit, ni même tous les rois et présidents réunis; aucune organisation n'en a le droit, ni même toutes les organisations réunies, qu'elles soient palestiniennes ou arabes. »

dent que, depuis la Seconde Guerre mondiale et surtout depuis la création de l'État d'Israël, un comportement antisémite, semblable à celui des mouvements fascistes, a été introduit dans l'idéologie islamiste.

Cela étant, malgré l'existence, dans l'histoire musulmane, de quelques conflits entre Juifs et Musulmans, l'antisémitisme reste, quoi qu'on puisse en penser, une notion totalement inconnue en islam, et ce, même si certaines approches littéralistes du texte peuvent laisser penser le contraire. Rien n'indique, d'un point de vue théologique, que l'islam appelle à la haine des Juifs et des Chrétiens. Les versets coraniques les plus violents à leur égard doivent être, là aussi, lus d'une manière rationnelle et contextualisée : ils ont été révélés dans une période de conflits et visaient certaines tribus juives de Médine.

L'antisémitisme est une idéologie occidentale. Évoquer l'antisémitisme islamiste est, de notre point de vue, une sorte d'abus de langage sur le plan sémantique, mais par ailleurs une réalité chez les mouvements islamistes sur le plan politique. Il serait plus juste de parler d'antijudaïsme puisque, à l'origine, la divergence entre juifs et musulmans est strictement doctrinale. L'antisémitisme observé depuis quelques années est incontestablement alimenté par une idéologie islamiste qui utilise, là aussi, les interprétations littérales ou ce qui est appelé abusivement l'« antisionisme »[1]. Devant cette instrumentalisation des mots, des textes et des idéologies, il serait d'ailleurs plus opportun d'utiliser le mot « antisémitionisme » pour qualifier l'approche des islamistes et aussi celle de certaines chapelles politiques non musulmanes. Et si les islamistes surfent sur cette notion d'« antisionisme », c'est parce qu'ils n'ignorent pas

1. Nous considérons l'antisionisme comme une forme déguisée d'antisémitisme puisque c'est une idéologie qui dénie le droit aux Juifs de disposer d'un État dans lequel ils seraient majoritaires. L'« antisionisme » est, en réalité, la face cachée de l'« antisémitisme » islamiste.

que l'antisémitisme est réprouvé par les textes islamiques. Pour étayer ce propos, donnons pour preuve le pacte signé à Médine entre Mahomet et les tribus juives.

L'article 25 de ce traité précise : « Les Juifs des Banou Awf formeront une communauté avec les croyants. Aux Juifs leur religion, et aux Musulmans leur religion ! » L'article 37, lui, stipule : « Aux Juifs leurs dépenses et aux Musulmans leurs dépenses. Qu'il y ait entre eux entraide contre quiconque combattra ceux que vise cet écrit ; qu'il y ait entre eux bienveillance et bonnes dispositions. Observance et non violation ! » Enfin, l'article 44 précisait pour sa part : « Entre eux [Juifs et Musulmans], il y aura entraide contre quiconque attaquera Yathrib.[1] » Dans cet ordre d'idées, la jurisprudence islamique stipule qu'il est « illicite pour les Musulmans de nuire aux intérêts et aux biens des gens du Livre[2] ». C'est dire que l'attitude des islamistes, notamment à l'égard des Juifs, est totalement éloignée de la philosophie contenue dans la religion musulmane. Dès son avènement, celle-ci permettait aux autres communautés monothéistes de conserver leur culte à une période où, pourtant, toute domination était accompagnée de mesures visant à contraindre les minorités à renoncer à leur religion.

Seuls les extrémistes utilisent aujourd'hui de vieux et sporadiques conflits datant de l'époque de Mahomet pour justifier la posture antijuive contenue dans leur idéologie.

Stratégiquement, il va sans dire que les « recruteurs » islamistes, les idéologues et autres terroristes sont très efficaces. Ils n'ont aucun mal à séduire des aspirants kamikazes, des femmes et des hommes en quête d'identité, des personnes en quête d'une idéologie « révolutionnaire », en leur expliquant que « le monde musulman est attaqué par les Juifs et les croisés » ou que

1. Yathrib est le nom que portait Médine avant l'avènement de l'islam.
2. En Islam, Chrétiens et Juifs sont appelés les « gens du Livre ».

« l'hégémonie américaine est souvent injuste et inhumaine » ou que « le monde de l'argent et de la finance se soucie très peu des classes défavorisées ». Brandissant tous ces arguments, ils ont su manipuler une actualité compliquée qui, chaque jour, livre des séquences déplorables et des images insoutenables. Civils tués par des armées de pays démocratiques (États-Unis et Israël) qui répondent, très souvent, de manière inefficace, inintelligente et disproportionnée aux agressions terroristes. Accentuation du fossé entre pays riches et pays pauvres. Montée de mouvements extrémistes de droite qui se matérialise par la multiplication des discriminations et des discours xénophobes ou racistes.

Pour nombre de jeunes musulmans happés par l'idéologie islamiste, la situation mondiale, notamment depuis le début de la guerre en Irak et les révélations sur des cas de torture et d'humiliation justifie, à leurs yeux, la « légitime défense ». Celle-ci peut prendre des allures d'actions terroristes ou alors une radicalisation dans le discours. L'affirmation de l'« identité musulmane » par de jeunes Européens, à travers un accoutrement ou un propos, prend, aux yeux de beaucoup, une forme de « résistance » devant cet Occident jugé « arrogant et oppresseur ». Laissés-pour-compte dans les pays musulmans, mal intégrés ou non intégrés dans les sociétés européennes, beaucoup ne trouvent souvent une écoute qu'auprès des idéologues de l'islamisme. Cette idéologie sait aussi faire ce que les sociétés modernes ne peuvent plus accomplir : accorder de l'attention aux plus démunis. Ce n'est d'ailleurs pas pour rien si toutes les organisations islamistes, du Hezbollah à l'UOIF en passant par les « Frères musulmans » égyptiens ou le Hamas palestinien, et même Al-Qaïda investissent énormément dans l'action sociale.

Beaucoup se retrouvent ainsi dans une sorte de « mobilisation générale » qui répond aux appels incessants de l'islamisme international. Cette « mobilisation » donne un sens à la vie de plusieurs personnes, une occupation, un idéal, de l'espoir et une espérance. Pour beaucoup, « le terrorisme islamiste est une aventure qui se termine au Paradis »[1]. L'un d'eux nous dira : « Nous voulons aller [au Paradis] puisqu'ici c'est l'enfer. » Un autre islamiste, âgé de dix-huit ans, nous déclarait en octobre 2002, dans une mosquée à Belleville : « Ici-bas c'est le Paradis des mécréants et un Enfer pour les croyants, je ne veux pas de ce Paradis-là, je veux celui de l'Au-delà. »[2] C'est là le résultat d'un travail de fond accompli par des imams islamistes auprès des jeunes, depuis plusieurs années, dans les mosquées, à travers des livres, des sites Internet et des cassettes de propagande. Des idéologues utilisent aujourd'hui tous les arguments, toutes les failles qui existent dans les sociétés démocratiques pour faire adhérer à l'islamisme un maximum de personnes. Transformer des conflits politiques en « guerres de religion », présenter des questions historiques comme la preuve de l'existence d'un « conflit entre les civilisations » : tels sont les objectifs de plusieurs prédicateurs qui se reconnaissent tantôt dans les discours de Ben Laden tantôt dans la pensée de Hassan Al-Banna.

L'islamisme a une longue histoire ; il est nécessaire de la comprendre et de la décortiquer pour mieux appréhender le présent et les défis que lance cette idéologie aux sociétés modernes. Mais il convient aussi de connaître les ressorts utilisés par les islamistes pour séduire autant de personnes à travers le monde. L'islamisme, comme nous le verrons plus loin, est un totalitarisme qui sait utiliser certaines lâchetés, les calculs politiques, les compromissions, l'ignorance ou la naïveté pour se nicher dans les sociétés afin de mieux les pervertir.

1. Entretiens réalisés par l'auteur avec des jeunes de la banlieue parisienne, novembre 2005.
2. Entretien réalisé par l'auteur en octobre 2002 au cours d'un reportage télévisé. Voir : « *J'ai infiltré une cellule islamiste* », diffusé en mars 2003 sur M6.

2

L'islamisme est-il un totalitarisme ?

Cette question peut sembler inopportune. Il est cependant légitime de la poser et d'essayer d'y répondre pour cerner davantage la nature réelle de cette idéologie qui s'exprime au nom de l'Islam et des musulmans et qui propose, par ailleurs, comme nous l'avons déjà indiqué, un « projet de société ».

L'on s'aperçoit de prime abord que l'islamisme est une doctrine « révolutionnaire ». Il l'est puisqu'il ne cache pas sa volonté de bouleverser fondamentalement le cours des choses au sein des sociétés et de remettre en question un certain nombre de valeurs universelles – qu'il qualifie d'ailleurs d'« Occidentales » – tout en tentant d'y imposer les siennes. Par exemple, l'islam politique n'admet quasiment aucune des notions contenues dans la *Déclaration universelle des Droits de l'homme*. Et quand bien même certains courants, comme celui des « Frères musulmans », prétendaient le contraire, leurs textes et leurs discours souvent, les trahissent. Les principes inspirés de la *charia* laissent peu de place en effet à l'égalité entre tous les hommes et entre les sexes. Ils ne reconnaissent pas la démocratie, même s'ils prennent part parfois à des consultations électorales.

Pour les tenants de l'islamisme, la souveraineté n'appartient qu'à Dieu et à Dieu seul et non pas au peuple et les plus extrémistes considèrent même que « la démocratie est une religion »[1] qu'il « faut combattre »[2].

D'un autre côté, la notion de « châtiments corporels », présente dans les « législations » islamistes est totalement contraire à la *Convention contre la Torture*. C'est le cas notamment des lapidations, amputations et autres coups de fouet qui sont autant d'actes pratiqués dans des États théocratiques tels l'Arabie Saoudite, le Soudan, l'Indonésie ou l'Iran pour ne citer qu'eux et qui sont complètement opposés au premier article de ladite Convention[3].

D'un autre côté encore, certains aspects de la « loi d'Allah » sont également contraires à la *Convention internationale des Droits de l'enfant* et surtout en ce qui concerne la question de l'âge de la majorité que ledit texte fixe à dix-huit ans[4] et que les lois islamistes prescrivent à la puberté. C'est ce qui pousse certains pays, comme l'Iran, qui appliquent la peine de mort[5],

---

1. *Eddimoukratia dinan* (La démocratie, une religion) est le titre d'un ouvrage (en arabe) écrit par l'idéologue salafiste Abou Mohamed Al-Maqdissi (archives personnelles de l'auteur).
2. *Ibid.*
3. Article 1 : « Aux fins de la présente Convention, le terme "torture" désigne tout acte par lequel une douleur ou des souffrances aiguës, physiques ou mentales, sont intentionnellement infligées à une personne aux fins notamment d'obtenir d'elle ou d'une tierce personne des renseignements ou des aveux, de la punir d'un acte qu'elle ou une tierce personne a commis ou est soupçonnée d'avoir commis, de l'intimider ou de faire pression sur elle ou d'intimider ou de faire pression sur une tierce personne, ou pour tout autre motif fondé sur une forme de discrimination quelle qu'elle soit, lorsqu'une telle douleur ou de telles souffrances sont infligées par un agent de la fonction publique ou toute autre personne agissant à titre officiel ou à son instigation ou avec son consentement exprès ou tacite. Ce terme ne s'étend pas à la douleur ou aux souffrances résultant uniquement de sanctions légitimes, inhérentes à ces sanctions ou occasionnées par elles. »
4. Article 1 : « Au sens de la présente convention, un enfant s'entend de tout être humain âgé de moins de dix-huit ans, sauf si la majorité est atteinte plus tôt, en vertu de la législation qui lui est applicable. »
5. Article 37-a : « (…) Nul enfant ne soit soumis à la torture ni à des peines ou traitements cruels, inhumains ou dégradants : ni la peine capitale ni l'emprisonnement à vie sans possibilité de libération ne doivent être prononcés pour les infractions commises par des personnes âgées de moins de 18 ans… »

à exécuter des enfants pubères âgés de moins de dix-huit ans tout en les considérant « majeurs » au regard de leurs textes législatifs. *Idem* au sujet du mariage puisque certains États régis par la *charia* l'autorisent pour les filles mineures qui, souvent, sont forcées par leurs parents.

Toutes ces lectures extrémistes sont contraires à d'autres, réalisées par des penseurs ou des intellectuels de confession musulmane[1], qui estiment que l'islam peut être conforme à la Déclaration universelle des Droits de l'homme et notamment à la question de l'universalité qui est remise en cause par plusieurs courants islamistes et certains États musulmans pourtant confrontés aux problèmes de l'islamisme – comme l'Égypte ou l'Algérie – qui ont adopté une *Déclaration islamique des Droits de l'homme*[2] pour discuter la notion d'universalité et en favoriser ainsi *de facto* une autre : celle du relativisme culturel.

Nous observons que c'est une certaine « théologisation » de la question des Droits de l'homme qui a été appliquée à ce texte qui, si en théorie, respecte les grands fondements de la *Déclaration universelle des Droits de l'homme*, permet à certains pays, en pratique, de bafouer les règles les plus élémentaires contenues dans le texte. C'est le cas en Égypte par exemple où les minorités religieuses[3] et sexuelles[4] sont persécutées, poursuivies sinon humiliées à la fois par les islamistes et le pouvoir.

1. Nous citerons entre autres l'intellectuel tunisien feu Mohamed Charfi, le philosophe marocain Abdou Fillali-Ansary ou l'islamologue franco-algérien Mohamed Arkoun.
2. La Déclaration sur les droits de l'homme en Islam fut adoptée le 5 août 1990, au Caire (Égypte), durant la 19e Conférence islamique des ministres des Affaires étrangères.
3. Les Coptes subissent régulièrement dans ce pays des discriminations et des violences sans que le pouvoir égyptien ne prenne toutes les mesures pour leur assurer leur sécurité.
4. Les homosexuels sont persécutés en Égypte. Ils sont souvent condamnés à de la prison ferme et risquent la peine de mort.

Pourtant, d'un point de vue théologique, si certaines interprétations de l'islam restent, au niveau de la jurisprudence, très « sévères » – c'est un euphémisme – sur quelques aspects de la société, le corpus défend parfois certains principes qui ne sont guère en contradiction avec les valeurs universelles. La sacralité de la vie humaine est garantie, même si les terroristes islamistes la bafouent ; la torture est interdite même si les fanatiques appliquent les châtiments corporels et les penseurs les plus progressistes estiment que la liberté de conscience est acquise également en islam en se basant sur les versets : « Nulle contrainte en religion ! Car le bon chemin s'est distingué de l'égarement. Donc, quiconque mécroit au Rebelle tandis qu'il croit en Allah saisit l'anse la plus solide, qui ne peut se briser. Et Allah est Audient et Omniscient »[1] et : « Si ton Seigneur l'avait voulu, tous ceux qui sont sur la terre auraient cru. Est-ce à toi de contraindre les gens à devenir croyants ? »[2]

Il faut constater que la religion musulmane avait, lors de son avènement, comme objectif un changement profond de la société antéislamique. L'histoire nous enseigne que cette religion s'est incontestablement opposée à différentes formes d'injustices, à l'idolâtrie, aux conflits claniques, au fossé séparant riches et pauvres, à la tyrannie, au statut réservé alors aux femmes, etc. En répandant ce monothéisme, à travers le principe de l'« Unicité de Dieu » notamment, l'islam avait remis en cause la toute-puissance des notables tribaux, en privilégiant un système plus égalitaire qui rehaussait l'esclave et la servante au niveau de leurs « maîtres » et qui appelait, tout en reconnaissant le droit à la propriété et à la richesse, à une meilleure répartition des biens et surtout à plus d'équité. Le « noble » n'était plus systématiquement le richissime chef de

1. Coran, Sourate 2, Verset 256.
2. Coran, Sourate 10, Verset 99.

tribu, mais le croyant qui savait faire preuve d'humilité et de justice. L'enseignement islamique voulait inculquer à ces peuplades rustres que ni la couleur, ni la race, ni les intérêts et les profits ne devaient regrouper les gens ou les disperser, mais uniquement la foi. L'un des succès de la religion musulmane est dû à cette approche qui fut alors révolutionnaire pour le VIIe siècle. Comme le fut le bannissement de quelques pratiques répandues parmi les tribus peuplant la péninsule Arabique.

Par exemple, les filles étaient à l'époque enterrées vivantes à leur naissance[1] par leurs propres parents. Le texte coranique a immédiatement interdit cet acte et a consacré le principe du droit à la vie. Même s'il ne fut pas, en un premier temps, complètement aboli, l'esclavage vit ses règles totalement modifiées, ce qui autorisa l'esclave à être au rang de son maître, du moins en théorie. Une révolution pour l'époque. L'islam fut donc à ses débuts un projet politique, religieux et social révolutionnaire et dirions-nous même progressiste. La mise en place de l'impôt, à travers le principe de la *zakat*, la prise en charge matérielle et morale des plus démunis, la création de nouvelles traditions, humanisées, dans les relations interpersonnelles furent autant d'éléments, parmi d'autres, qui permirent à la religion musulmane de rencontrer un franc succès.

Des sociétés entières épousaient cette croyance et, contrairement à certaines idées reçues, les conquêtes et les guerres ne furent pas les seules raisons qui poussèrent les gens vers le message de Mahomet puisque des tribus, fascinées par le projet proposé par ce monothéisme inédit, décidèrent d'embrasser celui-ci. Si les premiers siècles de l'islam connurent, bon an mal an, des périodes fastes et riches tant sur les plans spirituel et intellectuel

---

1. Une tradition tribale antéislamique voulait que les filles soient enterrées vivantes à leur naissance par les familles les plus démunies qui craignaient les razzias et l'esclavage dans cette péninsule Arabique empreinte de conflits tribaux. L'islam interdira cette pratique.

qu'économique et social, l'avènement des différentes écoles juridiques, l'instauration de doctrines rigoristes et enfin l'instrumentalisation politique de la religion déclenchèrent, à tous les niveaux, une ère de régression qui allait durer très longtemps. Le dogme n'a pas su, au fil des années, s'adapter à son contexte, encore moins faire son *aggiornamento*.

Les « théologiens » prenaient de plus en plus de place, laissant peu d'espace au débat critique et empêchant toute entreprise sérieuse visant l'*Ijtihad*, l'interprétation des textes. L'idéologisation de l'islam fut, elle, par contre, acceptée puisque consciemment ou pas, les « théologiens » se transformaient en idéologues pour mieux asseoir leur suprématie, ou à tout le moins, tentent-ils, sans cesse, de le faire, et ainsi dominer un monde musulman qui, en même temps, rentrait de plain-pied dans l'ère de l'ignorance voire parfois de l'obscurantisme.

Aujourd'hui, les islamistes essayent de revenir à ce que leur imaginaire collectif estime être le « vrai islam ». Le « changement » qu'ils préconisent est fondé en réalité sur une lecture de la religion qui n'a pas connu de mise à jour depuis au moins dix siècles. Leur refus catégorique d'adapter la doctrine politique qu'ils proposent à un monde influencé, tant par la philosophie grecque que par les Lumières ainsi que par les différentes évolutions humaines et sociales, met l'islamisme, sous toutes ses formes, dans des archaïsmes totalement incompatibles avec les aspirations des sociétés modernes. L'islamisme ne cohabite avec aucune opposition et il cherche constamment à asseoir sa seule vision au détriment de toutes les libertés.

Pour certains idéologues salafistes par exemple, les différents courants musulmans qui ne se reconnaissent pas dans leur idéologie sont à combattre. Pour eux, seule leur conception du monde et de l'islam doit rayonner. De ce point de vue, l'islamisme propose incontestablement un projet totalitaire, notamment selon l'analyse qui fut celle de la philosophe Hannah Arendt[1], qui estime que le totalitarisme qualifie les systèmes politiques dans lesquels d'un côté, l'État absorbe la société civile et d'un autre, ces systèmes où l'idéologie étatique est transfigurée en dogme dicté à la société civile, aux intellectuels et aux universités.

Pour elle, dans un système totalitaire, l'État, relayé par le parti unique, exerce un contrôle total sur la société, la culture, les sciences, la morale jusqu'aux individus mêmes, auxquels il n'est reconnu aucune liberté propre d'expression ou de conscience. L'expression totalitaire vient du fait qu'il ne s'agit pas seulement de contrôler l'activité des hommes, comme le ferait une dictature classique, mais aussi leurs pensées en leur imposant l'adhésion à une idéologie.

Selon cette définition, il est évident que l'idéologie islamiste correspond totalement à la description faite par la philosophe américaine du totalitarisme. Les islamistes n'acceptent ni dialogue, ni débat, ni contradiction. Ils dictent – ou tentent de le faire – leur point de vue aux différents pans de la société et réduisent à néant toute contestation du dogme. Ils contrôlent – ou tentent de le faire – la société, la morale et la culture en pratiquant notamment une lourde censure ou en poussant les sociétés et leurs élites à l'autocensure en prétextant le « respect » dû au dogme ou à la religion et à ses symboles. L'affaire dite des « caricatures de Mahomet » est, de ce point de vue, symptomatique de cette approche totalitaire qui refuse toutes les formes de critique. Et si l'islamisme séduit aujourd'hui certaines populations, c'est aussi parce qu'il donne l'impression de vouloir remettre de l'« ordre » dans des sociétés jugées trop « libérales ».

---

1. Voir par exemple Hannah Arendt, *Les origines du totalitarisme : Le système totalitaire*, Le Seuil, 1998.

Qualifier l'islamisme de totalitarisme n'est, à notre avis, ni un abus de langage ni un dérapage. Des travaux contemporains extrêmement sérieux ont démontré l'existence de profondes similitudes entre le système totalitaire et celui proposé par l'idéologie islamiste[1]. Survoler cette dernière suffirait d'ailleurs à s'apercevoir qu'elle est profondément antisémite et expansionniste, qu'elle ne s'interdit pas de prôner l'extermination ethnique, qu'elle appelle à un ordre moral, qu'elle endoctrine, y compris les enfants, qu'elle maltraite les minorités, qu'elle nie les droits des femmes, des homosexuels et des mineurs, qu'elle voue un culte au leader, qu'elle refuse le développement de tout esprit critique, qu'elle préfère la guerre à la paix, qu'elle utilise les discours populistes, qu'elle dénie toute liberté d'expression, qu'elle combat violemment toute opposition, qu'elle préconise le port de l'uniforme, qu'elle terrorise ses détracteurs, qu'elle tue sans aucune pitié et sans distinction d'âge et de sexe, qu'elle mobilise les foules en usant de populisme et en jouant sur les fibres sensibles de la religion, qu'elle rejette toute alternance démocratique, etc. Et ceci n'est pas l'islam, mais bel et bien l'islamisme.

Cette idéologie véhicule, et nous le remarquons systématiquement à l'étude des textes islamistes, une doctrine à la fois messianique, internationaliste et révolutionnaire ayant pour objectif le contrôle d'une partie du monde. Pour d'autres totalitarismes, le nazisme par exemple, la liberté religieuse était tolérée « à condition qu'elle ne mette pas en danger l'existence de l'État et qu'elle accepte le principe de la supériorité de la race germanique ». Les islamistes, quant à eux, n'acceptent, dans les pays musulmans, que les religions monothéistes à condition que celles-ci se plient à l'adoption d'un statut

1. Entretien de l'auteur avec Mehdi Mozaffari, universitaire danois et professeur ès sciences politiques qui a réalisé une étude comparative entre les fascismes et l'islamisme.

inférieur à celui de l'islam. Les salafistes les plus radicaux, les *takfiris*[1] par exemple, appellent en même temps à l'extermination des membres de l'ensemble des autres courants musulmans « s'ils ne se repentent pas »[2]. Ils considèrent qu'il existe soixante-treize courants en Islam. Selon eux, « tous ont leur place en Enfer »[3], hormis le leur.

Hassan Al-Banna, le fondateur des « Frères musulmans », avait résumé son programme en quatre points : État, religion, travail, *jihad*. Le programme nazi était, lui, résumé en quatre principaux axes : l'acquisition de nouveaux espaces pour former le « Grand État allemand », la protection de la « race aryenne », l'organisation de la nation allemande autour du travail et la mise en application d'un programme social profondément anticapitaliste.

Aujourd'hui, de nombreux mouvements politiques et autres associations se réclamant de la religion musulmane représentent en réalité un vecteur de propagation de l'idéologie islamiste. Ils se reconnaissent presque tous dans le wahhabisme ou dans la pensée des « Frères musulmans ». Il est donc absurde, comme nous l'avons signalé en introduction, de penser qu'il existerait des « islamistes modérés ». C'est là un non-sens sémantique : comment pourrait-on trouver de la modération chez des extrémistes ou dans des courants propageant des idées totalitaires ?

Évidemment, l'islamisme – comme les islamistes – est multiple. Il y a plusieurs tendances, mais l'idéologie matrice est la même que ce soit pour les salafistes jihadistes ou les « Frères

1. Les *takfiris* sont les membres d'une secte salafiste qui pratique le *takfir*, l'excommunication. Ils appellent à tuer tous ceux qui ne pratiquent pas le même culte qu'eux.
2. *Fatwa* de l'idéologue Abou Qatada Al-Filisstini (archives personnelles de l'auteur).
3. *Ibid.*

musulmans » ou alors dans le *tabligh*[1]. La doctrine extrémiste l'induit et l'histoire le prouve, l'islamiste qui bat son épouse est aussi capable de déposer des bombes. Car à la lignée : la pensée qui incite à violenter les femmes est celle-là même qui légitime parfois la violence. Un exemple parmi d'autres : en page 207 de son fameux livre intitulé *Le licite et l'illicite en islam*[2], Youssef Al-Qaradhaoui, qui est souvent décrit complaisamment comme un « modéré » et qui s'était rendu célèbre en autorisant les attentats suicides et les actions terroristes visant les civils en Israël et en Irak, écrit aussi à propos des relations de couple : « ...[Le mari] essaie de corriger [sa femme] avec la main, tout en évitant de la frapper durement et en épargnant son visage. »[3]

Si l'islamisme est un totalitarisme, c'en est aussi un parce qu'il se permet de s'immiscer jusque dans la vie intime des individus. Et c'est dans sa globalité que cette idéologie doit être appréciée et non pas de manière segmentée. Nous le disons d'autant plus que nous avons souvent observé l'approche biaisée que réservent certains chercheurs, journalistes ou intellectuels à l'islamisme. Régulièrement, et notamment au lendemain du drame du 11-Septembre, des observateurs accordent assez complaisamment un statut de « modération » à des idéologues ou à des imams pour peu que ces derniers acceptent de rejeter publiquement les attentats. Or, nous semble-t-il, dans une société moderne, condamner et réprouver une action criminelle est un devoir. Une obligation, pourrions-nous affirmer. Le religieux « modéré » n'est pas donc celui qui se contente de dénoncer la violence, mais celui qui cherche à faire progresser

1. Le *tabligh* est un mouvement islamiste prosélyte considéré par certains observateurs comme « piétiste ». En réalité, ce mouvement né en Inde se refuse à faire de la politique, mais vise l'instauration de la *charia* par la réislamisation de toute la société. D'un autre côté, il est établi que des personnes réislamisées par le *tabligh* ont poursuivi leur activisme dans des mouvements plus violents.
2. *Le licite et l'illicite en islam*, Youssouf Al-Qaradhaoui, Al-Qalam Éditions, 2005.
3. *Ibid.*

sa religion en délaissant ou en abrogeant surtout, comme c'est dans le cas en islam, outre la lecture littéraliste, certains textes qui ne peuvent plus être tolérés dans le monde du XXIe siècle.

D'un autre côté, il est admis que les mouvements totalitaires – et c'est la réalité de l'islamisme – ne montrent leur véritable visage qu'une fois effectivement au pouvoir, ou quand ils sont suffisamment forts et armés pour le faire. Ce fut le cas avec la révolution iranienne en 1979 ou après l'instauration du régime taliban en Afghanistan ou encore au lendemain de l'avènement de l'État islamiste au Soudan. Plusieurs hommes d'Al-Qaïda avaient connu un parcours « d'islamistes modérés » jusqu'au jour où ils ont eu la possibilité de commettre l'irréparable après avoir subi un endoctrinement intensif. L'on se souvient de Ziad Al-Jarrah, ce pirate de l'air libanais du 11-Septembre qui, avec ses allures de petit étudiant de bonne famille, donnait plutôt l'image d'un « islamiste modéré » avant son passage à l'acte.

C'est justement la force des mouvements totalitaires qui arrivent à embrigader les masses en usant et en abusant de populisme et de propagande, une constante dans le système totalitaire qui cherche systématiquement à uniformiser la société puisque l'individu ne compte plus. Or, c'est le propre du discours islamiste et du principe même de l'*Oumma*, la nation islamique, prôné par les islamistes qui considèrent que « l'être n'existe qu'à travers sa communauté »[1]. Seule importe la masse. Comme l'expliquent Hannah Arendt ou d'autres spécialistes des totalitarismes

1. Ce principe est développé dans un commandement salafiste appelé Al-Wala oua Al-Bara (Alliance et désaveu) qui exige des adeptes du salafisme de ne pas fréquenter des non-musulmans, de ne pas se lier à eux d'aucune manière et de ne pas leur ressembler dans l'attitude et l'accoutrement. L'analyse du texte permet de constater une recherche de dépersonnalisation de l'être qui doit s'habiller et se comporter comme l'ensemble de la communauté. Ces commandements interdisent aux croyants de vivre en dehors de cette même communauté. Nous sommes donc face à la notion de masse (archives personnelles de l'auteur).

tel Emilio Gentile[1], les mouvements totalitaires « transforment les classes en masses ». Cette approche est aussi bien celle des « Frères musulmans » que d'Al-Qaïda. La dépersonnalisation des êtres se traduit chez les uns et les autres par le refus systématique de la différence, de la contestation et un attrait pour la discipline de groupe et l'ordre. On voue très souvent dans les courants islamistes une sorte de culte de la personnalité pour le chef charismatique ou pour le guide. Hassan Al-Banna était adulé par ses troupes. *Idem* pour son petit-fils aujourd'hui, Tariq Ramadan, qui peut compter sur la fidélité aveugle de ses adeptes. Et naturellement c'est aussi le cas d'un Oussama Ben Laden ou d'un Aymen Al-Zawahiri qui sont quasiment vénérés par leurs jihadistes.

À ce propos, Al-Qaïda veut littéralement dire « la base » ou le « socle ». Et cette dénomination n'a pas été choisie par hasard. Al-Qaïda existe, comme on l'a vu, sous une forme embryonnaire depuis le début du conflit contre les Soviétiques en Afghanistan. En récupérant les fichiers de *Makteb Al-Khadamat*, à la fin de la guerre, Ben Laden avait réussi à entretenir un contact avec ces anciens « compagnons d'armes » en les réduisant, consciemment ou pas, à ce statut de « masse combattante ». Il utilise d'ailleurs souvent dans ses discours le terme « les caravanes de moudjahiddines »[2] et les islamistes évoquent l'organisation terroriste en la qualifiant de *Qaïdat Al-Jihad* qui signifie littéralement « la base du *jihad* ». Et effectivement, c'est la « base » qui a été endoctrinée, formée et idéologisée pour mener ce *jihad*, si cher à Ben Laden et à certains partisans de l'action violente.

L'idée de la création d'Al-Qaïda avait commencé à germer dans la tête d'Abdallah Azzem vers la fin des années 1980[3].

1. Emilio Gentile est professeur d'histoire contemporaine à l'université de Rome et l'un des plus grands spécialistes des totalitarismes et notamment du fascisme.
2. Archives personnelles de l'auteur.
3. Entretien avec Abdallah Anes, ancien combattant en Afghanistan et gendre d'Abdallah Azzem, Londres, décembre 2002.

L'idéologue d'origine palestinienne savait qu'il disposait d'une masse qui était prête à lancer des opérations armées aux quatre coins de la planète. Une partie de la « masse » musulmane était conditionnée à travers les prêches des imams les plus enflammés, qui circulaient plus ou moins librement dans des cassettes enregistrées et *via* une littérature abondante qui ne cessait d'inonder les « librairies musulmanes »[1] à travers le monde. La stratégie islamiste a bien fonctionné puisque la spiritualité et la question religieuse ont laissé leur place à l'idéologie et à la politisation de l'islam, selon des principes totalitaires. Dans la philosophie de ses dirigeants, Al-Qaïda devait notamment servir d'élément fédérateur pour toutes les organisations islamistes disséminées dans différentes régions du globe qui, jusque-là, avaient des objectifs divergents et régionaux. Il s'agissait de les réunir autour d'un seul dénominateur commun : l'accomplissement du *jihad* planétaire qui devait être sur deux niveaux distincts, mais complémentaires : l'action armée contre les régimes musulmans laïques ou jugés trop mous et la guerre en direction des puissances démocratiques. Cette « guerre sainte » devait donc se jouer sur deux volets ; le premier, régional : instaurer des « Républiques islamistes » dans les pays islamiques ; le second, transnational, visait à punir l'Occident pour sa politique, ses valeurs et son soutien à Israël et à la quasi-totalité des dirigeants musulmans.

Ben Laden a réussi au cours de ces dernières années à structurer son organisation d'une manière très efficace et totalement conforme à des préceptes islamistes. Dès 1998, elle est dirigée par un *mejliss choura* (Conseil consultatif) qui gère les grandes décisions. Les aspects politiques, militaires et logistiques sont pris en charge séparément. Il existe cinq bureaux, chargés chacun

1. « Librairie musulmane » est mis entre guillemets parce que nous avons constaté durant nos différentes enquêtes que la majorité de ces librairies ne diffusaient que des ouvrages d'idéologues islamistes.

d'un axe particulier et étant commandé par un émir proche de Ben Laden. Cette organisation est aussi une preuve supplémentaire de la volonté des dirigeants d'Al-Qaïda d'agir certes comme une nébuleuse, mais au-delà tel un État, une microsociété, qui prône une vision totalitaire. Son approche et son discours lui ont non seulement permis de fédérer autour de son projet belliciste l'ensemble des groupes terroristes islamistes à travers le monde, mais ont surtout servi à réanimer plusieurs organisations régionales qui avaient quasiment disparu de la scène. Al-Qaïda les a revigorées d'abord sur le plan idéologique, ce qui était le plus important, ensuite sur le plan politico-militaire. Il est incontestable qu'Al-Qaïda a donné un second souffle à la notion du *jihad* et aux mouvements qui avaient émergé dans les années 1970 et 1980 en Égypte, en Algérie, en Indonésie ou au Maroc. Aujourd'hui, pratiquement tous les groupes terroristes d'inspiration salafiste adhèrent au projet d'Oussama Ben Laden. La *fatwa* promulguée en 1998 rentre dans le cadre d'une « guerre sainte » qualifiée sur le plan doctrinal de *Jihad Arred,* c'est-à-dire de « *jihad* défensif » ou « guerre sainte de riposte », voire de « légitime défense ».

Au niveau doctrinal, le deuxième type de « guerre sainte » est appelé *Jihad Attaleb*, en d'autres termes « guerre sainte offensive », appelée communément, par certains chercheurs, « *jihad* belliqueux ». Il est préconisé par certains courants islamistes, notamment les salafistes, lorsqu'ils considèrent que les musulmans doivent lancer une offensive afin de propager l'islam et de convertir des « non-croyants auxquels une invitation à l'islam a été préalablement délivrée ». Des idéologues du terrorisme estiment qu'il est « permis d'attaquer des mécréants que l'appel à l'islam a atteints sans les prévenir auparavant »[1]. Les salafistes

1. « *Le jihad : l'obligation absente* », Abdessalem Faraj, leader du groupe *Al-jihad* qui a été derrière l'assassinat du président Sadate. Faraj fut condamné à mort et exécuté en 1982.

qui défendent cette vision du *jihad* expliquent leur approche belliciste de la manière suivante[1] : « Cette attaque est contre des *koufars* [impies] qui ont précédemment reçu le message de l'Islam, alors il est préférable de les appeler à l'Islam avant de commencer l'attaque. Si le message de l'Islam ne les a pas encore atteints, alors les *koufars* [impies] doivent être invités à l'Islam, si elles rejettent cette vraie foi, alors ils devront payer la *jizyah* (capitation). S'ils refusent de se soumettre au paiement de la *jizyah*, les musulmans doivent alors lutter contre eux. Avec ce type de *Jihad* les *koufars* qui complotent contre les musulmans sont repoussés et leurs cœurs sont remplis avec crainte, de sorte qu'ils ne réussissent pas leurs plans. Le *Jihad* offensif est *Fardh Kifayah*[2], dont le but est d'assurer que les *koufars* restent terrorisés et à l'écart des méfaits permettant au message de l'Islam d'être propagé sans aucune obstruction.

Si un groupe de musulmans s'acquitte de cette obligation, alors il sera suffisant au nom de tous les musulmans, mais s'il n'y a aucun musulman qui s'acquitte de cette obligation, tous seront considérés pécheurs. Il est énoncé dans *Fatawa Shami* : “ On exige de l'Imam (chef) des musulmans qu'il expédie l'armée régulièrement une fois ou deux fois par an vers les pays de *koufr* [pays de la mécréance]. C'est également le devoir de tous les musulmans d'aider l'Imam dans cette noble cause. Si l'Imam n'envoie pas d'armée, alors il sera considéré comme pécheur. ” La majorité du *Jihad* entrepris à l'époque de notre Prophète Muhammad (saluts et bénédictions d'Allah sur lui) entrait dans la catégorie de *Jihad* offensif. Le Qur'an [Le Coran] a invité les musulmans à entreprendre le *Jihad* offensif et quand

1. Texte expliqué par l'idéologue pakistanais Mohamed Massod Azhar dans son livre intitulé *Les vertus du jihad* (archives personnelles de l'auteur).
2. Le principe de *fard kifaya* est le contraire de *fard ayn*. Le premier principe veut dire que c'est une « obligation individuelle » pour celui qui le souhaite et le second signifie que le *jihad* est une « obligation collective ».

cette obligation est acquittée d'une manière satisfaisante il n'y a aucun besoin apparent de *jihad* défensif. Quand les musulmans négligent cette importante obligation alors ils sont soumis au *Jihad* défensif et ceci est devenu, malheureusement, largement commun de notre temps. »[1]

Pour les fanatiques, ce genre de *jihad* – que tous les théologiens sérieux rejettent – vise des sociétés qui, après avoir refusé l'islam comme religion, n'acceptent pas, par ailleurs, de payer *Al-jizya*, c'est-à-dire la capitation[2].

Le *jihad* contre les Occidentaux est considéré par les hommes d'Al-Qaïda comme *Jihad Arred*. Ils estiment ainsi qu'ils sont dans une situation de « légitime défense » prenant comme excuse la présence des armées occidentales en Arabie Saoudite, le conflit israélo-palestinien, la guerre en Irak et celle en Tchétchénie notamment. Selon Oussama Ben Laden et tous les idéologues extrémistes, ce *jihad* est un *fard ayn*, c'est-à-dire une obligation pour tout musulman, où qu'il se trouve.

L'argument des adeptes du terrorisme se résume en une phrase laconique : « Le *jihad* est une obligation pour tout musulman se trouvant dans un secteur attaqué. » Or, cette phrase comporte un sens extrêmement lourd dans le contexte actuel puisque la majorité des islamistes considèrent aujourd'hui que des pays comme la Tchétchénie, la Palestine, l'Irak, l'Afghanistan, le Liban et, à un degré moindre, l'Égypte, l'Algérie, la Tunisie, le Maroc, l'Indonésie, le Nigeria sont autant de territoires « attaqués ». Ils partent du principe que ces pays étant gouvernés, de leur point de vue, par des « apostats à la solde des mécréants » ou agressés par des « impies », il devient légitime de lancer le *jihad*.

1. Le texte est repris *in extenso*. Les mots entre crochets ont été rajoutés par l'auteur pour une meilleure compréhension.
2. C'est une taxe que devait payer, dans les anciennes sociétés musulmanes, tout non-musulman. Une telle mesure visait, en réalité, à imposer également les non-musulmans puisque les musulmans payaient déjà la *zakat*, une sorte d'impôt obligatoire en islam.

Dans ce cas, la doctrine salafiste est simple. Elle précise que « si les musulmans ne sont pas suffisants ou s'ils ne conduisent pas le *jihad*, alors il est obligatoire pour tous les musulmans des villes ou des campagnes proches de les assister. S'ils ne sont [toujours pas] en nombre suffisant, alors il [le *jihad*] sera obligatoire aux musulmans résidant dans des territoires proches de ceux venus en premier. Ce cycle doit continuer jusqu'à ce que l'obligation du *jihad* s'étende de l'est à l'ouest »[1].

Il est clair que les « théologiens » qui approuvent ce genre de *fatwa*, outre qu'ils sont responsables des tueries réalisées ici ou là, mais aussi conscients qu'ils sont dans une logique de manipulation d'une masse importante qu'il est possible d'orienter à sa convenance de telle ou telle autre manière en instrumentalisant des textes religieux. Le totalitarisme qui s'applique de nos jours sur les masses musulmanes se manifeste à travers le discours culpabilisateur formulé par les idéologues du terrorisme en direction de tous ceux, parmi les musulmans, qui rejettent le principe de la « guerre sainte ». C'est ce qui retient – très probablement – beaucoup d'entre eux à condamner l'action armée publiquement même lorsqu'ils la réprouvent. La chape de plomb qui existe dans le monde arabo-musulman sur cette question est due en partie à cette réalité.

D'un autre côté, ce totalitarisme violent séduit également parce qu'il affirme s'attaquer à des puissances (les États-Unis, les pays européens, Israël, etc.) en occultant systématiquement le fait qu'il sème, dans son sillage, des victimes civiles. D'ailleurs, le discours jihadiste criminalise très souvent ces dernières et les considère comme des « cibles légitimes » soit parce qu'elles payent l'impôt dans leur pays ou alors en raison de leur participation au service militaire sinon en évoquant leur « mécréance ».

---

1. Prêche diffusé sur le site : http://news.stcom.net/modules.php?name=News&file=article&sid=1511

Les autres courants dits « non violents » ne sont pas en reste. Les « Frères musulmans » proposent, eux aussi, un projet totalitaire. L'endoctrinement des masses passe, dans leur cas, par l'« éducation des jeunes générations », en l'occurrence par la réislamisation à travers des principes fréristes. Comme nous l'avons déjà précisé précédemment, dès le départ, Hassan Al-Banna et ses compagnons avaient une fascination pour les mouvements totalitaires et notamment pour le fascisme italien et le nazisme hitlérien. Le projet élaboré par le fondateur de la confrérie ressemble, à plus d'un titre, à ceux des courants totalitaires. Les « Frères musulmans » rejettent la laïcité qu'ils considèrent comme contraire aux valeurs islamiques. Rashid Ridha, le mentor d'Al-Banna, vouait d'ailleurs une profonde détestation à Kamel Atatürk qui avait choisi de faire de son pays, la Turquie, un État laïque.

Le leader des « frères » adhérait totalement à cette pensée et ce fut de même pour ceux qui lui succéderont après sa mort. Sayeed Qutb, que certains observateurs qualifient de « différent » du fondateur des « Frères musulmans » ou « plus radical » que ce dernier, n'avait en réalité développé dans ses travaux que l'idéologie défendue par Hassan Al-Banna qui n'a pas eu le temps de mettre en application tout son programme. Pour Qutb, il n'était pas question de séparer le politique et le religieux, le temporel et le spirituel, les Droits de l'homme et le « Droit de Dieu » parce que, selon lui, ce serait réfuter au « Droit de Dieu » d'être le seul maître du monde et par là, contester son Unicité. C'est là l'argument avancé par l'ensemble des courants salafistes qui considèrent que les rapports sociaux ne peuvent exister que dans une législation d'inspiration islamique.

D'un autre côté, les mouvements islamistes, y compris les « Frères musulmans », assimilent volontairement la laïcité au matérialisme et à l'athéisme. C'est la raison pour laquelle les militants pour la laïcité sont systématiquement ostracisés dans les pays musulmans et qualifiés d'« occidentalistes ». Aussi sont-ils perçus comme des « agents de l'étranger » ou encore des « traîtres ». C'est le cas par exemple du parti algérien, le Rassemblement pour la Culture et la Démocratie (RCD)[1] qui milite pour une société laïque. Les islamistes algériens et les mouvements nationalistes, très influencés par la pensée des « Frères musulmans », qualifient ce mouvement démocrate de *hizb frança*, le parti de la France, pour mieux le diaboliser auprès des masses qui, souvent, ignorent totalement la signification des principes laïques et démocratiques. Ce refus de la laïcité qu'on retrouve également dans d'autres sociétés musulmanes est aussi motivé par une volonté manifeste entretenue par l'ensemble des courants islamistes qui refusent d'adopter des « systèmes occidentaux », rejetant ainsi l'idée d'universalité et considérant toute revendication laïque comme une tentative d'occidentalisation de la société.

Certains salafistes utilisent même le « chantage » à la mécréance pour dissuader les individus d'adhérer au principe de séparation entre la politique et la religion, arguant que l'islam est un « englobant ». Aussi, classent-ils la laïcité parmi les « formes d'incroyance majeure ». L'idéologue saoudien Salih Ibn Abdallah Al-Sayyah[2] précise qu'il est interdit d'appeler à « la laïcité ou de l'accepter, car elle constitue en fait le combat contre la religion, afin de l'écarter de la vie apparente et du système de l'État. De la même façon, s'affilier à une autre idéologie athée, comme le communisme ou le capitalisme »[3]. C'est

1. Le RCD est un parti d'opposition qui milite pour l'instauration d'un vrai système démocratique en Algérie. Il est dirigé par Said Sadi.
2. Salih Ibn Abdallah Al-Sayyah enseigne à l'université du Roi Abdelaziz à Riyad (Arabie Saoudite).
3. Document intitulé « Ils mécroient à leur insu » de Salih Ibn Abdallah Al-Sayyah (archives personnelles de l'auteur).

cette pensée qui a coûté la vie à plusieurs véritables réformateurs musulmans qui défendaient, entre autres, la laïcité.

Ce fut le cas du penseur et théologien soudanais Mohamed Mahmoud Taha[1], pendu en janvier 1985 après un procès expéditif, par le régime totalitaire du général Mohamed Jaafar Al-Numeiri. Accusé d'« hérésie », celui que l'on qualifiait de « Gandhi africain », appelait, dans ses livres, à une réforme de la jurisprudence islamique et à l'instauration d'un État laïque. Les tribunaux, alors sous l'autorité du fondateur des « Frères musulmans » soudanais, le fameux Hassan Al-Tourabi, ministre de la Justice de l'époque, décidèrent de le condamner à mort pour « crimes d'apostasie et d'atteinte à la sécurité de l'État ». Depuis, ses livres ont été brûlés sur la place publique et son œuvre est interdite au Soudan. Pour cet acte, l'Arabie Saoudite, la Ligue islamique mondiale et les dignitaires égyptiens d'Al-Azhar envoyèrent un message de félicitations au régime de Numeiri. Il est incontestable que ce crime a été motivé par la pensée des « Frères musulmans » et validé par leur représentant soudanais Al-Tourabi qui allait, quelques années plus tard, impulser la promulgation de l'État islamique soudanais avec Omar Al-Bashir.

De Hassan Al-Banna aux idéologues wahhabites en passant par Hassan Al-Tourabi et Sayeed Qutb, tous les islamistes rejettent aussi bien les principes universels que la démocratie ou la laïcité. Et même si certains systèmes totalitaires sont laïques, il est évident que cet extrémisme religieux recèle de nombreuses similitudes avec ceux-ci, encore faut-il que certains chercheurs

1. Mahmoud Mohammed Taha est né au Soudan en 1910. Il avait combattu à la fois l'occupation britannique et les islamistes tout en militant pour un islam ouvert. Il s'était opposé également à la politique d'islamisation et de discriminations du général Numeiri à l'égard du sud du Soudan. Il a fondé un parti qui prendra le nom de « Frères Républicains » en opposition aux « Frères musulmans ». Il a été exécuté en 1985.

arrivent à se l'avouer. Quelques théoriciens de l'islamisme n'hésitent pas d'ailleurs à revendiquer, haut et fort, leur statut de « terroriste » en se fondant sur une lecture littérale du verset coranique qui avait rendu licite l'une des premières batailles menées par les musulmans contre les polythéistes : « Et préparez [pour lutter] contre eux tout ce que vous pouvez comme force et comme cavalerie équipée afin d'effrayer l'ennemi d'Allah et le vôtre... »[1] Les salafistes traduisent ce passage du Coran en utilisant le verbe « terroriser » au lieu du verbe « effrayer »[2]. Une manière de légitimer le terrorisme en spécifiant que celui-ci serait « dicté par le Coran ».

Idéologie génératrice de violence, de repli sur soi, de rejet de toutes les différences réelles ou supposées, l'islamisme devrait inquiéter davantage les sociétés démocratiques et leurs élites gagneraient, nous semble-t-il, à identifier avec justesse le phénomène.

Mais aussi, idéologie niant toute voix discordante qui viendrait remettre en question ou discuter un dogme, une doctrine ou une situation ; punissant par la mort ou à tout le moins par des châtiments corporels toute personne s'aventurant à quitter les rangs pour se révolter contre telle ou telle pratique incompatible avec notre temps ; réduisant à néant l'idée même de l'esprit critique et n'acceptant que la complaisance, et en toute circonstance, jamais de contradiction.

Quand il a le pouvoir absolu, l'islamisme nous a toujours révélé son vrai visage. L'Iran des mollahs massacre tous ceux qui osent braver la puissance du clergé intégriste chiite ; le Soudan d'Omar Hassan Al-Bashir massacre depuis plusieurs années, par dizaines de milliers, les Darfouris démunis et désarmés et veut lapider une pauvre jeune femme parce qu'elle s'est permis

1. Coran, Sourate 8, Verset 60.
2. Entretien avec Omar Saïki, membre du Groupe salafiste pour la prédication et le combat (GSPC), rebaptisé Al-Qaïda Maghreb, Londres, décembre 2002.

le port du pantalon ; les talibans qui ont régné en Afghanistan ont instauré un climat de terreur où les femmes, déjà obligées de porter la *burqa*, se faisaient fouetter pour la raison la plus insignifiante et des hommes étaient pendus sur le moindre soupçon d'atteinte à la pratique religieuse. Il n'existe pas – et il ne peut pas exister – de régimes islamistes qui permettraient à la Lumière de rayonner sur la société. Quelques voix ici et là, souvent des défenseurs du « projet » islamiste, citent régulièrement le gouvernement turc[1]. Nous pensons que c'est là un mauvais exemple et un cas spécifique. Il ne faut pas oublier qu'en Turquie, le pouvoir réel est détenu par l'armée, véritable colonne vertébrale du système politique dans ce pays. Or, cette institution est fortement attachée à la laïcité. Les islamistes qui gouvernent le savent et n'ignorent pas, par ailleurs, que les militaires les surveillent de très près. Raison pour laquelle le gouvernement de Recep Tayyip Erdogan[2], qui est proche de la pensée des « Frères musulmans », a opté pour une politique de réislamisation par le bas de la société afin qu'à terme, toutes les institutions et l'ensemble de la population soient acquis au « projet » islamiste.

1. Le parti islamiste AKP est au pouvoir en Turquie depuis la fin de l'année 2002.
2. Premier ministre depuis mars 2003. Il est aussi le chef de file de l'AKP.

3

Tariq Ramadan est-il un islamiste ?

Il aurait été hypocrite de ne pas poser cette question dans un livre qui tente de cerner les raisons qui poussent certaines personnes – y compris des non-musulmans – à être séduites par l'islamisme. Nous le répétons si besoin est: l'islamiste n'est pas forcément un poseur de bombe, c'est surtout le propagateur d'une idéologie défendant un projet de société qui s'inspire largement d'une certaine lecture de la religion musulmane. Et à notre avis, Tariq Ramadan[1] est l'un des ambassadeurs en Europe et, à un degré moindre en Amérique du Nord de cette pensée que nous n'avons cessé de décrire dans cet ouvrage. Et il était d'autant plus important d'évoquer ce personnage qu'il est l'exemple type de l'islamiste – certes différent de celui de Ben Laden – qui séduit son auditoire en faisant mine de lui proposer de « nouvelles perspectives », un comportement et une identité.

1. L'auteur a déjà témoigné en 2002 dans un procès contre Tariq Ramadan qui poursuivait le journaliste Antoine Sfeir et le mensuel *Lyon'Mag*, lesquels avaient soutenu que l'islamiste de nationalité helvétique était un partisan du « double discours ». Le tribunal a débouté Tariq Ramadan dans son affaire contre Antoine Sfeir et condamné *Lyon'Mag* en appel après avoir donné raison en première instance au magazine lyonnais. Par ailleurs, l'auteur a réalisé en 2004 une enquête journalistique diffusée dans l'émission « Envoyé Spécial » de France 2. Intitulée « Qui est Tariq Ramadan », elle s'était penchée sur le discours et le parcours du prédicateur suisse.

Tariq Ramadan est le petit-fils de Hassan Al-Banna, le fondateur des « Frères musulmans ». Rappeler cette filiation, ce n'est pas faire un « procès en liens de parenté »[1], mais souligner le fait qu'il y a chez les *Ramadan* une tradition familiale qui assure, depuis un demi-siècle, la propagation de la pensée de la Confrérie créée en Égypte en 1928. Said Ramadan[2], gendre, disciple préféré d'Al-Banna[3] et père de Tariq, est arrivé en Europe à la fin des années 1950 pour y propager le salafisme fFériste avec l'appui des Saoudiens. Il fonda à Genève un centre islamique qui s'attellera à diffuser le discours des « Frères musulmans ». Tariq Ramadan est aussi le frère cadet de Hani Ramadan[4], un islamiste qui n'a eu de cesse de s'illustrer par des sorties pour le moins intégristes.

Ainsi, écrivait-il dans un article[5] à propos de la lapidation, qu'« elle constitue une punition, mais aussi une forme de purification ». Dans ce texte, il faisait la promotion de la *charia* en affirmant que « les musulmans sont convaincus de la nécessité, en tout temps, et tout lieu, de revenir à la loi divine. Ils voient dans la rigueur de celle-ci le signe de la miséricorde divine »[6]. Naturellement, Tariq Ramadan n'a jamais critiqué, encore moins dénoncé les parcours ou les discours de ces différents

1. La formule est de Tariq Ramadan.
2. Said Ramadan est né en 1926. Très jeune, il se rapproche de Hassan Al-Banna qui le prendra comme secrétaire particulier et deviendra son beau-père. Said Ramadan a été une figure importante des « Frères musulmans ». Il s'engagera dans la guerre israélo-arabe de 1948 avant de s'exiler successivement au Pakistan et en Europe. Il a été condamné par le régime de Nasser, ce qui le conduira à s'établir définitivement en Suisse. Said Ramadan est décédé en 1995 dans un hôpital genevois.
3. Said Ramadan était l'époux de Wafa Al-Banna, la fille du fondateur des « Frères musulmans ».
4. Hani Ramadan est né en 1959. Il dirige le Centre islamique de Genève depuis le décès de son père en 1995.
5. « La *charia* incomprise », Hani Ramadan, *Le Monde* du 10 septembre 2002.
6. Nous observons que Hani Ramadan, à l'instar de beaucoup d'islamistes, n'hésite pas à parler au nom des musulmans, s'autoproclamant ainsi leur porte-parole.

membres de sa famille, tous adeptes de la pensée des « Frères musulmans ». Ses travaux sur Hassan Al-Banna sont « apologétiques » et ses critiques à l'égard des « Frères musulmans » sont rares et souvent ambiguës.

Selon Charles Genequand[1], doyen de la faculté des Lettres de Genève, qui devait être Directeur de thèse[2] de Ramadan, ce dernier veut exempter les « Frères musulmans » et Hassan Al-Banna « de toutes velléités de violence »[3]. En tout cas, c'est le message qu'il avait cherché à faire passer lors de sa soutenance de thèse.

Tariq Ramadan est le petit-fils du fondateur des « Frères musulmans », mais ce qui lui est, de fait, reproché, ce n'est pas sa généalogie en tant que telle, mais l'apologie qu'il fait de son aïeul depuis déjà plus d'une décennie. Au sujet de Tariq Ramadan, rappelons soi dit en passant, deux enquêtes complètes et très bien documentées, l'une publiée par Caroline Fourest[4], l'autre par Lionel Favrot[5]. Ces ouvrages ont permis aux lecteurs non avertis de découvrir des facettes que le petit-fils de Hassan Al-Banna a toujours voulu dissimuler.

Dans un livre-entretien[6] réalisé avec Alain Gresh[7], le prédicateur islamiste ne cache pas le fait que le fondateur des « Frères musulmans » soit un modèle pour lui. « J'ai étudié en profondeur la pensée de Hassan Al-Banna, écrira-t-il, et je ne renie rien de ma filiation. Sa relation à Dieu, sa spiritualité,

1. Entretien avec l'auteur en 2004.
2. Charles Genequand avait démissionné du jury avec deux autres membres, pour ne pas cautionner un travail jugé « idéologique et orienté ». Tariq Ramadan avait dû alors constituer un nouveau jury dont les membres ne furent apparemment pas gênés par l'orientation idéologique de la thèse.
3. Entretien avec l'auteur en 2004.
4. *Frère Tariq, discours stratégie et méthode de Tariq Ramadan*, Grasset, octobre 2004.
5. *Tariq Ramadan dévoilé*, Éditions *Lyon'Mag*, septembre 2004.
6. *L'Islam en questions*, Alain Gresh, Tariq Ramadan, Actes Sud, 2002.
7. Alain Gresh est un journaliste proche de Tariq Ramadan.

son mysticisme, sa personnalité en même temps que sa pensée critique sur le droit, la politique, la société et le pluralisme restent des références pour moi, de cœur et d'intelligence. » Il ajoutera : « Son engagement aussi continue de susciter mon respect et mon admiration. » Aussi, une personne qui prend pour « référence » Hassan Al-Banna et qui n'est guère critique à l'égard de l'« engagement » de ce dernier est incontestablement un intégriste ou un partisan de l'islamisme.

Cela étant, si l'on peut affirmer que Tariq Ramadan est un islamiste, ce n'est pas uniquement pour l'admiration qu'il voue au fondateur des « Frères musulmans » ; c'est surtout en raison de la nature de son parcours personnel et de certaines de ses prises de position.

Quelques séquences montrent, en effet, que derrière son apparence lisse et souriante se cache un homme qui est loin de défendre une idéologie progressiste, et pour cause. En 1993, il se démène dans tous les sens, multipliant pétitions et courriers, afin de faire pression sur les responsables de la ville de Genève dans le but d'interdire la représentation d'une pièce de théâtre de Voltaire intitulée *Mahomet ou le fanatisme* organisée à l'occasion du tricentenaire de la mort du philosophe. La mairie finira par céder et refusera de subventionner la manifestation artistique. Hervé Loichemol, le metteur en scène qui devait monter ce spectacle, n'hésite pas à parler de « censure »[1]. Et ce fut effectivement un cas de censure. Pour se justifier, Tariq Ramadan arguait le fait qu'il ne fallait pas « blesser la communauté musulmane de Suisse »[2].

Un tel comportement n'est pas celui d'un « intellectuel éclairé », mais celui d'un intégriste abreuvé de l'idéologie des « Frères musulmans » qui appellent à « exercer un contrôle

1. Entretien réalisé par l'auteur en 2004.
2. Lettre ouverte de Tariq Ramadan adressée à Hervé Loichemol, publiée dans *La Tribune de Genève*, 7 octobre 1993.

strict sur le théâtre et le cinéma »[1]. Le petit-fils d'Al-Banna s'est illustré, durant ces dernières années, par des sorties qui ont montré et confirmé à plusieurs observateurs avertis qu'il était bel et bien un islamiste totalement affilié à la pensée des « Frères musulmans ». Il a avoué être un salafiste réformiste[2], il a fait du prosélytisme en expliquant souvent à ses auditoires que les « lois de Dieu » étaient supérieures aux lois des hommes[3], il prône la notion d'« islam englobant » véhiculée par les « Frères »[4] ce qui, implicitement, contredit les principes de la laïcité et il est, par ailleurs, un fervent défenseur du port du voile. Il considère par exemple que le « voile est un acte de foi »[5].

Tous ces points, parmi d'autres, non énumérés, montrent que l'« intellectuel suisse » s'est missionné pour accomplir un travail de continuation de l'entreprise initiée par son grand-père. Le discours, l'habileté, le fourvoiement et l'intelligence sont des habitudes chez cette nébuleuse insaisissable que forment les « Frères musulmans ». C'est ce qui l'a aidé à traverser le siècle malgré les périodes de répression, d'emprisonnement et de condamnations de ses membres. Tariq Ramadan est fidèle à cette méthode qui permet de propager habilement une pensée sans mettre en péril son action en dissimulant son vrai

1. Les cinquante recommandations de Hassan Al-Banna (archives personnelles de l'auteur).
2. Interview accordée par Tariq Ramadan à la radio Beur FM, citée par Caroline Fourest dans *Frère Tariq…, op. cit.*
3. Il a distillé cette idée de différentes manières, tantôt en réduisant la citoyenneté à une « situation géographique qui ne peut pas avoir raison de ma [sa] vie, centré autour de la religion », tantôt en expliquant qu'il faut respecter les lois du pays jusqu'à ce que celles-ci contredisent les « lois » de la religion.
4. Voir C. Fourest, *Frère Tariq…, op. cit.*
5. Cette phrase a été dite dans une conférence intitulée « La femme musulmane. Réalités et espoir », qui est aussi le titre d'une cassette distribuée par les Éditions Al-Tawhid. Cette cassette, parmi tant d'autres, permet de comprendre la pensée que défend Tariq Ramadan sur la place de la femme dans la société.

visage. Et c'est le propre du prédicateur helvétique ou encore de l'UOIF qui, tout comme Tariq Ramadan, avance avec cette dualité qui caractérise certains intégristes.

En réalité, les uns et les autres répondent à l'enseignement islamiste qui est celui d'*at-taqqiya,* cité précédemment. Bien que ce concept occupe une place dogmatique chez les chiites, comme nous l'avons déjà souligné, les théoriciens de plusieurs courants salafistes, y compris les « Frères musulmans », estiment que cette « dissimulation » – c'est-à-dire le double discours et le mensonge – reste admise dans certaines situations. Certains idéologues considèrent que pour « faire face à la peur ou au danger représentés par les mécréants, il est licite de leur montrer une alliance ». Ils précisent que « l'alliance doit être visible et l'hostilité invisible »[1]. C'est exactement ce que font aujourd'hui la majorité des islamistes. Et nous pensons que Tariq Ramadan obéit à une telle démarche.

Ses mots ne se distinguent en rien de l'exégèse fondamentaliste, mais il s'en défend. Il se présente comme proche de l'école dite « réformiste » alors qu'en réalité, celle-ci n'a « réformé » qu'en surface tout en restant fidèle à des fanatiques comme Ibn Taymiya ou Ibn Hanbal. Le petit-fils de Hassan Al-Banna s'applique à propager la « bonne parole » comme le faisait son aïeul en sillonnant les villes et les villages. Bien qu'il s'en défende, Tariq Ramadan est en réalité un idéologue de la pensée salafiste des « Frères musulmans ». Il n'hésite pas à fustiger le wahhabisme saoudien, mais cela ne fait pas de lui un « progressiste » ou un « libéral » ni un « réformateur » au sens propre du terme. Il est aussi « réformateur » que l'était son grand-père. Ses références demeurent d'ailleurs, outre le fondateur des « Frères », les théoriciens

1. *Al-Walaa oua Al-Baraa* (Alliance et hostilité), Abi Al-Wahab Djafar Ben Idriss, Éditions Dar Al-Bayarek (en arabe), Beyrouth, 1998. Ce livre est une référence chez les salafistes.

qui en ont sophistiqué l'image pour en faire un instrument de lutte politico-idéologique. Le Pakistanais Abu Al-Ala Al-Mawdoudi est l'un d'eux avec le prédicateur Youssouf Al-Qaradhaoui. Tariq Ramadan s'est singularisé en utilisant des codes de langage et d'écriture occidentaux – c'est ce qui séduit certains – pour propager une pensée fériste qui a su rendre « digest » son discours à des opinions publiques européennes. Il ne propose en réalité que la version d'un salafisme en apparence plus « doux ».

Il cible une population jeune et de préférence formée et diplômée pour promouvoir une idéologie des « Frères musulmans », plus ou moins adaptée à la société européenne. À l'évidence, il cherche à mener son action sur une « masse » endoctrinée, capable d'intervenir dans tous les secteurs de la vie sociale et politique. En tout cas, c'est l'analyse que nous faisons de son parcours et de ses discours. Et dans sa démarche, les femmes ne sont pas exclues, bien au contraire. Il vise à promouvoir une sorte de féminisme islamiste.

Pour beaucoup d'islamistes, et il partage probablement ce point de vue, la gent féminine est celle qui éduque les générations futures. Après avoir endoctriné les hommes, il fallait réislamiser les femmes également pour créer des cellules familiales baignées dans l'islamisme. C'est tout le principe de la réislamisation par le bas prônée notamment par les « Frères musulmans » qui espèrent secrètement la multiplication d'États islamistes. Il a beaucoup de respect pour l'idéologue soudanais Hassan Al-Tourabi qui connaissait parfaitement son père et se garde bien de critiquer le pouvoir iranien. Lorsqu'en juin 2009, dans toutes les villes d'Iran, des démocrates se faisaient réprimer par les troupes d'Ahmadinejad, Tariq Ramadan travaillait pour Press TV, un média basé à Londres et financé par le régime des mollahs. Drôle de position pour un « intellectuel » qui s'est toujours présenté comme un « progressiste ». À cette période, il n'hésitait pas à commenter le sort des musulmans européens qu'il compare à celui réservé aux minorités juives notamment, dans les années 1930[1].

D'un autre côté, s'il « condamne » le terrorisme, il le fait de manière timide et s'empêche de dénoncer les différents courants idéologiques adeptes du *jihad*. Naturellement, Tariq Ramadan n'est pas Oussama Ben Laden et c'est la raison pour laquelle il a séduit certains musulmans et autres convertis, mais aussi des intellectuels ou des journalistes non musulmans. Il a réussi en effet à plaire à quelques Européens qui ont dû voir en lui une sorte de « perle rare » capable de parler « au nom des musulmans modérés ».

La complaisance affichée à l'égard de Tariq Ramadan est venue, dès ses débuts, davantage d'une partie de la gauche. Ce fut le cas en Suisse et ce sera le cas plus tard en France ou en Grande-Bretagne. Équation là aussi inexplicable puisque la gauche est théoriquement progressiste alors que tout montre que Ramadan est un conservateur. En effet, il faut constater qu'une partie de la gauche européenne, laïque le plus souvent, généralement anticléricale, s'est accommodée d'un personnage qui n'a eu de cesse de mettre « sa » vision de l'islam, « sa » religion, « son » idéologie, au centre du débat public. Or, *a fortiori* dans un espace sécularisé, la place de l'islam – comme celle des autres religions – ne doit-elle pas être exclusivement dans le cœur des femmes et des hommes qui le choisissent comme croyance et certainement pas au cœur de la société ?

Pour nous donc, Tariq Ramadan est un islamiste. Il est de ceux qui veulent que l'islam politique, la version européenne des « Frères musulmans », infiltre les institutions, la société, les associations, les partis, les médias, etc., et ce pour pouvoir

1. Cette émission a été diffusée en 2009, elle est visible sur le blog de l'auteur.

peser sur ces mêmes sociétés, les « réformer » de l'intérieur, les islamiser ou les réislamiser, afin de mieux les pervertir et les amener progressivement à accepter une vision archaïque de la religion musulmane.

Pourtant, cette homme qui n'est pas président d'une association ni à la tête d'une fondation et qui ne dirige pas, non plus, de parti politique ou de centre de recherches est régulièrement consulté par les médias, non pas comme un intellectuel ou un écrivain, ce qui aurait été normal, mais comme s'il était le « représentant » désigné des musulmans. Bien que plusieurs observateurs et une multitude de travaux journalistiques aient démontré qu'il est islamiste, certains médias se complaisent à lui offrir une tribune, le désignant presque comme le représentant « exclusif et légitime » de l'islam. Nous ne pouvons que nous étonner devant cette démarche hasardeuse qui, de plus, brouille l'image et la réalité puisqu'elle fait croire à l'opinion publique que le plus « modéré » des musulmans – c'est ainsi qu'il est souvent présenté – est, en définitive, un intégriste ou, à tout le moins, un conservateur et un réactionnaire incapable de condamner clairement la lapidation des femmes, défendant le port du voile et utilisant toutes les formules alambiquées pour condamner ce qui devrait l'être clairement et sans ambages.

Nous ne pensons pas que les médias – en tout cas la plupart – agissent par idéologie. Beaucoup le font par pure ignorance parce qu'ils croient que c'est un « bon client qui fait de l'audimat », notamment au regard des polémiques qu'il peut créer. De ce point de vue, nous pensons que les médias, et surtout les chaînes de télévision, ont une vraie responsabilité dans la promotion d'un discours qui, même s'il est sophistiqué, est loin de représenter les musulmans progressistes.

4

Les « idiots utiles » de l'islamisme

À l'origine, l'expression « idiot utile », probablement due à Lénine lui-même, a servi à désigner les intellectuels démocrates et la plupart du temps de gauche qui défendaient le bolchevisme, puis le régime soviétique et lui offraient la caution de leur influence, de bonne foi ou en se masquant à eux-mêmes les travers et les véritables buts de ce régime. L'idiotie consistant donc à aider des gens dont la reconnaissance consistera à vous envoyer le moment venu… au Goulag ! Depuis, l'expression qualifie également les personnes qui, consciemment ou pas, se laissent instrumentaliser par des courants de pensée. Raison pour laquelle il est juste de parler, de nos jours, des « idiots utiles » de l'islamisme puisque les partisans de cette idéologie ont trouvé en Occident des chapelles ou des intellectuels qui les défendent allégrement. Parfois, ils le font même avec un zèle extraordinaire.

Le phénomène n'est pas nouveau. Depuis quelques années, des cercles universitaires, intellectuels et même journalistiques européens ont montré une extraordinaire complaisance à l'égard de l'intégrisme musulman. La chose est d'autant plus incroyable que ces positions émanent très souvent de milieux se décrivant comme « progressistes », défenseurs d'idées humanistes ou gauchistes. Et cette situation est, nous semble-t-il, quasi ubuesque quand on sait, comme nous l'avons déjà vu, que l'islamisme est réactionnaire, contre l'humanisme et forcément d'extrême droite, puisque si l'on utilise les règles de classification des clivages politiques qu'on applique à des courants idéologico-politiques occidentaux, on s'apercevrait que l'islam politique soutient une pensée d'abord extrémiste, ensuite réactionnaire et enfin intégriste. Nous avons essayé d'ailleurs dans un précédent chapitre d'expliquer que ce fanatisme propose un projet totalitaire. Et c'est un projet totalitaire d'extrême droite étant donné qu'il est libéral sur le plan économique et répressif au sujet des libertés individuelles et collectives. Or, ce sont des aspects qui sont généralement occultés ou minimisés par certains « chercheurs » et autres « universitaires » qui n'ont eu de cesse de défendre de manière indirecte l'idéologie islamiste soit en niant sa dangerosité soit en réduisant celle-ci au statut d'épiphénomène.

Il serait intéressant d'examiner cette démarche intellectuelle pour le moins curieuse d'autant que les mêmes chapelles sont souvent intransigeantes à l'égard des intégristes parlant au nom des autres religions et notamment quand il s'agit de l'Église catholique. Nous pensons que c'est parfois en prétextant un « différentialisme » ou un « relativisme culturel » que ces milieux s'expriment de la sorte et tentent de dédouaner les islamistes tantôt de leurs crimes, tantôt de leurs visées obscurantistes.

Il faut donc revenir à l'histoire de ces trente dernières années pour comprendre ce non-sens qui permet aux « fondamentalistes » de trouver des alliés objectifs aussi bien dans des cercles universitaires que dans des associations antiracistes. Des événements peuvent expliquer cette dualité qui apparaît chez quelques « intellectuels » puisque certains de ceux qui avaient soutenu l'écrivain indien Salman Rushdie[1] lorsque ce dernier

1. Salman Rushdie a écrit les *Versets sataniques* en 1988, un roman jugé « blasphématoire » par les milieux islamistes.

reçut la *fatwa* de l'Ayatollah Khomeiny[1], deviendront au fil du temps, des supporters de l'islam politique ou à tout le moins des adeptes du compromis avec l'islamisme.

Le basculement de certains intellectuels s'est produit, à notre avis, a la fin de la première guerre d'Afghanistan au cours de laquelle plusieurs observateurs ont été fascinés par ces « courageux moudjahiddines » qui affrontaient la puissance soviétique. Les combattants afghans ont dû représenter dans l'inconscient de quelques « savants » une sorte de vaillance exotique qui ne pouvait que les séduire. La détermination de ces populations démunies, mal équipées et armées d'une remarquable bravoure n'a pas laissé indifférents certains des Occidentaux qui se rendaient dans la région à l'époque soit pour réaliser des travaux de recherches ou journalistiques, soit pour le compte de services spéciaux les ayant sollicités. Les chefs de guerre afghans, à commencer par feu le commandant Massoud, suscitaient l'admiration tant par leur allure que par leur discours et par la foi inébranlable qu'ils montraient à leurs visiteurs étrangers. Après cette fameuse guerre afghane, il y eut une montée de l'islamisme dans plusieurs pays et notamment en Algérie. En France, quelques-uns regardaient avec amusement ces « barbus » qui défilaient dans les rues d'Alger, le doigt en l'air, jurant l'instauration d'un État islamiste. Dans une certaine gauche, l'arrivée au pouvoir d'un régime théocratique n'était pas considérée en soi, comme un drame. « Après tout, disait-on, tout le monde en a marre de ces militaires corrompus et magouilleurs qui gouvernent l'Algérie depuis son indépendance. »

Il est vrai que la majorité des Algériens ne voulaient plus de ce régime antidémocratique, de son parti unique et de la corruption érigée en système. C'est d'ailleurs, la raison principale

1. L'Ayatollah Khomeiny avait promulgué en 1989 une *fatwa* contre Salman Rushdie appelant au meurtre de celui-ci.

qui a permis au Front islamique du salut[1] (FIS) de faire entendre son discours populiste, de diffuser ses messages intégristes et de mobiliser une bonne partie de la jeunesse algérienne. Au départ, quoi qu'on en dise, beaucoup d'Algériens ont adhéré aux idées du FIS non pas par conviction islamiste, mais par rejet du pouvoir. Cette adhésion a été d'autant plus facile à réaliser que les intégristes ont le don de savoir jouer sur cette fibre ultrasensible qu'est la religion. Les Algériens vivaient alors un enfer au niveau social et économique et voilà qu'un parti leur promettait littéralement le Paradis. Mais en réalité, à l'époque, en Algérie, beaucoup d'intellectuels, de femmes, d'universitaires, de journalistes et de démocrates n'ignoraient pas que le FIS n'était pas l'antidote d'un régime corrompu, mais un poison qui allait, à terme, détruire les Algériens et leur État et qui risquait de contaminer la région du Maghreb et l'ensemble du pourtour méditerranéen.

L'idéologie salafiste portée par Ali Belhadj[2] et ses pairs voulait faire de l'Algérie une base du *jihad* international. Des jeunes écoutaient les prêches virulents de l'imam intégriste qui, dès le début des années 1990, annonçait la couleur. « Nous n'avons pas voté pour la démocratie, mais pour l'islam »[3], dira-t-il au lendemain des élections municipales de juin 1990 remportées par le FIS non sans ajouter: « L'islam n'a pas de frontières. Il régnera partout. »[4] En France, certains des militants se réclamant pourtant des grands courants démocratiques, humanistes et républicains n'étaient guère choqués

1. Le Front islamique du salut est un parti islamiste algérien créé en 1989 et dissous par le pouvoir en 1992.
2. Ali Belhadj est un prêcheur salafiste algérien. Il était le n° 2 du FIS avant la dissolution du parti en 1992. Il a été arrêté en juin 1991 et a été condamné à douze ans de prison pour atteinte à la sûreté de l'État. Il a repris son activisme depuis sa libération en juillet 2003.
3. Prêche d'Ali Belhadj en juin 1990 (archives sonores de l'auteur).
4. Prêche d'Ali Belhadj en juin 1990 (archives sonores de l'auteur).

par ce genre de discours. Nous pouvions penser alors qu'ils ne connaissaient pas la nocivité de l'islam politique.

Plus tard, quand les différentes factions armées, toutes issues du FIS, ont commencé à massacrer forces de l'ordre, gendarmes et militaires, les mêmes courants de pensée les affublèrent du titre de « résistants ». Et cependant qu'ils se mettaient à assassiner les journalistes, les femmes et les intellectuels, certains animateurs de ces chapelles juraient que ces actes ne pouvaient qu'être imputables aux « tueurs de la sinistre sécurité militaire ». *Idem* lorsque les grands massacres de 1997 et 1998 eurent lieu. Les mêmes dirent que « ce ne pouvait pas être le fait des islamistes » et, là aussi, ils ont vu la main de ces mêmes « services ». Quelques maisons d'édition se sont même spécialisées dans les « révélations » qui dédouanaient les islamistes de leurs crimes en mettant tout sur le dos du pouvoir. Pour beaucoup et durant longtemps, une partie du microcosme français était convaincue que les GIA (Groupes islamiques armés) étaient une création de l'armée. Une rumeur qui continue de circuler à ce jour. Pour nombre d'entre eux, l'islamisme est une « création de l'Occident avec la complicité des pouvoirs arabes dictatoriaux ». Bien que ces régimes soient connus pour leur mauvaise gouvernance et bien qu'ils aient, par moments, voulu manipuler les islamistes, on ne peut pas dire pour autant qu'ils ont créé le phénomène. Nous avons vu dans les chapitres précédents que le fanatisme existait bien avant l'existence des États nations arabo-musulmans et avant l'indépendance de ces mêmes pays. Il est faux de penser par conséquent que les dirigeants politiques actuels, aussi détestables soient-ils, sont les créateurs de ce phénomène.

Toujours est-il que beaucoup en France ont commencé, dès les années 1990, à montrer de la sympathie pour les islamistes. La situation algérienne a joué un rôle non négligeable puisque la montée de l'islamisme dans l'Hexagone correspond à celle ayant eu lieu en Algérie entre les années 1980 et 1990. D'ailleurs la plupart de ceux qui ne furent guère gênés par la nature du discours tenu par les intégristes algériens nous expliqueront, au lendemain des attentats du 11 septembre, que de toute manière, « Al-Qaïda était une création de la CIA ». Thèse qui fut très vite portée par le fameux Thierry Meyssan dont les théories conspirationnistes l'emmenèrent jusqu'à dire qu'« aucun avion ne s'est écrasé sur le Pentagone »[1] et que les attaques sur New York et Washington étaient le fait d'un « complot interne ». D'autres voix apporteront des « précisions supplémentaires ». Il ne fallait évidemment surtout pas oublier également le Mossad israélien. Pour certains, la « main du Juif » n'est jamais loin quand il y a de tels massacres. Certains courants affirment à ce jour que « tous les Juifs travaillant au *World Trade Center* avaient reçu un appel téléphonique leur conseillant de ne pas aller travailler »[2] durant cette journée du 11 septembre. Les partisans des théories du complot sont motivés par deux idéologies : l'antiaméricanisme et l'islamisme. Et justement, la pensée islamiste séduit quelques cercles parce qu'elle est fortement « anti-occidentale et anti-américaine ».

Si avec l'Algérie, certains « pieds rouges »[3] voyaient ce pouvoir qu'ils honnissaient tant, comme responsable des tueries, d'autres, par hostilité idéologique à l'égard des États-Unis, décelaient, derrière le 11-Septembre, la responsabilité de la CIA ; d'autres enfin, disons-le clairement, par antisémitisme, y « découvraient » également la main du Mossad.

Dans ce brouhaha intellectuel, un journaliste français, Jean-Baptiste Rivoire, crut tenir le scoop du siècle en allant raconter,

1. Cette thèse fut l'objet d'un livre écrit par Thierry Meyssan (*L'effroyable imposture, 11 septembre 2001*, Carnot, 2002).
2. Thèse largement relayée par des milieux islamistes et des antisémites notamment sur le Net et dans certains médias arabes.
3. Nom donné à des gauchistes qui étaient pour l'indépendance de l'Algérie, mais qui furent déçus de la gestion du pouvoir algérien postindépendance.

par exemple, dans un reportage diffusé sur Canal+, que même les actes terroristes survenus à Paris durant l'été 1995, n'étaient pas le fait des terroristes algériens. Ce « spécialiste de l'Algérie » qui, à notre connaissance n'a pas mis les pieds dans ce pays en dix ans de conflit, est venu nous expliquer à une heure de grande écoute sur une chaîne respectable que les attentats parisiens avaient été commandités par des « espions » algériens. Mais ce n'est pas tout ! Il paraît que la DST le savait, mais qu'au nom des rapports privilégiés entre Paris et Alger, la consigne du côté des autorités françaises était *motus et bouche cousue*.

Aujourd'hui, les choses continuent. Après les actes terroristes de Madrid, certains ont vu la main des services secrets marocains ; au lendemain de ceux de Londres, d'autres virent la responsabilité du pouvoir saoudien. Tout ceci pourrait prêter à sourire si la propagande n'avait pas réalisé ses objectifs, notamment *via* Internet et certains médias manquant totalement de sérieux. Si l'on comptabilisait les thèses conspirationnistes, on s'apercevrait que les terroristes en réalité n'existent pas. Ou du moins, s'ils existent, ils étaient forcément « manipulés » ou « innocents ».

Mais en réalité, ce problème ne concerne pas uniquement le terrorisme. De nos jours, pour quelques-uns, critiquer l'islamisme, ou le dogme musulman serait de l'« islamophobie ». Il faut comprendre que si la critique du catholicisme est, pour certaines chapelles, une marque de progrès, les mêmes critiques en direction de l'islam sont considérés comme un « acte raciste ». Rappelons-nous ce qu'avait subi Robert Redeker[1] lorsqu'il avait écrit sa fameuse tribune dans les colonnes du *Figaro*. Olivier Roy avait alors affirmé que « certains jouent à chatouiller la *fatwa* »[2]. Drôle de réaction de la part d'un

1. Robert Redeker enseignait alors la philosophie dans un lycée toulousain.
2. *Libération* du 30 septembre 2006.

« universitaire » qui d'un côté refuse de se solidariser avec un intellectuel menacé de mort et qui systématiquement, dans son texte, cherche à victimiser les islamistes tout en généralisant l'ensemble des musulmans. Il écrira : « On voit au contraire se multiplier des attaques polémiques contre l'islam souvent ignorantes et qui frisent parfois l'imbécillité. »[1] En substance, des critiques contre des terroristes, des discours extrémistes ou certains musulmans qui instrumentalisent leur propre religion à des fins idéologico-politiques sont perçus par ce « spécialiste de l'islam » comme polémistes.

Robert Redeker menacé de mort, obligé alors de se terrer, devait en plus entendre ce genre de sorties, disons-le, indécentes. Imaginons un instant que le même auteur ait rédigé une tribune identique, mais au lieu de citer l'islam, il aurait formulé les critiques les plus injustes en direction de l'Église catholique. Imaginons aussi un moment qu'à la suite de cet écrit, un intégriste lui aurait envoyé un message menaçant. Que se serait-il passé ? Nous sommes convaincus que d'aucuns auraient condamné l'Église, craché sur cet intégriste, appelé à la mobilisation et personne n'aurait songé à écrire une « imbécillité » similaire à celle de Roy. Tous se seraient rappelés alors que nous étions dans le royaume de Voltaire et que dans ce pays qu'est la France, nous avons encore le droit, tous, d'être injustes, irrespectueux et irrévérencieux à l'égard de toutes les religions. Oui, tous auraient réaffirmé leurs positions républicaines et ils auraient eu raison de le faire. Comment ne pourrait-on pas soutenir un philosophe ou un écrivain lorsqu'il est menacé sous prétexte qu'il dit des choses avec lesquelles nous ne sommes pas d'accord ? Dans quelle démocratie cela peut-être imaginable ? Quelle est la pensée voltairienne qui nous le pardonnerait ? Mais le problème

1. *Ibid.*

ne réside pas uniquement à ce niveau. Il est plus profond, plus grave, et il cause énormément de mal aux musulmans et parmi eux aux démocrates et aux laïques.

Mais là, il ne s'agissait pas des catholiques, mais des musulmans. Et avec ces derniers, il faut adopter une autre attitude. Pourquoi ? Seraient-ils tous autistes, imperméables sans exception aux principes universels, laïques et anticléricaux ? Seraient-ils inaptes à la modernité ? Seraient-ils unanimement incapables de comprendre ce que d'autres apprécieraient ? C'est, à notre avis, à ce niveau, l'expression d'un nouveau racisme qui dit inconsciemment que certaines valeurs seraient inaccessibles à une catégorie de personnes.

Au cours de l'émission télévisée *On n'est pas couché*[1], animée par Laurent Ruquier, l'un des invités lança à Robert Redeker : « Mais on ne peut pas heurter des croyants. » Ah bon ! ? Dans quelle civilisation ? Chez quels philosophes ? Dans quels grands livres a-t-on lu une telle ineptie ? On a tendance d'abord à oublier, soi dit en passant, que beaucoup de religieux ne se privent pas de « heurter » les non-croyants. Quand les islamistes répètent, à longueur de prêches, que les « mécréants sont voués à l'Enfer », ce n'est pas, en quelque sorte, « heurter » les athées ou les agnostiques ? Lorsque ces derniers sont considérés, dans le meilleur des cas, comme des « brebis égarées », comme des « ignorants » ou comme des « inconscients », ne sont-ils pas « heurtés » également dans leurs convictions intimes et profondes ?

Mais de plus, depuis quand n'avons-nous plus le droit de discuter, de débattre, de décortiquer les dogmes ou même d'être injustes à leur sujet ? Les religions et les civilisations n'ont-elles pas évolué parce qu'elles ont été remises en question et parfois violemment attaquées ? En fait, ce que beaucoup veulent dire,

1. Diffusée le samedi soir sur France 2.

c'est que ce qui a été possible pour le judaïsme ou le christianisme n'est pas réalisable pour l'islam. Les musulmans doivent, d'après certains, demeurer dans leur obscurantisme crasse et leur ignorance totale. En somme, lorsqu'un islamiste considère, selon sa compréhension littérale, que Dieu aurait « expliqué dans le Coran que les juifs sont des porcs et des singes », il ne faudrait rien discuter et rien débattre et surtout ne pas polémiquer pour ne pas passer pour un « chatouilleur de *fatwas* ».

Si nous ne pouvons, en raison d'un climat délétère, ni critiquer, ni se disputer, ni interpeller sur tel ou tel verset, sur telle ou telle interprétation coranique, où en sommes-nous dans l'échange démocratique ? Si nous ne pouvons même plus écrire ce qui serait susceptible de déplaire à des croyants ou à des fanatiques qu'écrirons-nous ? Ce chantage à l'apostasie, appliqué par les islamistes et celui d'« islamophobie » porté par des « intellectuels », devient tout simplement insupportable. Il l'est d'autant plus qu'il empêche, ou tente de le faire, les musulmans d'être confrontés au débat et à la contradiction.

« Il faut faire preuve de responsabilité à l'égard des musulmans. » C'est là une autre phrase prononcée au cours de l'émission de Ruquier que nous venons de citer. Que veut-elle dire sinon que ces musulmans sont tellement bêtes, ignorants, incultes et incapables d'appréhender les valeurs universelles, les droits de l'Homme, la liberté d'expression qu'il est nécessaire de les infantiliser et de ne pas les considérer comme des gens adultes et responsables. En définitive, beaucoup pensent pouvoir nous expliquer aujourd'hui que lorsqu'on est caricaturiste danois, on peut dessiner Jésus car les chrétiens sont intelligents, qu'on peut se moquer de Moïse parce que les juifs, de toute manière, font de l'autodérision, mais qu'on doit faire preuve de « responsabilité » et surtout de ne pas caricaturer Mahomet puisque les « mahométans » sont tellement crispés et crispants qu'ils ne comprendront ni l'humour ni la subtilité contenus dans un dessin de presse. Et là aussi, à notre sens, ce n'est pas autre chose que l'expression d'une dangereuse dérive qui cache une incroyable condescendance à l'égard des musulmans. Laurent Ruquier conclura le débat en jetant à l'adresse de Robert Redeker : « Il faut écrire de façon moins violente, lorsqu'on ne veut pas avoir des réponses aussi violentes. »[1] Cela ne voulait pas dire autre chose que : « Vous l'avez bien cherchée, votre menace de mort ! » C'est comme si l'on affirmait aujourd'hui que le chevalier de la Barre a bien provoqué son supplice, il n'avait qu'à enlever son couvre-chef au passage du convoi funéraire.

En somme, si nous écoutions certaines voix, il faudra *illico presto* arrêter toute critique des dogmes, des religions et cesser toute attaque contre les fanatiques et les fondamentalistes.

Caroline Fourest, dans *La tentation obscurantiste*[2], résume parfaitement cette situation ubuesque lorsqu'elle souligne qu'une partie de la gauche pardonne « à l'intégrisme musulman ce qu'aucun militant progressiste ne pardonnerait à l'intégrisme chrétien ». Les défenseurs d'une telle attitude ne se rendent même pas compte de l'ampleur du désastre auquel ils prennent part en soutenant *mordicus* le discours de victimisation des intégristes au nom d'un « anti-impérialisme ». Il n'est pas exagéré d'affirmer qu'une certaine gauche sert non seulement les intérêts d'islamistes en herbe, qui tentent d'exciter les jeunes des quartiers difficiles, mais aussi ceux d'idéologues salafistes aguerris ayant mis en application une stratégie visant à faire accepter l'islamisme en Europe, et enfin ceux des émules de Ben Laden dont les actions ont considérablement bouleversé

1. Il faut signaler que Laurent Ruquier a offert en septembre 2009 une tribune de trois quart d'heure à Tariq Ramadan tout en affichant à son égard une complaisante bienveillance. Attitude incompréhensible si on devait la comparer à celle qu'il avait eue lorsqu'il a reçu Robert Redeker.
2. *La tentation obscurantiste*, Grasset, octobre 2005.

les habitudes des sociétés occidentales. Nous pouvons qualifier clairement certaines personnalités d'« idiots utiles » tant ils sont méprisés par les fanatiques, mais n'hésitent pas à agir très utilement pour le compte de ces derniers.

Posons-nous la question. Qui sort vainqueur du chantage à l'« islamophobie » par exemple ? Naturellement, les tenants de l'islam politique, qui tout en idéologisant la religion, interdiraient aux uns et aux autres de formuler la moindre critique au prétexte qu'il s'agisse d'un dogme. Autrement dit, si nous suivions leur raisonnement et celui de leurs alliés, l'islamisme deviendrait la seule idéologie au monde qui échapperait à la critique. Un marché de dupes que certains encouragent implicitement.

L'« islamophobie » ! Voilà l'arme ultime. Voilà un terme, longtemps usité par les fanatiques musulmans pour empêcher toute mise en cause de leur vision et de leurs visées, qui se retrouve dans la bouche des militants les plus anticléricaux et y compris dans celle des chefs d'État occidentaux, à commencer par Nicolas Sarkozy. En effet, les premiers à avoir usé et abusé de ce vocable sont les intégristes eux-mêmes. Les islamistes londoniens traduisant, à la fin des années 1980, des propos tenus par l'Ayatollah Khomeiny qui dénonçait les *Versets sataniques* de Salman Rushdie et menaçait son auteur, avaient utilisé le mot anglais *islamophobia* qui sera lui-même traduit en français *islamophobie*. On remarque bien que lorsque le terme a été manipulé pour la toute première fois, il le fut dans une situation où des fanatiques tentaient d'interdire à un romancier des écrits jugés « blasphématoires ». Il est drôle que ce vocable, semé par le Pape des intégristes, l'initiateur de la « révolution islamique iranienne », pour empêcher toute critique des dogmes, des religions et des idéologies soit repris, avec décontraction, par des personnes se réclamant des valeurs universelles.

Depuis, le mot a fait florès, tant et si bien que l'on se dirige progressivement vers des absurdités indescriptibles. Critiquer Ben Laden ? Ce serait de l'« islamophobie ». Dénoncer le sort réservé aux femmes afghanes ? Ce serait de l'« islamophobie ». Dessiner, écrire, faire un discours en des termes qui déplairaient aux fanatiques ? Ce serait, là aussi, de l'« islamophobie ». Certains courants islamistes n'hésitent plus à considérer que même la dénonciation d'un acte terroriste est l'expression d'une « islamophobie ».

Du coup, les « idiots utiles » de gauche comme de droite, les créateurs de cette pensée désastreuse et les bien-pensants de France et de Navarre se sont approprié un concept d'extrémistes religieux pour empêcher, au nom d'un relativisme culturel idiot, la critique et la discussion de dogmes fanatiques.

En plus, l'idiotie a été poussée à son paroxysme puisque même les musulmans qui critiquent les intégristes gangrenant leur propre religion sont taxés d'« islamophobes » non pas uniquement par des islamistes, mais y compris par des « idiots utiles » qui n'ont rien à voir avec l'islam[1]. C'est le cas par exemple de Vincent Geisser qui, en 2003, commettait son livre, *La nouvelle islamophobie*[2]. Dans ce pamphlet, l'auteur, qui se drape dans la couverture du « chercheur », tente d'expliquer sans pouvoir donner la moindre preuve scientifique que l'« islamophobie » serait entretenue ou peu s'en faut, par les intellectuels et les médias. Tout en dressant une liste de noms qu'il essaie de jeter en pâture, il affirme, par ailleurs, sur un site Internet proche idéologiquement de l'UOIF et de Tariq Ramadan que « la peur de l'islam se vend bien médiatiquement : elle permet aux hebdomadaires généralistes d'augmenter considé-

1. L'auteur lui-même, pourtant musulman, est régulièrement accusé d'« islamophobie » par des non-musulmans en raison de ses positions contre les islamistes.
2. *La nouvelle islamophobie*, Vincent Geisser, La Découverte, 2003.

rablement leurs ventes »[1] et va jusqu'à dire que les musulmans progressistes qui critiquent l'islamisme[2] comme Rachid Kaci[3], Latifa Benmansour[4] ou Dalil Boubakeur[5] sont des « leaders qui se prétendent musulmans [et] contribuent, aujourd'hui, au développement de l'islamophobie »[6].

Nous ne pensons pas qu'il faille commenter de tels passages. Le lecteur appréciera la légèreté avec laquelle le « chercheur » se permet, y compris de mettre en doute la foi et la croyance des musulmans démocrates qu'il vise dans son livre et dans certaines de ses interviews à travers son : « se prétendent musulmans », qui n'est autre chose qu'un jugement quasi excommunicateur que nous avons l'habitude de lire dans des pamphlets intégristes qui jurent que le « crime d'apostasie est puni de la peine de mort » et non pas dans des ouvrages signés par des « sociologues » ou des « universitaires français ».

Au lieu d'apporter notre avis complet sur cet écrit que nous qualifions tout simplement d'escroquerie intellectuelle, il est préférable de reprendre la critique d'un autre chercheur, professeur d'Histoire, Mouloud Haddad. Celui-ci écrit à propos de *La nouvelle islamophobie* que ce livre ne réunit pas les « outils de la démonstration scientifique, entretiens et références théoriques »[7].

L'auteur du texte ajoutera que Geisser a préféré « troquer le costume du sociologue pour celui de l'intellectuel engagé, en allant au-delà du simple diagnostic, en ne se contentant pas de

1. Le site *Oumma.com*, interview du 18 septembre 2003.
2. L'auteur est décrit dans ce livre comme un « islamophobe ».
3. Homme politique français militant à l'UMP. Il est d'origine algérienne.
4. Elle est chercheur au CNRS et c'est une intellectuelle et une féministe engagée contre l'islamisme.
5. Recteur de la mosquée de Paris.
6. Le site *Oumma.com*, interview du 18 septembre 2003.
7. Mouloud Haddad, « Vincent Geisser, *La nouvelle islamophobie* », *Archives de sciences sociales des religions* [en ligne], 134, avril-juin 2006, document 134-37, mis en ligne le 5 septembre 2006. URL : http://assr.revues.org/index3524.html

comprendre et d'analyser le phénomène, mais en le dénonçant. *La nouvelle islamophobie* tient donc à la fois de l'engagement intellectuel et du coup de gueule pamphlétaire »[1], ajoutant que « c'est un essai visiblement écrit rapidement et sur le Vif »[2]. Et il conclura son article avec cette interrogation qui résume tout le problème que posent aujourd'hui certains « chercheurs » : « L'auteur de *La nouvelle islamophobie* pose par ses prises de positions sans concession, peu nuancées et en désignant nommément ses amis comme ses contradicteurs, la question de l'engagement public – engagement intellectuel bien sûr, mais également idéologique et partisan – de l'universitaire dans les débats qui agitent la société, notamment lorsque lesdits débats rejoignent son champ de recherche habituel. »[3]

Et c'est justement la malhonnêteté de ce genre de livres où les auteurs endossent l'habit du « chercheur » pour jouer à l'activiste. Être militant est respectable, encore faut-il l'assumer et assumer ses engagements idéologiques. Chose que Geisser et certains de ses amis, « idiots utiles » de l'islamisme, ne font jamais. La quatrième de couverture de son fameux pamphlet le présente pompeusement comme un chercheur lucide, distancié et complètement désintéressé par le débat qui nous oppose aux islamistes : « Vincent Geisser est chercheur à l'Institut de recherche et d'études sur le monde arabe et musulman (CNRS) et enseigne à l'Institut d'études politiques d'Aix-en-Provence. »

La maison d'édition omet naturellement de dire qu'il milite de manière partiale depuis très longtemps en minimisant la dangerosité de l'idéologie des « Frères musulmans » notamment. Et d'ailleurs, les intégristes ne s'y sont pas trompés. Eux qui sont très communautaristes, très réticents à échanger avec des intellectuels – y compris musulmans – qui ne partagent pas

1. *Ibid.*
2. *Ibid.*
3. *Ibid.*

leurs points de vue et qui restent contre les échanges contradictoires, vendent les livres de Vincent Geisser dans leurs librairies et mettent en ligne les enregistrements de ses conférences aux côtés de celles des frères Ramadan ou du prosélyte Hassan Iquioussen.

En 2009, ce même Geisser a été au centre d'une polémique qui l'a opposé à Joseph Illand, un ingénieur général, « fonctionnaire de sécurité de défense »[1] du CNRS. Une partie du monde universitaire, visiblement trompée par la nature réelle de l'affaire, s'est empressée d'apporter son soutien inconditionnel au « chercheur ». À leur tête, Olivier Roy qui n'hésita pas à prendre fait et cause pour son collègue supposément « persécuté » par une prétendue « barbouze » que Geisser présentait dans un courriel rendu public comme « Un idéologue qui traque les musulmans et leurs "amis" comme, à une certaine époque, on traquait les juifs et les Justes ». Illand était ainsi décrit implicitement comme un « islamophobe » (encore un !) qui « traque » non seulement les musulmans, mais aussi leurs amis. Que cachait réellement cette affaire ?

En fait, le conflit entre Joseph Illand et Vincent Geisser a pour origine une enquête initiée par le « chercheur » et basée sur un questionnaire ethnique, que le « chercheur » allait utiliser au mépris des règles établies par la CNIL, la Commission nationale de l'informatique et des libertés. D'un autre côté, le « vaillant pourfendeur des islamophobes » désignait Joseph Illand comme responsable du renvoi, d'un laboratoire en génétique moléculaire, d'une doctorante musulmane pour « trouble à l'ordre public et atteinte à la liberté de penser de ses collègues ». C'est dans un courriel rendu public par Geisser, pour soutenir l'étudiante renvoyée, qu'il accusera le

1. Ce poste permet de « sauvegarder le patrimoine scientifique » et de veiller à la sécurité des chercheurs travaillant sur l'islam notamment lorsqu'ils se déplacent dans des pays sensibles.

fonctionnaire de sécurité de traquer les « musulmans et leurs amis ». Ce dernier porta plainte pour diffamation et la direction du CNRS convoquera le « chercheur » dans le cadre d'une mesure disciplinaire.

Voilà le résumé de toute l'affaire qui est loin de représenter un acte d'inquisition ou d'une barbouzerie dans l'enceinte universitaire. Si elle méritait d'être relatée ici, c'est surtout pour évoquer ce chantage à l'« islamophobie », sa perversité et l'ampleur qu'il peut prendre parfois, mais aussi pour rappeler cette tricherie qui pousse des « chercheurs » à utiliser cet habit pour diffuser des idées bien arrêtées sur l'islamisme. Et c'est ce que fait Vincent Geisser depuis plusieurs années. Il vilipende toute critique à l'égard de l'intégrisme – même lorsqu'elle émane de musulmans – en essayant de lui donner systématiquement une connotation raciste. Il défend le port du voile[1] sans préciser par exemple que d'autres femmes, en Europe ou dans les pays islamiques, se battent aussi pour ne pas avoir à porter l'accoutrement islamiste. Les défenseurs de la laïcité sont souvent qualifiés par lui d'« intégristes laïques »[2]. Un lexique crispé utilisé pourtant par un « universitaire » qui doit jurer par tous les saints qu'il possède la distance, la lucidité, la froideur et la neutralité nécessaires pour rendre des « travaux scientifiques » à même de nous éclairer davantage sur la nature réelle du phénomène islamisme. Certains des chercheurs et universitaires qui lui avaient apporté leur « soutien » en signant des pétitions durant la polémique qui l'a opposé à Joseph Illand ont été dupés par certains supporters de Geisser et notamment par Esther Benbassa et Olivier Roy, pétitionnaires bruyants qui ont

1. Vincent Geisser avait, entre autres positions, pris la défense d'une femme voilée qui s'est vue retirer son allocation de recherches par le CNRS en raison de sa persistance à porter le voile dans un espace relevant du service public.
2. Il avait également qualifié SOS Racime et l'association Ni Putes Ni Soumises de « facilitateurs d'islamophobie ».

cherché à le faire passer pour la victime d'un « islamophobe ». Comme l'a rappelé l'historienne Élisabeth Roudinesco dans une tribune parue dans *Libération*[1] : « Esther Benbassa a cependant omis dans son appel de mentionner que Geisser n'est pas seulement un chercheur mais aussi un défenseur officiel en France de l'islamisme radical, largement contesté pour la dangerosité de ses propos notamment par les représentants de l'islam des Lumières, Fethi Benslama et Abdelwahab Meddeb, qui lui reprochent de les présenter comme des *"ennemis de l'islam vendus à l'Occident"* et de favoriser ainsi la cause de l'extrémisme religieux. »

Pascal Boniface, spécialiste en géopolitique et en football, est dans une démarche quasi similaire. En 2009, il avait mis en cause l'auteur[2] pour le présenter, dans une conférence organisée à Alger, comme un « musulman qui se trahit »[3]. En 2006, il s'en était pris à la journaliste Caroline Fourest après que cette dernière eût été récompensée[4] pour son excellent ouvrage *La tentation obscurantiste*[5]. Vilipendant le prix attribué à la courageuse essayiste, il énonçait que cette dernière « était une recrue qui mérite récompense »[6]. Une

1. *Libération* du 25 juin 2009.
2. À la suite d'une conférence donnée par Pascal Boniface à Alger relayée par les quotidiens algériens *El-Khabar et le Jour d'Algérie*, une polémique est née entre lui et l'auteur. Elle fait l'objet d'un procès en diffamation intenté par le géopolitologue à l'auteur qui aura lieu au courant de l'année 2010 (cf. blog: http://www.mohamed-sifaoui.com et la revue *Politis* pour la réponse de Boniface). Raison pour laquelle nous mentionnerons ses propos nous concernant sans les commenter.
3. La phrase exacte mentionnée par le journal algérien *Le Jour d'Algérie* du 5 novembre 2008 est : « *Ces gens [les pourfendeurs de l'islam] disent qu'ils ne sont pas contre les musulmans mais ils s'en prennent à l'islam ! Ils entretiennent un discours contradictoire et diffusent la confusion et l'amalgame. D'ailleurs, ils ouvrent les portes à tous les musulmans qui regagnent leur rang et se trahissent comme Mohamed Sifaoui.* »
4. Caroline Fourest avait reçu le prix du livre politique 2006.
5. *La tentation obscurantiste*, *op. cit.*
6. *Halte aux feux*, Livre entretien Pascal Boniface et Élisabeth Schemla, Flammarion, 2006.

recrue de qui ? Boniface évitait soigneusement de livrer le fond de sa pensée, préférant faire dans le sous-entendu.

Mais les raisons profondes de son animosité à l'égard de cette journaliste engagée contre *tous* les intégrismes[1] transparaissent néanmoins quand il écrit : « Fourest dénonce le terrorisme et le radical islamiste, moi aussi, mais elle ne dit pas un mot des raisons de cette montée. Et, bien sûr, à aucun moment, elle ne condamne, fût-ce à demi-mot, les occupations militaires israéliennes et américaines et leurs effets. »[2] Outre le fait qu'il est aisé de déconstruire – à travers ce que nous avons déjà évoqué dans les chapitres précédents – ce discours qui rend les politiques israélienne ou américaine coupables de la montée de l'islamisme *tant ce phénomène existe depuis longtemps : avant la création de l'État d'Israël et avant que Christophe Colomb ne foule le sol de l'Amérique,* il serait intéressant de voir comment Boniface critique le fanatisme musulman et l'islam politique. Sauf erreur, nous n'avons pas réussi à débusquer chez lui de dénonciation argumentée et sans ambages du « terrorisme radical islamiste ».

En lieu et place, nous avons trouvé des analyses qui tentent de comprendre le phénomène. Par exemple, répondant à une interview[3], Pascal Boniface précise : « Lorsqu'on estime qu'il n'y a pas de voie politique, on recourt au terrorisme (...) Regardez le terrorisme palestinien. Lorsqu'il n'y a pas d'horizon politique, il augmente. En deuxième lieu, et cela a été souvent analysé, le terrorisme est aussi l'expression d'un désir de vengeance. Impasse politique, frustration et désir de vengeance sont les véritables ressorts du terrorisme. » C'est dire qu'il

1. En 2003, Caroline Fourest et Fiammetta Venner publiaient *Tirs croisés, La laïcité à l'épreuve des intégrismes juif, chrétien et musulman,* Calman Lévy, 2003.
2. *Halte aux feux, op. cit.*
3. Pascal Boniface par A. Ben Driss, « Perspectives du Maghreb », juin 2007. Reprise dans un site propalestinien.

existe chez certains « chercheurs » comme Pascal Boniface une volonté délibérée de minimiser la dangerosité de l'islamisme en tant qu'idéologie et de toutes ses manifestations violentes. Et de relativiser par ailleurs les causes réelles du terrorisme. Il ne met à aucun moment en évidence la responsabilité propre de l'idéologie islamiste. Il ne rappelle jamais que le principe du *jihad* est consubstantiel à l'islam politique. Il ne pointe pas le rôle des idéologues, aussi bien ceux des « Frères musulmans » que ceux des wahhabites sans revenir au hanbalisme et à Ibn Taymiya qui ont toujours considéré la violence comme un mode d'action inscrit en bonne place dans leur programme. Et omet volontairement de mentionner, dans le cadre du conflit israélo-palestinien par exemple, la charte du Hamas[1], écrite en 1988, qui cite, en préambule, une phrase de Hassan Al-Banna qui stipulait : « Israël existe et continuera à exister jusqu'à ce que l'islam l'abroge comme il a abrogé ce qui l'a précédé. L'imam martyr Hassan Al-Banna, que Dieu lui fasse miséricorde ! » L'un des articles du texte fondateur du mouvement extrémiste est clair quant aux visées de l'organisation islamiste palestinienne affiliée aux « Frères musulmans » et rejette *ex abrupto*, lors de sa création, toute « voie politique » au règlement du conflit. Les rédacteurs de la charte avaient, en effet, dès le départ précisé qu'« Il n'y aura de solution à la cause palestinienne que par le *jihad*. Quant aux initiatives, propositions et autres conférences internationales, ce ne sont que pertes de temps et activités futiles »[2].

On aimerait penser que les « idiots utiles » ont été mal formés aux réalités de l'islamisme ou mal informés sur la nature de ce phénomène ou qu'ils ne perçoivent pas encore les dangers du terrorisme. On souhaiterait qu'il ne faille pas attendre un

1. Archives personnelles de l'auteur.
2. Article 13 de la charte du Hamas.

équivalent – toutes choses égales par ailleurs – de la révélation du Goulag ou de l'invasion de la Tchécoslovaquie pour que les écailles leur tombent des yeux. Mais on a tout lieu de craindre que leur obstination à intégrer dans le combat politique, qu'ils ont bien le droit de mener, le principe selon lequel « l'ennemi de mon ennemi est un allié » ne les mène, de compréhension en excuse, d'excuse en approbation, à faire le jeu d'un islamisme qui, s'il avait les coudées franches, ne leur réserverait qu'un sort peu enviable. Il serait urgent que, dépassant nos animosités réciproques, nous puissions en discuter franchement.

Plusieurs raisons poussent, à notre avis, les animateurs de ce courant de pensée à agir de la sorte et à supporter des points de vue intenables et surtout contradictoires avec toutes les idées qui, traditionnellement, sont plutôt défendues par la gauche française. Il y a d'abord cette obsession de vouloir à tout prix dire le contraire de ce que dit la droite (et encore davantage l'extrême droite). Nous n'encourageons pas ici un alignement sur ces tendances politiques avec lesquels nous sommes opposés (sinon résolument opposés). Mais, nous semble-t-il, il n'y a aucun mal, lorsqu'on est sûr de son positionnement politique, à faire objectivement le même constat qu'une « chapelle » avec laquelle nous ne serions pas en accord.

Cette obsession à ne pas donner l'impression d'être un « raciste » a incité certains « intellectuels » à se métamorphoser non pas en islamophiles (ce qui aurait été respectable), mais en islamistophiles. Ensuite, il faut reconnaître que l'anti-américanisme, prolongement d'un anticapitalisme d'une partie de l'élite, a poussé celle-ci à devenir une alliée objective des extrémistes musulmans qui ont, très souvent, une détestation idéologique identique des États-Unis (mais pas du capitalisme). Enfin, les islamistes séduisent certains « savants » parce qu'ils partagent avec eux le rejet du sionisme, considéré par certains exclusivement comme un projet colonialiste. De là, de cette alliance *a priori* contre nature, est née cette nouvelle pensée qu'on pourrait qualifier d'antisémisioniste. Portée ces dernières années par l'« humoriste » Dieudonné M'bala M'bala qui va jusqu'à accuser les Juifs d'être responsables de la traite négrière et à s'engager dans un courant « antisioniste » aux côtés de « repentis » du Front National comme Alain Soral et des défenseurs des mollahs iraniens comme Yahia Gouasmi, tête de file du centre Zahra[1], cette forme inédite de la haine du Juif se niche dans un prétendu « rejet légitime du sionisme ». Or, ne pas reconnaître aux Juifs, en même temps qu'on reconnaît aux Palestiniens un droit de disposer d'un État, la légitimité d'une idéologie qui, à l'origine est de gauche, et appelle à la création et au maintien d'un État dans lequel le « peuple juif » est majoritaire, n'est-ce pas déjà une preuve d'antisémitisme dissimulé dans un « antisionisme » qui se voudrait inoffensif et sans conséquence pour les Israéliens ? L'antisémisionisme est, pour nous, disons-le clairement, une expression raciste comme le serait toute pensée qui nierait aux Palestiniens le droit d'ériger un État souverain.

Alain Gresh grand contemplateur de la galaxie islamiste, écrivait il y a quelque temps : « Faire entrer les talibans d'Afghanistan, les bouleversements de la société iranienne, la guerre civile en Algérie et les soubresauts en Turquie dans un moule unique relève au mieux de l'ignorance, au pire de la désinformation »[2], oubliant au passage que tous les exemples qu'il cite ont un point commun: l'idéologisation de l'islam à des fins politiques. Ce journaliste islamo-gauchiste et « idiot utile » par excellence va, dans son texte, jusqu'à convoquer Voltaire, premier pourfendeur des religions s'il en est, pour lui faire dire à titre posthume ce qu'il ne voulait certainement pas rédiger.

1. Le centre *Zahra* est une officine proche du régime iranien et qui défend une idéologie islamiste *chiite*.
2. *Le Monde diplomatique*, juin 1997.

Gresh cite en particulier ce passage écrit par le philosophe : « Toutes ces lois qui, à la polygamie près, sont si austères et sa doctrine qui est si simple attirèrent à sa religion le respect et la confiance. Le dogme surtout de l'unité d'un Dieu, présenté sans mystère et proportionné à l'intelligence humaine, rangea sous sa loi une foule de nations (...) Cette religion s'appelle l'islamisme. » Et il ajoute : « En 1756, Voltaire, pourfendeur des Églises, jetait ainsi sur le monde musulman un regard ouvert, sans complaisance, mais sans œillères. Deux siècles et demi plus tard, il serait temps de suivre sa démarche... »

Ceux qui ont lu et relu *Le Dictionnaire de la pensée de Voltaire par lui-même*, et notamment la partie qui concerne l'islam, n'ignorent pas que Voltaire écrivait quelques lignes plus loin que : « Ils [Les musulmans] donnèrent toujours le choix aux peuples subjugués d'être musulmans, ou de payer tribut. Ils voulaient piller, dominer, faire des esclaves, mais non pas obliger ces esclaves à croire. Quand ils furent ensuite dépossédés de l'Asie par les Turcs et par les Tartares, ils firent des prosélytes de leurs vainqueurs mêmes ; et des hordes de Tartares devinrent un grand peuple musulman. Par là on voit en effet qu'ils ont converti plus de monde qu'ils n'en ont subjugué. » Voltaire rappelle ici quelques vérités historiques indiscutables. Or, faire de lui une sorte d'allié des islamistes est un crime contre la philosophie et contre la figure de cet intellectuel hors pair qui, nous le savons, rehaussait souvent l'islam non pas par attirance pour cette religion, mais en raison de son aversion pour le judaïsme et le christianisme auxquels il cherchait justement à opposer l'islam pour mieux les rabaisser. N'est-ce pas lui qui avait écrit : « Que répondre à un homme qui vous dit qu'il aime mieux obéir à Dieu qu'aux hommes et qui, en conséquence, est sûr de mériter le ciel en vous égorgeant ? » Cette phrase s'applique aujourd'hui parfaitement à ce que représente l'islamisme que Gresh semble vouloir défendre à tout prix dans ses écrits et ses déclarations. Si – nous cite Gresh également – c'est parce qu'il est le symbole d'une pensée qui cherche depuis plusieurs années à faire croire aux Français que le « modéré » chez les musulmans est celui qui, tel Tariq Ramadan, refuse de condamner, clairement et sans se faire prier, la lapidation des femmes adultères et d'autres crimes moyenâgeux. Il faut être fou amoureux du monde islamique pour penser que l'équivalent musulman d'un Philippe de Villiers est celui qui représente le mieux la pensée moderne et progressiste en islam.

Par ailleurs, ce que disait Voltaire au XVIIIe siècle est plus que jamais vrai de nos jours avec la propagation de l'idéologie islamiste qui cherche, à travers le salafisme, à revenir aux premiers siècles de l'islam et à dominer la planète soit par le sabre soit par le prosélytisme. Raison supplémentaire s'il en est de se battre contre cette vision archaïque du monde que nous proposent les intégristes qui veulent nous faire remonter le temps pour nous imposer un mode de vie révolu. Enfin, si quiconque se permettait d'écrire ce qu'écrivait Voltaire en son temps à l'égard de l'islam, il serait immédiatement taxé « d'islamophobe » par un Alain Gresh, tant ce dernier est prompt à monter au créneau, dès qu'une critique est formulée en direction de l'islam ou de l'islamisme.

Le problème qui nous est posé par les tenants de l'islam politique, nous ne l'avons pas choisi, il s'est imposé à nous. Certes, il fut aidé par l'inconscience d'une grande partie des dirigeants de cette planète. L'égoïsme qui continue de les caractériser et parfois l'irresponsabilité dont ils font preuve, provoquent chez beaucoup d'entre eux un aveuglement qui les empêche d'apprécier à sa juste mesure une réalité qui se dessine depuis plusieurs années et ne cesse de se confirmer. Cette irresponsabilité apparaît dans toute sa splendeur lorsqu'ils démissionnent face un tel enjeu, laissant les droites populistes et xénophobes seules, devant des islamistes, heureux de retrouver face à eux un discours aussi extrémiste que le leur.

Nous sommes conscients, par ailleurs, que la frilosité de certains intellectuels à l'égard de l'islamisme part d'une très bonne intention. Nous savons que le racisme antiarabe existe et que beaucoup de racistes surfent sur la vague qui utilise l'islam politique comme prétexte pour faire passer des messages nauséabonds au nom d'une pseudo-lutte contre l'intégrisme. C'est d'ailleurs ainsi que certains militants antiracistes sincères et déterminés ont dévié, souvent inconsciemment, vers le camp des « idiots utiles ». N'empêche, cette dérive est inexcusable pour plusieurs raisons. Primo, lorsqu'on est sûr de ses convictions républicaines et antiracistes, on n'a pas à se justifier lors d'une prise de position contre un phénomène qui ne concerne pas tous les musulmans. Secundo, sur la question des critiques et des attaques contre le dogme islamique, nous sommes de ceux, qui au nom des principes républicains, réclament une égalité de traitement pour toutes les religions. Et, à ce titre, l'islam ne doit pas faire figure d'exception, n'en déplaise aux musulmans de France et de Navarre ou d'Égypte.

L'affaire dite des « caricatures de Mahomet » est l'illustration suprême du malaise qui existe à l'égard de l'islam. Comment expliquer sinon l'attitude d'une partie de la presse, de certains hommes politiques, de quelques intellectuels devant une situation qui pourtant est d'une simplicité enfantine ? Réduisons-la à sa plus simple expression. Des dessinateurs danois, relayés par des caricaturistes français, ont décidé de caricaturer le Prophète des musulmans. Chaque lecteur, chaque citoyen et chaque croyant a le droit d'apprécier ces dessins selon sa propre sensibilité. C'est ce qui se produit dans toutes les démocraties du monde depuis que les pays démocratiques existent. Certains ont aimé les coups de crayon, d'autres pas. Quelques-uns ont trouvé que c'était violent et d'autres ont en ri. Quoi de plus normal !

Fallait-il qu'il y ait une telle polémique ? Fallait-il, comme l'ont fait certains, condamner d'abord les dessinateurs et les journaux sans dénoncer ceux qui les menaçaient ou cherchaient à réduire leur champ d'expression ? Oui ! Des extrémistes ont proféré des menaces. C'est leur rôle. Beaucoup de croyants se sont dits heurtés. C'est légitime de leur part. Quoi de plus normal ! Ce qui l'est moins par contre, c'est que des « idiots utiles » viennent faire la leçon et expliquer que c'était là la manifestation, une fois de plus, d'un « racisme antimusulman » et qu'il y avait de la « provocation » dans l'air, voire de « l'inconscience ». Les mêmes auraient-ils affirmé la même chose si au lieu de Mahomet, les caricaturistes avaient choisi Jésus ? Que nenni !

Pourquoi ? Parce que probablement leur inconscient doit forcément leur dicter que le plus coincé des catholiques a toujours un peu d'humour alors que le plus moderne des musulmans serait, par nature, incapable d'apprécier une caricature. Nous avons eu beau expliquer, à l'époque, qu'un éditorialiste jordanien, de confession musulmane, a soutenu l'idée selon laquelle la liberté de la presse devait être encouragée quoique puissent dire les fanatiques, rien n'y fait. On n'a eu de cesse de faire de la pédagogie et rappeler que le brouhaha était le fait des intégristes et que la majorité des musulmans, même si une partie d'entre elle était heurtée par quelques dessins, n'allait pas proclamer, pour autant, la Troisième Guerre mondiale, cela n'a rien changé. Et on a pourtant précisé que l'enjeu consistait à ne pas faire reculer la liberté de la presse devant les pressions exercées par des religieux, les « idiots utiles » ne voulaient rien entendre. Pour eux, la messe était dite : la publication de ces dessins était un acte « raciste », à tout le moins une « provocation inutile ». Naturellement, les défenseurs de telles positions ont donné leurs arguments. Ce serait en réalité, au nom de la lutte, non pas contre le racisme, mais contre l'« islamophobie ». Le fameux et désormais sempiternel chantage à l'« islamophobie » !

Depuis quand la critique, y compris des religions, s'inscrit-elle dans une démarche raciste ou « islamophobe » dans le cas qui nous interpelle ? Et depuis quand la condamnation des fanatismes est une manifestation propre aux « fascistes » que nous serions ? Les sociétés civiles, attachées aux principes universels, celles qui rejettent les racismes, tous les racismes, devraient laisser dire, laisser parler et continuer à afficher leur désapprobation des extrémismes religieux et des intégrismes d'où qu'ils proviennent. L'extrémisme, qu'il soit nourri par le judaïsme, le christianisme, le bouddhisme ou l'islam, est une pourriture qui souille les sociétés modernes et met en danger cette notion qui doit demeurer chère à nos yeux : celle du « vivre ensemble ».

Si critiquer la pensée des « Frères musulmans » est un acte « islamophobe », alors nous devrions assumer cette « islamophobie » qui nous caractériserait. Si condamner les pratiques des talibans s'apparente à de « l'islamophobie », nous gagnerons à être, toujours, en tête des manifestations qui le clameront. Si dénoncer le terrorisme islamiste est « islamophobe », alors nous devons tous nous afficher comme tels. Il existe une « islamophobie » citoyenne, démocrate, républicaine, humaniste et progressiste, celle qui empêche un intégriste de mettre en application son idée qui veut que « la loi de Dieu soit au-dessus de la loi des hommes », celle qui ne montre aucune complaisance à l'égard des discours de haine et des prêches violents, celle qui refuse que les femmes soient infantilisées et réduites au statut d'ombres mobiles et que des minorités sexuelles ou religieuses n'aient plus aucun droit. Loin de juger les musulmans pour ce qu'ils sont ou pour ce qu'ils seraient, loin de tout cliché raciste, l'« islamophobie » – puisque ce vocable s'est répandu – doit vouloir dire rejet de l'idéologie totalitaire ou fasciste dissimulé derrière le voile islamique. Si nous sommes d'accord avec cette définition, alors soyons tous des « islamophobes » convaincus que l'instrumentalisation politique de toute religion – et de l'islam en l'occurrence aujourd'hui – est un danger qui doit être clairement dénoncé et combattu. Soyons en réalité des « islamistophobes » et des « extrémistophobes » tout en assumant la nécessaire désapprobation de ces idéologies moyenâgeuses qui menacent notre sérénité et nos valeurs communes.

Que les dirigeants occidentaux arrêtent d'utiliser ce terme aux visées douteuses. Qu'ils cessent ces insupportables compromissions munichoises qui légitiment, année après année, l'infâme et ses tenants. Nous vivons une drôle d'époque où le « mal absolu » se présente devant nous en « bien » indiscutable. Nos bourreaux se sont transformés en suppliciés ; la démocratie est devenue cette maladie infamante et les valeurs universelles sont considérées comme les idéaux portés par les « forces du mal » que seraient les démocrates. Les détracteurs des Lumières utilisent toutes les figures du syllogisme pour nous convaincre de notre égarement. Ils pensent être les détenteurs d'une nouvelle vérité absolue, de l'idée finale, de la clé du Paradis qui nous rapprocheraient de cet Éden cependant qu'ils cherchent, en réalité, à provoquer l'apocalypse pour mieux embraser notre Enfer.

Notre cri et notre révolte doivent être universels et humanistes. Ils doivent demeurer notre arme de destruction massive face aux idées rétrogrades que des fanatiques alliés du Diable souhaitent enseigner à nos enfants et aux leurs. Ne l'oublions pas : l'infâme combattu jadis par une pensée voltairienne salvatrice revient sous d'autres habits. Jugé hier au nom d'un anticléricalisme progressiste, il réapparaît aujourd'hui avec sa barbe hirsute, ses yeux exorbités, le voile de sa « femelle » brandi tel un étendard pour faire sa loi afin de mieux nous juger demain et nous emmener à la potence ou à l'échafaud. Dans son sillage, parce que l'islamisme trace une voie aux autres idéologies totalitaires et aux intégrismes, les monothéismes, les idées sectaires et obscurantistes, s'engouffrent dans la brèche provoquée par la lâcheté collective. Et voilà qu'on cherche à restreindre, si ce n'est à étouffer notre liberté d'expression, à anéantir la liberté de conscience et à bafouer les droits élémentaires des démocrates et des laïques.

Le contexte actuel, celui dans lequel se retrouvent islamistes prétendument « modérés », hommes et femmes de gauche soi-disant « antifascistes » et s'accommodant néanmoins des discours islamistes, altermondialistes rejoignant des intégristes au nom d'un antiaméricanisme primaire et associations pourtant antiracistes défilant aux côtés de fanatiques, favorise incontestablement la propagation du dogme salafiste, le banalise et, surtout le légitime. Ce n'est pas un hasard si le terroriste Carlos s'est converti à l'islamisme et ce n'est pas un hasard si certains intellectuels pardonnent à l'islam politique ce qu'ils ne pardonneraient jamais aux autres idéologies.

5

Pouvoirs publics et islamistes : qui se joue de qui ?

Nous sommes devant des enjeux dont beaucoup n'arrivent pas encore à mesurer l'importance. Les tentatives de crimes – nous parlons de ceux perpétrés contre les valeurs – qui se commettent sous nos yeux quotidiennement aussi bien en terre d'islam que dans les plus grandes démocraties ne doivent pas être passées sous le silence du calcul froid et cynique. D'autant plus que toute stratégie politicienne, aussi fine soit elle, n'engendrera que des résultats erronés. Affirmons-le *ex abrupto* : la domestication de l'islamisme est impossible. Tous ceux qui s'y sont essayé, y compris les pouvoirs musulmans, ont pu mesurer, *a posteriori*, l'ampleur de leur méprise. Le régime égyptien l'a tenté, ainsi que le gouvernement algérien ou la monarchie saoudienne. Tous ont récolté les conséquences de leurs erreurs d'appréciation.

Le discours islamiste possède des capacités d'hypnose insoupçonnées. Il peut endormir debout les plus avertis. Sa face la plus « modérée » cache intelligemment une mesquinerie souvent méconnue et sous-estimée. Ses tueurs savent se chamarrer d'ornements pour mieux s'infiltrer dans nos vies afin de mieux nous anéantir. Nous ne parlons pas uniquement de ceux qui cherchent à commettre des attentats terroristes, mais aussi de ceux qui souhaitent en finir avec les principes que nous sommes censés défendre. Mais attention ! La question, rappelons-le, n'est pas un quelconque « choc des civilisations ». Il ne s'agit pas non plus de la « guerre d'une religion », mais il y a là, sous nos fenêtres, un choc des valeurs entre ceux qui croient en la vie de l'homme et ceux qui rêvent de la destruction de l'humanité. Notre ligne de fracture doit être clairement identifiée. Nous ne devons pas – et la responsabilité des politiques réside à ce niveau – nous tromper dans le diagnostic, faute de quoi les conséquences risquent d'être désastreuses. Nous écrivons cela parce que nous pensons que les élites politiques doivent comprendre qu'il existe une guerre idéologique à entamer et qu'il ne s'agit pas uniquement d'un fait de société anodin, d'un épiphénomène sans gravité ou d'une mode passagère qui s'estomperait avec le temps. Le problème islamiste est sérieux, dangereux et profond, et nécessite une réflexion qui dépasse les clivages, le cynisme partisan et la posture de circonstance.

Le retour d'un certain populisme qui n'a d'égal que des politiques souvent hasardeuses menées pour assouvir des pulsions d'exclusion et marquer davantage des attitudes qui n'ont eu de cesse de cliver la société, sans oublier la mise à l'abri des couches les plus favorisées et l'abandon des laissés-pour-compte, résume parfaitement l'impuissance de l'élite politique en général à sortir d'un aveuglement qui de fait, a décidé de ne pas gérer tous les aléas de notre temps et de ne pas savoir faire face aux contingences de notre monde, permettant par là même à un propos populiste de se répandre et de se défaire de tous les complexes. Ce n'est pas en lepénisant les esprits que nous pourrons faire barrage au discours islamiste. La campagne anti-minarets en Suisse, la montée de la xénophobie néerlandaise ou l'impossibilité pour le gouvernement français de construire un discours anti-islamiste sans jouer avec l'« identité nationale » sont des symptômes qui montrent l'incapacité des pouvoirs publics à comprendre le phénomène devant lequel nous nous retrouvons. L'actuel président de la République n'a rien fait pour permettre aux mentalités d'évoluer et de voir enfin le basané, non pas comme l'*Autre*, l'étranger, mais comme un membre à part entière de la société française. La sortie de Brice Hortefeux lors de l'université d'été de l'UMP est, à ce titre, une illustration caricaturale de la pensée profonde de certains dirigeants français qui pensent que, trop nombreux, les « Arabes » deviennent forcément un « problème ». Pourtant, il n'osera jamais dire que même lorsqu'il est seul, l'islamiste est un « problème ». Pendant qu'on stigmatise l'Arabe, l'étranger, l'immigration, on va faire la courbette aux dignitaires de l'UOIF. Et alors qu'on met une place une politique très restrictive à l'égard des « sans-papiers », on accueille, à bras ouvert, des anciens de Guantanamo.

D'un autre côté, par son impuissance à s'adapter, à se réinventer et à grandir, la gauche est, depuis plusieurs années, en passe de préparer son suicide dans une sorte de cérémonial sectaire fait de certitudes et de dogmatismes et par là même à dérouler le tapis rouge à une idéologie qu'elle est pourtant censée être la première à combattre si l'on considérait son histoire anticléricale, laïque et progressiste. Au lieu de revoir ses positions au regard des changements de notre monde et des mutations de notre société, la gauche française préfère se complaire dans des postures suffisantes, utilisant sans cesse et jusqu'à l'indécence des slogans qui deviennent creux lorsqu'ils ne sont pas suivis d'actes. Les « progressistes » et le parti socialiste en particulier, continuent à faire preuve d'un masochisme qui me fait penser à celui éprouvé par le malade qui finit par ressentir du plaisir à gratter avec véhémence la croûte d'une plaie en voie de guérison. À chaque tournant politique, elle trouve une énergie débordante pour semer le doute, créer des divisions et en définitive, dessiner des défaites. Et elle s'efforce tel Vercingétorix, à fanfaronner, y compris quand elle signe sa capitulation, espérant ainsi transformer, aux yeux du peuple de gauche, ses déboires les plus cuisants en victoire éclatante. Et s'agissant de sa position à l'égard de l'islamisme, cette gauche est toujours fidèle à cette image de laxisme qui lui colle à la peau. Même Vincent Peillon, dont l'attachement aux valeurs de la République n'est plus à prouver, se surprend – et nous surprend – en défendant le port de la *burqa*. Nous savons – et notamment lui – qu'il est loin d'être complaisant en direction des discours islamistes, tant s'en faut, mais il s'efforce, en l'absence d'une proposition globale et cohérente de son camp, à se bâtir une posture de circonstance pour faire figure d'opposant.

Des calculs politiques étroits poussent depuis longtemps certains élus à négocier avec l'islamisme ou à s'en accommoder. Incarnés souvent par des associations musulmanes dites « culturelles » mais qui en réalité propagent des idées idéologico-cultuelles contraires à tous les principes républicains et à toutes les valeurs de gauche, les islamistes pétrifient une partie du personnel politique et surtout les élus locaux. Nous avions été marqués par la réaction du maire socialiste d'une commune des Hauts-de-Seine qui nous en voulait d'avoir enquêté sur une mosquée intégriste contrôlée par une association islamiste qui lui avait permis d'engranger quelques milliers de voix, raflant par là même, la commune à la droite. C'était là sa seule préoccupation et l'élu ne voulait surtout pas entendre parler des prêches virulents et antisémites véhiculés, chaque vendredi, par l'imam, lui-même employé municipal, dans un local servant de lieu de culte et prêté généreusement par ce maire. En réalisant cette enquête journalistique[1], nous devenions une sorte de « petit grain de sable » qui avait enrayé

1. À la suite de cette enquête diffusée dans l'émission *Envoyé spécial* (France 2), le préfet des Hauts-de-Seine décida la fermeture de ce lieu de prières et diligenta une enquête.

une machine parfaitement bien huilée entre un représentant socialiste, soucieux de sa carrière, et des fanatiques fortement idéologisés à la sauce du salafisme.

Si confusément que ce soit, le maire n'était nullement dans une logique antirépublicaine ; l'aveuglement de la gauche à laquelle il appartient l'empêchait d'évaluer le risque qu'il faisait courir à ses administrés, y compris musulmans, en mettant un lieu de prière entre les mains des tenants de l'islam politique. Lui-même de confession juive, il ne se rendait même plus compte que l'antisémitisme était véhiculé par ceux-là mêmes qui l'assuraient de leur soutien s'il continuait à les aider. Cherchez l'erreur !

Et il ne s'agit pas là d'un cas isolé. Ce type d'alliances nourries généralement par des calculs politiciens ou par des considérations purement idéologiques, a causé un grand tort à la gauche. Elle s'est progressivement coupée de tous ceux qui considèrent la laïcité et la République comme des principes indiscutables et non négociables. Or, les représentants d'une certaine gauche bradent tous les jours la laïcité et cèdent du terrain au nom d'une prétendue « paix sociale ». Ils refusent d'entendre la misogynie de certains discours, l'homophobie et les intolérances qui s'installent comme ils ferment les yeux devant des revendications inacceptables qui visent à promouvoir le communautarisme, le repli sur soi et toutes les fractures contraires aux idées républicaines. Ils ne s'offusquent que lorsque les médias s'emparent d'une affaire et la mettent sur la place publique.

Ils ont accepté d'installer la République dans un état de compromis permanent et de compromissions successives. On veut de la viande *hallal*, on triche pour proposer de la viande *hallal*, relativisme culturel oblige ; on ne veut pas étudier la Shoah, on élude la Shoah, crise du Proche-Orient oblige ; on refuse la mixité, on sépare les femmes des hommes pour respecter « leur » religion… Autant de petits coups de canifs que la gauche (et parfois la droite) a donnés à la République en pensant que cela provoquerait tout au plus quelques égratignures. Mais à force de multiplier lesdites égratignures, la France souffre aujourd'hui de nombreuses plaies qu'elle n'arrive plus à soigner. Et de ce point de vue, certains élus devraient être poursuivis pour coups et blessures volontaires à l'encontre de la laïcité.

Nous nous rappelons comment, au lendemain de la polémique autour de l'affaire des « caricatures de Mahomet », deux élus de droite s'étaient empressés de déposer un projet de loi – heureusement refusé – contre le blasphème ! L'un d'eux, Éric Raoult, député de Seine Saint-Denis, compte parmi ses administrés quelques activistes intégristes. Le même Raoult se retrouvera néanmoins quelques années plus tard membre de la mission d'information parlementaire sur ce « voile intégral », symptôme de cette idéologie stigmatisée par les dessins danois. Naturellement, dans l'intervalle, le discours officiel a changé et l'heure est à l'identité nationale qui rapporte, semble-t-il, politiquement plus que des accords passés avec des associations islamistes.

Depuis plusieurs années, la gauche a voulu être tout, dans sa gestion des banlieues. Se laissant entraîner vers une multitude de contradictions, elle a cherché à être celle qui souhaitait se conformer à ses principes et à ses idéaux et celle qui, en même temps, s'autorise à les bafouer. Aussi croit-elle être fidèle à ses valeurs lorsqu'elle « ménage » les « minorités » au nom d'un certain différentialisme et ne se rend même plus compte qu'elle s'en éloigne quand elle permet à ces « minorités », au nom de ce même ménagement, de traîner dans la boue tout ce qu'elle dit défendre. Elle a – certainement de manière fort inconsciente – participé activement à l'entretien d'une communauté de « victimes » sans pour autant lui apporter une quelconque solution, préférant s'arrêter aux discours complaisants et compatissants au lieu de créer les conditions favorables afin que les « victimes » sortent d'une identité victimaire, devenue, au fil des années, un prétexte qui excuse tout.

On comprend des jeunes qui s'attaquent à une personne âgée pour lui extirper quelques billets ; on pardonne à l'élève qui insulte son enseignant ; on ferme les yeux sur la jeune fille qui veut porter le voile ; on feint de ne pas écouter l'imam qui prêche la haine ; on oublie même de s'indigner quand un homme d'origine étrangère bat son épouse : toutes ces questions sont expliquées par des constructions intellectuelles qui lorsqu'elles ne rappellent pas le passé colonial de la France, dédramatisent en soulignant la « différence de cultures » qui existe entre des Français et d'autres Français. Ceux dont seuls les grands-parents sont nés dans des contrées lointaines pouvaient dès lors continuer à vivre dans un sous-développement congénital. Naturellement, les choses ne sont pas dites ainsi, pas avec cette brutalité, mais c'est tout comme pour celui qui sait décrypter les discours, analyser les attitudes et lire entre les lignes. En France, la justice a même refusé à des enfants d'incinérer leur père, d'origine maghrébine, et selon les vœux qu'il avait transmis, puisque l'imam et certains membres de la famille ont estimé que cet homme qui s'est toujours déclaré athée, était de fait « musulman ».

Comment expliquer que ce qui est inexcusable pour un Français devient compréhensible lorsqu'il s'agit d'un autre Français ? Quelle interprétation donner à ces âmes qui s'indignent quand un « Blanc », par exemple, fait preuve d'intégrisme et qui sont si tolérantes – à l'égard du fanatisme – quand il se matérialise dans le comportement d'un Noir ? N'est-ce pas là le nouveau visage du racisme ? Celui, moins brutal et plus mondain qui considère visiblement qu'une catégorie de Français – ceux d'origine étrangère – seraient, en définitive, comme nous l'avons déjà souligné, tout simplement inaptes à la modernité. Du moins, inaptes pour l'instant. Il faut, dès lors, leur « laisser le temps » de comprendre ce que l'homme blanc, donc plus civilisé, a intégré avant tout le monde.

Nous assistons, en lieu et place d'un débat sur l'islamisme, à ce spectacle affligeant qui a réduit le Maghrébin à sa religion et l'Africain à sa culture. Les propos qui « essentialisent », uniformisent et singularisent sont devenus légion. Mais en même temps d'autres discours rejettent des franges entières de la population sous le prétexte qu'elles ne seraient pas « intégrées ». On cite le mot intégration – aussi bien à droite qu'à gauche –, y compris quand il s'agit de parler des jeunes qui ne connaissent du pays de leurs parents ou de leurs grands-parents que des cartes postales. On évoque ainsi, aujourd'hui encore, une jeunesse née sur le territoire français et éduquée par l'école de la République. Comme si finalement lorsqu'un problème surgit en France, il vient forcément d'ailleurs. Rien de mieux pour légitimer trente ans de discours frontiste que de stigmatiser les aléas sociaux en leur collant des considérations ethno-raciales !

Il est quand même bizarre de constater que ceux-là mêmes qui s'insurgent – et ils ont raison de le faire – devant la caricature des « étrangers » dressée par les extrêmes droites européennes, ne font rien pour vider de leur substance et de leur matière les envolées lyriques de ces extrémistes. Il ne suffit pas de s'indigner du traitement que réservent les extrêmes droits à ces populations, pour apporter les réponses adéquates. Pour combattre les idées extrémistes, il faut être capable de briser des tabous et d'aborder tous les sujets, quelle qu'en soit la complexité.

Comme nous l'avons évoqué précédemment, les « politiques » ont peur de prendre une position claire et ferme à l'égard de l'islamisme. La politique de l'autruche a permis aux extrêmes droites européennes d'être pratiquement les seules sur cette thématique et les seules à donner l'impression de « proposer une riposte ». Aussi simpliste soit-elle, celle-ci a comblé le vide sidéral, captant du coup l'attention d'une population inquiète ou qui, à tout le moins, se pose un certain nombre de questions sur l'islam. L'illustration de ce propos est le résultat de la votation anti-minarets en Suisse qui fut précédée d'une campagne d'une rare violence à l'égard de tous les musulmans. Comme si le problème venait d'une construction de quelques mètres et non pas de l'idéologie qui peut être enseignée à l'intérieur d'un lieu de culte. La mosquée de Paris, pour ne citer qu'elle, n'est en rien plus dangereuse qu'un hangar en banlieue servant de lieu de prière.

Lorsque Geert Wilders, un député néerlandais appartenant à l'extrême droite de son pays et champion de la rhétorique populiste, a réalisé un clip diffusé sur Internet, beaucoup ont crié au scandale. Or, ce clip intitulé *Fitna*[1], que montre-t-il de si scandaleux ? Il rappelle, en utilisant les images de propagande des islamistes, que l'idéologie dont ceux-ci sont les promoteurs est en train de représenter un danger en Europe. N'est-ce pas là une vérité qu'il faudra enfin regarder ? Le problème avec le film de Wilders, c'est qu'alors qu'il évoque le risque islamiste – qu'il nomme violemment « péril musulman » –, il stigmatise l'ensemble des croyants vivant sur le sol européen en faisant croire insidieusement que chacun d'eux serait un terroriste ou un intégriste en puissance. Nous savons que ces courants extrémistes font parfois le bon constat, mais proposent la mauvaise politique. À la vérité, c'est la conjonction de deux éléments qui a permis à Geert Wilders de devenir si populaire au-delà des frontières de son pays. D'abord, le mutisme d'une majorité de musulmans face à l'innommable qui s'exerce en leur nom depuis maintenant plusieurs années. Quelques manifestations au lendemain d'un attentat terroriste auraient aidé, par exemple, à clarifier leur position, mais ils ont choisi ce silence monstrueux qui, de fait, laisse croire – même si nous savons que cela est faux – qu'ils seraient d'accord avec l'infâme. Ensuite, et

1. Littéralement, discorde.

c'est tout aussi incontestable, la discrétion d'une grande partie de la classe politique européenne devant les attaques incessantes des fanatiques contre les valeurs universelles et contre tout ce qu'incarnent les pays démocratiques comme idées.

La séquence la plus dramatique, si ce n'est la plus ubuesque, nous a été livrée par la gauche britannique. Invité par des parlementaires à diffuser son clip et à débattre avec eux de l'islamisme, Geert Wilders s'est vu refoulé de l'aéroport de Londres sur ordre de la ministre de l'Intérieur du gouvernement travailliste de Gordon Brown qui avait choisi de céder aux pressions d'un député britannique de confession musulmane. C'est ainsi que dans le pays où la liberté d'expression permet aux adeptes d'Al-Qaïda de scander haut et fort « mort à l'Occident », dans le pays où des manifestants ont crié « mort aux juifs ! », un élu européen n'a pas le droit d'exprimer ou de montrer ce qu'il pense de l'islam. « Il est d'extrême droite ! », dira-t-on. Oui certainement, mais il fait partie de ces extrêmes droites incarnées par des partis légaux qui siègent, y compris au Parlement européen. Alors pourquoi aurait-il le droit de passer ses messages, parfois racistes – et que nous dénonçons – dans l'enceinte d'une assemblée parlementaire européenne et serait-il interdit de séjour dans une démocratie comme la Grande-Bretagne ? Une telle irresponsabilité de la part du gouvernement britannique n'a fait que légitimer son discours et le rendre plus populaire.

Nous parlons souvent de l'instrumentalisation de l'islam par les courants intégristes, mais rarement des velléités de manipulation des islamistes (ou de l'islam) par les gouvernements. Les Américains avaient tenté à un moment de l'histoire du XXe siècle d'utiliser les « Frères musulmans » pour les opposer à l'idéologie nassérienne et nous avons vu comment ils ont instrumentalisé l'islamisme durant la guerre en Afghanistan contre les Soviétiques. Les Français avaient cherché, de leur côté, dans les années 1940 et 1950 à faire de même avec les courants islamistes naissants en Algérie pour les opposer au mouvement national indépendantiste incarné par le FLN (Front de Libération National). Et le gouvernement israélien avait soutenu, en sous-main, la création du Hamas en 1987, pensant ainsi diviser l'OLP de Yasser Arafat. Les alliances contre nature et les tentatives de manipulation ne sont donc pas une invention récente et inédite. C'est, dirions-nous, une veille histoire. Cela dit, nous constatons – c'est un fait – que toutes ces tentatives ont été vouées à l'échec. L'islamisme sait se jouer de ceux qui veulent se jouer de lui. C'est là une maxime, un théorème indiscutables. Penser un instant qu'il est possible de « récupérer » les islamistes relève d'une assurance en soi qui mènerait son auteur à la catastrophe. Nous évoquons cela parce que certains gouvernements adoptent parfois une attitude similaire à celle de ces policiers qui finissent par se lier d'amitié avec les délinquants qu'ils ont eux-mêmes pourchassés[1]. Or, les intégristes n'ont aucun code d'honneur, ils appliquent une idéologie qui leur dicte une stratégie et leur trace les contours de leur démarche. Nous ne sommes pas face à des « bandits de grand chemin » que l'on pourrait attendrir ou qui seraient susceptibles de se repentir, mais à des idéologues déterminés, motivés et décidés à mener leur action jusqu'au bout. Les femmes et hommes politiques ont intérêt à ne pas omettre cette réalité.

1. Cette image est celle d'une connaissance de l'auteur.

6

Quand les islamistes utilisent les médias et Internet pour séduire

Nous observons depuis les années 1970 une propagande effrénée et fortement prosélyte menée par les milieux islamistes à partir de tous les canaux disponibles. La « littérature » intégriste a été l'un des premiers outils ayant servi à véhiculer tant la pensée des wahhabites que l'idéologie des « Frères musulmans ». Des livres furent souvent distribués à des prix défiant toute concurrence, voire gratuitement, et de Casablanca au Caire, en passant par Paris ou Londres, les ouvrages de Mohamed Ibn Abdelwaheb ou ceux de Sayeed Qutb, même lorsqu'ils étaient interdits ici ou là, circulaient sous le manteau autour des mosquées. Des fascicules ou des brochures, appelant à une vision intégriste de l'islam, le plus souvent imprimés en Arabie Saoudite par la Ligue islamique mondiale, se transmettaient de main en main.

L'objectif : réislamiser les sociétés musulmanes de plus en plus perméables aux « influences occidentales », pour reprendre le terme employé par plusieurs idéologues islamistes. Généralement, ces écrits[1] préconisaient une nouvelle lecture de la religion et tournaient tous autour des mêmes principes extrémistes.

1. Archives personnelles de l'auteur.

Ils appelaient à l'instauration de la *charia* en rejetant tous les régimes laïques et tous les pays sécularisés. Les théoriciens ont conceptualisé des « systèmes juridiques » tout en encourageant la masse à y adhérer sans « discuter » les approches privilégiées puisqu'il s'agit, selon eux, de la « parole divine ». C'est par une accumulation de textes présentés comme « juridiques » et des commentaires réalisés tant par les différents « théologiens » du fanatisme islamique que ce soit au Moyen Âge ou au XXe siècle, que ces appels à l'application des « lois de Dieu » étaient relayés. Les « commandements divins » sont alors systématiquement décrits comme étant les seuls capables de répondre aux aspirations et aux besoins des sociétés. Les « Frères musulmans » répétaient que l'islam est « Religion et Nation » et que toute tentative de laïcisation des pays musulmans devait être considérée comme une « mécréance ».

Dirigées très souvent par des régimes autoritaires et corrompus, ces États permettaient – et c'est le cas encore aujourd'hui – à l'islamisme de se prétendre comme la « seule alternative » susceptible d'assurer la justice sociale et l'équité. Les textes inspirés de la *charia* promettent les pires châtiments tant au « corrompu qu'au corrupteur » et appelaient à renverser les pouvoirs qui ne gouvernent pas d'après les « prescriptions divines ». Cette approche populiste et contestatrice est apparue comme « révolutionnaire » et le renversement, en 1979, du Shah d'Iran par des intégristes religieux chiites a, en quelque sorte, joué un rôle d'accélérateur étant donné que les islamistes sunnites ont réalisé que leur projet pouvait, lui aussi, l'être.

Les mêmes livres représentaient par ailleurs la femme comme un « être impur et inférieur » à l'homme et la considéraient parfois comme responsable de la « déliquescence morale » de la société puisqu'elle est censée, selon eux, assurer une grande partie de l'éducation de la jeunesse. Cette femme ne pouvait donc pas travailler ni quitter son domicile et encore moins penser à s'émanciper. Les hommes étaient appelés à veiller à ce que leur épouse et leurs sœurs portent le voile. Et injonction était faite à ces dernières de respecter ce « commandement divin ». Abdelaziz Ibn Al-Baz[1], pour ne citer que lui, multipliait les *fatwas* en direction des maris en précisant par exemple : « Celui qui néglige sa charge envers sa famille en ne les contraignant pas à couvrir leurs parties qui doivent être cachées, dont le visage et les mains, et ne leur a pas ordonné cela, a failli dans sa responsabilité envers sa famille et il est alors associé à elles dans leurs péchés. »[2]

Un autre islamiste saoudien, le cheikh Otehimine[3], appelait, lui, les musulmanes à ne quitter leur domicile qu'en cas de grande nécessité et qu'avec « l'autorisation du mari ou du tuteur », en rappelant que « la femme est libre chez elle, elle se rend dans toutes les pièces de la maison et travaille en accomplissant les tâches ménagères » en ajoutant à leur adresse: « Que ces femmes craignent Allah et délaissent les propagandes occidentales corruptrices ! »[4]. Salih Bin Fawzan Al Fawzan[5], défenseur du « voile intégral », affirmait dans l'une de ses *fatwas* que « le visage de la femme est une *Awrah* [partie à dissimuler] et qu'il est obligatoire de le couvrir ». Pour lui, « C'est la partie la plus forte en tentation »[6].

Ce sont autant d'interprétations extrémistes de l'islam, tant sur les questions liées à la femme que sur d'autres, que les différents idéologues salafistes ont propagées durant les années 1970

1. Né en 1910 à Riyad, Abdelaziz Ibn Al-Baz est l'un des plus grands idéologues du salafisme wahhabite. Il a été nommé mufti d'Arabie Saoudite en 1982. Il est mort en 1999.
2. Archives personnelles de l'auteur.
3. Né en 1926 en Arabie Saoudite, le cheikh Otheimine enseignait à La Mecque. Il est décédé en 2000.
4. Archives personnelles de l'auteur.
5. Né en 1935, il enseigne à l'université de Médine.
6. Archives personnelles de l'auteur.

et 1980. De leur côté, les « Frères musulmans » répondaient au mal-être généralisé dans les sociétés musulmanes par leur fameux slogan « l'islam est la solution ». Dès lors, encerclés par toute cette propagande et devant la démission des gouvernements, beaucoup de croyants pensaient qu'il leur fallait revenir vers les « fondements de l'islam » afin d'espérer un « salut ». Les habitudes, notamment vestimentaires, commencèrent à changer et les prêcheurs des mosquées, souvent formés à Médine ou au Caire, reprenaient à leur compte ce salafisme, militant et fortement politisé. L'instrumentalisation de l'islam par certains régimes qui voulaient éviter la confrontation frontale avec les islamistes a instauré une surenchère autour de la religion. Le pouvoir algérien décida, par exemple, de s'inspirer de la *charia* pour élaborer son « code de la famille », très défavorable à la femme, et ce, pour ne pas déplaire à des intégristes de plus en plus présents. Mais pour ces derniers, ce type d'alignement est insuffisant. Ils répétaient que les « lois de Dieu devaient être appliquées en totalité et non pas en partie »[1].

C'est durant les années 1980 que l'islamisme commença également à s'implanter en Europe au sein des « communautés musulmanes ». Nous avons détaillé, dans les chapitres précédents, comment les « Frères musulmans » créèrent en France l'UOIF et expliqué l'offensive de la ligue islamique mondiale qui finançait divers projets pour contrôler l'islam européen et notamment français. Des librairies dites « musulmanes » ont vu le jour et des milliers d'ouvrages furent envoyés sur le Vieux Continent. Les écrits d'Ibn Al-Baz ou de Sayeed Qutb, ceux d'Ibn Taymiya ou de Hassan Al-Banna, comme ceux des autres théoriciens de l'islamisme seront mis à la disposition du public d'abord en arabe, ensuite dans des versions anglaises ou françaises. Ce n'est pas un hasard si la première « affaire du voile »,

1. Archives personnelles de l'auteur.

celle de Creil, apparut en 1989 au moment où les islamistes accentuaient la propagation de leurs idées extrémistes.

Depuis, les livres de prêcheurs intégristes n'ont pas cessé d'être distribués. Les nombreuses librairies dites « musulmanes » se chargent alors de distiller l'idéologie islamiste en faisant croire à leurs lecteurs qu'il s'agit de livres à connotation spirituelle. C'est le cas par exemple d'*Al-Tawhid* à Lyon, pour ne citer qu'elle, qui diffuse la littérature des frères Ramadan et celle des « penseurs » fréristes ou d'autres échoppes qui proposent, quant à elles, les ouvrages des idéologues saoudiens.

Londres, de son côté, devenait progressivement La Mecque de l'islamisme européen et du coup, le centre de leur propagande. Celle-ci s'opérait sur plusieurs niveaux. Elle visait d'abord la réislamisation des musulmans vivant en Europe, ensuite la délégitimation des régimes arabo-musulmans et enfin appelait les croyants à plus d'engagement en faveur de « la cause » ; à la faveur de la guerre d'Afghanistan en premier lieu et de la guerre civile algérienne par la suite, le principe du *jihad* ressurgit pour cibler, dans l'ordre, les États arabes et les pays occidentaux. Ce passage à l'acte fut également accompagné par une forte propagande qui se matérialisait tantôt par des livres tantôt par des fascicules ou des tracts distribués aux alentours des mosquées. Les islamistes algériens avaient, à travers leur réseau lié à la Fraternité algérienne en France (FAF)[1], propagé en 1992 *Le critère*, un bulletin clandestin qui faisait l'apologie de leurs actions et, en 1993 un journal associatif appelé *Résistance* qui rendait compte des opérations terroristes menées par les groupes armés en Algérie et accusaient parfois les « responsables français d'être les complices »[2] du gouvernement algérien. Les Maghrébins de France ne furent

1. La FAF était dirigée par des cadres du Front islamique du salut (FIS), installés en France.
2. *Résistance* du 11 juin 1993.

pas insensibles au drame qui se déroulait de l'autre côté de la Méditerranée, d'autant plus que la propagande islamiste visait à véhiculer une image simpliste de la situation en présentant les militants du FIS comme des « révolutionnaires pacifistes » et le pouvoir algérien comme une « dictature sanglante ». Les meurtres d'innocents, de démocrates et de féministes étaient naturellement passés sous silence.

D'un autre côté, à Londres, d'autres fanatiques tentaient de profiter des conséquences de la guerre d'Afghanistan, du conflit en Yougoslavie et de la première intervention internationale dans le Golfe pour diaboliser l'idéologie communiste d'une part et l'Occident d'autre part. Tout ceci accompagné par une demande de plus en plus pressante, en direction des musulmans européens, de revenir vers un « islam purifié », de toutes les « influences occidentales ».

La fin des années 1990 et l'avènement du troisième millénaire allaient permettre au mouvement islamiste d'accéder à deux nouvelles tribunes : les chaînes satellitaires et Internet. *Al-Manar*, d'inspiration chiite et organe de propagande du Hezbollah, née en 1991 commença à émettre, à partir du Liban, *via* le satellite en 2000 ; *Al-Jazira*, créée par l'émir du Qatar en 1996 gagnait, au fil des années, une plus grande audience et n'hésitait pas à ouvrir ses micros aux différents idéologues intégristes dont Youssouf Al-Qaradhawi. Lors de ces années 2000, on vit l'apparition de plusieurs stations de télévision, souvent proposées par les opérateurs dans des bouquets satellites européens. Ainsi, *Iqra*[1], *NourSat*[2] ou *Al-Majd*[3] ainsi que quelques chaînes égyptiennes comme *Er-Rahma*, se sont-elles spécialisées dans la diffusion des prêches de plusieurs islamistes connus par la rue arabe et qui s'adonnent à de véritables opérations de

1. Chaîne émettant à partir d'Arabie Saoudite.
2. Chaîne émettant à partir du Liban.
3. Chaîne émettant à partir de la Jordanie.

prosélytisme tant et si bien que certaines de ces chaînes n'hésitent plus à sous-titrer quelques-unes de leurs émissions parfois en anglais et d'autres fois en français tant le message s'adresse également aux musulmans vivant en Occident.

Les différents idéologues ne se privent pas de fustiger régulièrement les valeurs universelles, la laïcité ou les Droits de l'homme, de « conception occidentale », selon eux, dont ils refusent l'universalité et tout ceci est naturellement – et de manière obsessionnelle – accompagné de violentes diatribes antisémites et de programmes véhiculant cette idéologie raciste. C'est la raison d'ailleurs qui avait poussé le Conseil supérieur de l'Audiovisuel (CSA) à interdire la chaîne *Al-Manar*. Mais d'autres, aussi virulentes, continuent d'être captées en Europe. C'est le cas de la chaîne égyptienne *Er-Rahma*. Le 31 octobre 2009, un prédicateur cairote *Hazem Shoumane,* se lançait dans une envolée antisémite d'une extrême violence en instrumentalisant l'histoire musulmane. Il dira : « J'ai un message pour tous les Juifs sur la surface de la Terre : l'armée de Mahomet reviendra. Ô descendants des singes et des porcs, le jour de la vengeance approche. Ô vous les plus maudites créatures créées par Allah, ceux qui ont juré de mourir devant le Prophète Mahomet reviennent. Attendez-nous et vous allez voir, vous plus maudites d'entre les créatures. »[1]

Bien que certains idéologues islamistes interdisent la télévision, d'autres appellent à ce que l'utilisation de ce média soit exclusivement réservée à « la propagation de l'islam ». C'est le cas par exemple de ces chaînes satellitaires arabes qui accordent une large place à des salafistes qui n'hésitent pas à semer la haine dans le cœur des musulmans européens. Les prêcheurs se succèdent sur les plateaux pour faire de la surenchère, jouant sur les notions du « licite et l'illicite » très chères

1. Vidéo visible sur http://www.memritv.org/clip/en/0/0/0/0/0/0/5046.htm?lang=fr

à Youssouf Al-Qaradhawi qui, une fois par semaine, anime l'émission phare *Al-Charia oua Al-Hayat* (La charia et la vie) sur *Al-Jazira* au cours de laquelle il traite de toutes les questions d'actualité, parfois avec une violence inouïe. En juillet 2009, un jeune prédicateur égyptien, habillé à l'occidentale, rappelait sur la chaîne *Iqra* que les femmes ne devaient pas porter de pantalons y compris « lorsqu'elles sont voilées »[1]. Sur une autre station, *El-Ness*[2], on ne recule devant aucune indécence pour faire du prosélytisme. On met en scène des enfants et on leur faire dire que « le voile est obligatoire » ou que la « musique et la chanson sont illicites ».

Les télévisions satellitaires jouent aujourd'hui incontestablement un rôle majeur dans l'endoctrinement des jeunes, aussi bien en Europe que dans les pays arabes. Elles n'hésitent pas à réagir à l'actualité et à la commenter de manière très orientée, notamment quand celle-ci concerne le monde musulman. Ainsi *Al-Jazira* avait-elle usé d'une grossière propagande pendant l'offensive israélienne de Gaza durant l'hiver 2009. Sans jamais oser la moindre critique sur le Hamas, la chaîne qatarie multipliait les plateaux pour essayer d'enflammer les masses musulmanes aux quatre coins de la planète. D'ailleurs, la violence observée dans certaines manifestations en Europe est, en partie, due au conditionnement assuré par la télévision du Qatar et de quelques autres.

Mais le petit écran n'est pas l'unique outil de propagation des idéologies haineuses et extrémistes. Internet est devenu également un moyen important pour la diffusion des idées islamistes. Ces derniers l'utilisent pour véhiculer leur pensée à travers la toile et toucher ainsi un public beaucoup plus large et surtout plus jeune. Que ce soit les « Frères musulmans » ou

1. Archives personnelles de l'auteur.
2. Chaîne émettant à partir de l'Égypte.

les wahhabites et même les jihadistes, l'ensemble des mouvements intégristes, il faut le reconnaître, maîtrisent aujourd'hui ce média qui leur permet de construire une multitude de sites faisant la promotion de l'islam politique. Les pages, les blogs et les forums se comptent par centaines et sont disponibles dans toutes les langues. Et là aussi, tous les sujets sont abordés. On parle de « *jihad* en Afghanistan ou en Irak »[1] ; on diffuse des *fatwas* de tel ou tel autre idéologue[2] ; on donne la possibilité à des internautes de télécharger de la documentation ou des livres interdits dans certains pays[3] ; on donne des conseils et on recrute[4].

Dès la fin de l'année 2009, par exemple, les différents courants islamistes ont commencé à se mobiliser contre une éventuelle loi sur « le voile intégral » en France. Mobilisation qui voit son prolongement sur le Web 2.0 est surtout sur des réseaux sociaux. Facebook, pour citer le plus populaire, recèle des dizaines de profils se revendiquant clairement de l'idéologie salafiste. On y crée des forums de discussions, on s'échange des idées et on tente d'organiser des manifestations.

Sur ces sites islamistes, on retrouve par exemple les livres du cheikh Fawzen et notamment celui intitulé *El-Wala oua El-Bara fil Islam* (Alliance et désaveu en islam)[5] qui explique qu'il est

---

1. L'auteur a recensé pas moins d'une centaine de sites Internet, dans différentes langues, qui diffusent de la propagande jihadiste.
2. Les *fatwas* sont toutes disponibles sur le Net. Les islamistes proposent même de télécharger des logiciels multimédias qui offrent des centaines voire des milliers de *fatwas* d'imams intégristes. Parmi eux, Abou Qatada Al-Falastini qui aborde tous les sujets, aussi bien ceux autorisant l'attentat suicide que ceux interdisant la mixité. D'autres logiciels permettent de récupérer l'ensemble des *fatwas* d'Ibn Taymiya ou de certains idéologues saoudiens cités dans cet ouvrage.
3. Les livres de Sayeed Qutb ou ceux d'Aymen Al-Zawahiri, pour ne citer qu'eux, interdits en France, sont par exemple aisément consultables sur le Net.
4. Les jihadistes ont par exemple diffusé sur Internet des documents qui montrent la fabrication d'une bombe artisanale et d'autres qui forment les aspirants terroristes à des techniques opérationnelles.
5. Archives personnelles de l'auteur.

« nécessaire qu'un musulman montre de l'inimitié aux non-musulmans ». Il précise entre autres au sujet de l'habillement et du comportement qu'il est « interdit de tenter de ressembler aux mécréants dans ce qui leur est spécifique, qu'il s'agisse de coutumes, d'adorations, d'allure ou de comportement, comme le fait de se raser la barbe, de se laisser pousser les moustaches, de pérorer dans leur langue sauf en cas de nécessité, de s'accoutrer comme ils le font, de manger ou de boire pareillement à eux, et autres actes similaires »[1]. Il demande même de délaisser le calendrier grégorien pour lui préférer celui des musulmans, l'hégirien. Il écrit : « L'utilisation de ce calendrier [grégorien] est une forme de participation à la célébration de leurs rites et fêtes. »[2] Il appelle néanmoins ses adeptes à utiliser avec « intelligence » l'Occident en « tirant profit de ces bienfaits et ressources, sans compter sur les mécréants pour les leur fournir. Il incombe plutôt aux musulmans de posséder technologies et lieux de production »[3]. Entre chaque texte, Fawzen explique qu'il est « important de haïr les non-musulmans » en précisant que cette haine doit être dirigée principalement contre « les mécréants absolus, parmi les impies, les polythéistes, les hypocrites, les renégats et athées, sans distinction aucune »[4].

Prêcheurs islamistes prosélytes, chaînes satellitaires diffusant le salafisme, librairies « musulmanes » entre les mains d'intégristes et activisme sur le Net de la part des fanatiques ont suffi à faire croire aux musulmans – comme aux non-musulmans – que l'islamisme était en définitive l'islam et que le salafisme serait le représentant légitime et exclusif de la religion musulmane. Cette « littérature » qui propose, comme

1. *Alliance et désaveu en islam,* du cheikh Salih Ibn Fawzan El-Fawzan (archives personnelles de l'auteur).
2. *Ibid.*
3. *Ibid.*
4. *Ibid.*

nous l'avons déjà souligné, ce projet « révolutionnaire », cette idéologie contestatrice qui s'oppose aux puissances démocratiques et aux valeurs que ces dernières incarnent, cette pensée qui se présente comme la « solution » aux problèmes des sociétés, ressassent aujourd'hui leur propagande en utilisant tous les canaux disponibles. Et c'est en occupant le terrain de la sorte que ses promoteurs ont réussi à s'imposer comme une alternative possible et comme les porteurs d'un projet politique susceptible d'apporter toutes les réponses aux questions que se posent aussi bien les musulmans que les non-musulmans. C'est ce qui a fait que l'islamisme ait pu séduire y compris des jeunes et des moins jeunes issus de milieux catholiques ou non-croyants.

7

Des non-musulmans séduits par l'idéologie islamiste

Certains observateurs, sociologues ou journalistes, évoquent le chiffre de 50 000 convertis en France[1]. D'autres disent qu'il y en aurait près de 100 000. Il est certes difficile à vérifier, mais il ne fait aucun doute aujourd'hui que l'islamisme intéresse également des personnes que rien ne prédisposait pourtant à devenir intégristes musulmans[2]. Des signaux, qui devraient nous interpeller, ont commencé à apparaître au cours de ces dernières années et montraient que des converties étaient très promptes à porter le *niqab* (voile intégral) ; ou que de jeunes garçons ânonnaient dans les cités des textes extrémistes remettant en question la laïcité, la démocratie ou encore l'égalité entre les hommes et les femmes. D'autres ne croyaient plus dans l'école de la République et lui préféraient des centres islamistes à Damas ou au Caire, mais aussi au Pakistan[3]. Autant de

1. Un article de l'hebdomadaire *L'Express* publié en janvier 2006 parlait de 60 000 Français convertis à l'islam.
2. Nous précisons que nous nous intéressons ici à l'islamisme. Cela dit, nous n'oublions pas de mentionner qu'il existe de nombreux convertis qui n'adhèrent pas à cette idéologie et qui pratiquent une spiritualité inspirée des règles islamiques. Plusieurs de ces convertis sont soufis ou ont décidé de se convertir pour épouser une musulmane puisque la tradition islamique ne permet pas à une musulmane d'épouser un non-musulman.
3. L'auteur a rencontré des Français convertis dans des « écoles coraniques » dans ces trois pays respectivement en 2005, 2004 et 2001.

pays où l'on enseigne les différentes versions du salafisme. Une minorité s'est même engagée dans l'action terroriste. Le cas le plus frappant en Europe fut celui de Muriel Degauque, une ressortissante belge qui en 2005, alors âgée de 38 ans commettra un attentat suicide en Irak à quelques minutes d'intervalle d'une opération similaire menée par son mari, Issam Goris, un Belgo-Marocain, lui aussi attiré par l'islam politique. Elle sera la première convertie à passer à l'action armée.

Comment cette femme, née à Charleroi dans une famille catholique, a-t-elle pu basculer dans l'extrémisme de la sorte ? L'affaire avait choqué toute la Belgique et est restée depuis dans les mémoires. Muriel Degauque s'était convertie à la religion musulmane (à l'islamisme ?) quelques années auparavant et avait été séduite, au fil des années, par le salafisme jihadiste au point de se faire recruter par Al-Qaïda. Si l'organisation d'Oussama Ben Laden ne pousse pas nécessairement les femmes à commettre des opérations terroristes, elle encourage celles qui souhaitent le faire à prendre part à l'action armée. C'est le cas également du Hamas palestinien. Les islamistes adeptes de la « guerre sainte » leur demandent néanmoins d'inciter leurs mari, frères ou fils à se lancer dans « la voie du *jihad* ».

L'un des idéologues du salafisme jihadiste, Al-Hafidh Youssef Ben Salah Al-Iyari, écrit à ce propos à l'adresse des femmes salafistes : « Et si tu es satisfaite de la honte dans ta Religion, de l'humiliation et du déshonneur envers toi et ta *Oumma*, alors il n'y a rien que l'on puisse faire pour toi devant Allah. Mais nous te mettons en garde contre la Colère d'Allah et contre son Châtiment, nous te disons, crains Allah et ne sois pas un obstacle dans le chemin des hommes vers le *Jihad*. Le moins qu'il t'ait demandé est de garder le silence lorsque les hommes partent pour le *Jihad*, et d'être satisfaite avec ce qu'Allah a ordonné. Et sache que lorsque tu éloignes les hommes du *Jihad*, qu'ils soient tes fils, ton mari, tes frères ou autres, c'est une forme d'entrave envers les gens du Sentier d'Allah, et Allah ne sera jamais satisfait de ça. »[1].

D'autres convertis, avant elle, avaient choisi de suivre ce chemin. L'on se souvient du Stéphanois Richard Robert qui sera jugé au Maroc pour ses liens avec les auteurs des attentats de Casablanca en 2003, du Britannique Richard Colvin Reid qui s'apprêtait en 2001 à faire exploser un vol reliant Paris à Miami, de l'Allemand Christian Ganczarski, présenté par la justice française comme un « proche d'Oussama Ben Laden » et qui a été condamné à Paris à 18 ans de réclusion pour complicité dans une opération suicide, commise en 2002 contre la synagogue de Djerba en Tunisie. Bien qu'ils représentent une minorité, les exemples sont encore nombreux de ces convertis qui ont embrassé la version la plus extrémiste de l'islam politique.

D'autres encore, notamment des jeunes, n'ont peut-être pas choisi l'action violente, mais appliquent souvent un islam rigoriste et sont sensibles à cette idéologisation de leur nouvelle religion. C'est probablement d'ailleurs ce qui les a attirés. En quête d'une autre « identité » ou d'une idéologie politique qui leur permet de s'adonner à un militantisme « révolutionnaire » ou cherchant une « communauté » qui les éloignerait ou qui les protégerait d'une société généralement qualifiée de « trop individualiste » et d'« égoïste », leurs motivations peuvent diverger, mais les aspects qui les ont séduits sont bien des fois identiques.

Selon les conclusions de plusieurs enquêtes que nous avons pu mener au cours de ces dernières années, beaucoup de conversions ont lieu dans des cités populaires où les maux sociaux sont, de manière presque systématique, les mêmes quelles que soient l'origine ethnique ou la religion suivie. Le discours

1. Archives personnelles de l'auteur.

islamiste apporte justement (ou feint de le faire) des réponses aux problèmes que traversent les différents pays aujourd'hui. Le prosélytisme des intégristes les aborde souvent à sa façon. Avec beaucoup de populisme !

Le chômage qui touche les quartiers les plus défavorisés ou encore les discriminations dont sont victimes ces quartiers tout comme les relations conflictuelles avec la police sont autant d'éléments qui réunissent les jeunes des cités. « À l'origine, c'est par solidarité avec mes copains maghrébins que je me suis converti à l'islam. Ils vivent trop de problèmes avec la police »[1], nous déclarait Hicham[2], converti depuis 2000. Ce postier qui arbore fièrement sa barbe se présente comme un « salafiste non violent ». Il est cependant intransigeant sur certaines questions bien qu'il se définisse comme « respectueux de la tradition laïque française ».

Le port du *niqab* – ou à tout le moins celui du voile –, la prière du vendredi, l'alimentation *hallal*, la construction de mosquées ou encore le Ramadan sont pour lui des sujets qu'il « ne discute pas », c'est-à-dire avec lesquels il ne transige pas. Il nous confie arrêter la distribution du courrier le vendredi à l'heure de la prière hebdomadaire et ne pas « reconnaître la laïcité qui est la religion des athées ». Cela dit, sur ses motivations, Hicham est resté évasif, se contentant d'affirmer que pour lui « l'islam est la solution à toute chose » – le slogan islamiste, repris consciemment ou pas, pour mieux rappeler cette vision salafiste qui insiste sur le fait que l'islam est aussi un projet de société. D'ailleurs, les convertis s'excluent généralement de la communauté nationale.

L'un d'eux rencontré à Clamart (Hauts-de-Seine) en 2005, durant le tournage d'une enquête journalistique, nous parlait

1. Entretien réalisé par l'auteur en 2009.
2. Le prénom est modifié à la demande de l'intéressé et choisi par lui.

des « Français » pour désigner les non-musulmans et utilisait le « Nous les musulmans » comme s'il se considérait désormais comme étranger à la société française. Les idéologues islamistes insistent beaucoup sur cette « identité religieuse » qu'ils ont préfabriquée de toutes pièces en répétant à leurs recrues à longueur de prêches : « Vous n'êtes pas des Français ni des Maghrébins ni des Africains ni des Européens, mais des musulmans. »[1]

Cette nouvelle identité leur « donne l'impression de renaître » pour reprendre l'expression d'un converti[2], tant et si bien que d'autres couches, plus favorisées et lettrées, sont attirées par ce discours qui joue énormément sur les mots tels que fraternité, solidarité, entraide, égalité ou engagement et don de soi. Or, cette nouvelle identité pousse aussi vers le communautarisme. Les prêcheurs salafistes saoudiens les incitent depuis plusieurs années à créer des commerces communautaires et à ne plus fréquenter des non-musulmans ni à se confier à ces derniers. Les plus extrémistes d'entre eux comme le cheikh Fawzen exigent de ses adeptes de ne pas avoir comme « alliés, ni d'amis sincères des personnes en dehors de vos coreligionnaires. Les confidents d'une personne sont ses proches »[3].

Beaucoup de convertis (au salafisme) se plient à cette logique du repli sur soi. Ils coupent les relations avec leurs anciens amis non musulmans, prennent leurs distances avec certains membres de leur famille et ne fréquentent que des personnes partageant avec eux la même conception de la religion islamique. Un texte islamiste conseille à ces nouveaux venus en islam de prévenir « les musulmanes et musulmans, qui sont présents dans le lieu que l'on habite, pour qu'ils sachent que l'on s'est reconverti à l'islam. Cela parce que

1. Enregistrement réalisé par l'auteur en région parisienne lors d'un cours d'endoctrinement.
2. Entretien réalisé par l'auteur en 2002 dans une mosquée de Belleville, à Paris.
3. *Alliance et désaveu en islam, op. cit.*

les musulmans forment une grande communauté qui n'est basée ni sur la race ni sur la couleur de la peau, mais sur l'acceptation d'une même croyance, conception du sens de la vie et sur le partage de valeurs communes »[1]. C'est dire que cette vision de l'islam considère que le musulman ne partage aucun principe avec la société à laquelle il est censé pourtant appartenir. Celle-ci est délaissée au profit de la « communauté musulmane ».

Aujourd'hui, on rentre en salafisme comme on adhère à une secte. Le propos n'est guère exagéré puisqu'on observe des similitudes flagrantes entre les mouvements sectaires et certains courants représentant le salafisme. Dépersonnalisation à travers une uniformisation du discours, du comportement et de l'accoutrement, méfiance, voire hostilité à l'égard de ce qui est « extérieur à la communauté », mythification et mystification exacerbées, exagération dans la superstition et enfin délégitimation et non-reconnaissance des lois communes qui sont mises en dessous des règles suivies par la communauté. Or, beaucoup de jeunes sont aujourd'hui attirés par cette notion d'appartenance à un groupe, ce qui leur procure une certaine sécurité et une assurance qu'ils n'avaient pas auparavant. L'islamisme permet de recouvrer outre une identité, également une dignité, une estime de soi que certains avaient perdues au cours de leur parcours personnel. L'esprit de solidarité est systématiquement mis en avant et cela séduit notamment dans une société libérale très individualiste.

On observe également la promptitude avec laquelle certains convertis délaissent leur héritage culturel, y compris quand celui-ci n'est guère contradictoire avec l'islam. L'adoption d'autres codes et d'un prénom à consonance arabe, bien

1. Archives personnelles de l'auteur.

que ce ne soit guère une obligation islamique, comme pour mieux effacer son passé, sont des signaux qui montrent clairement ce que quelques-uns de ces nouveaux musulmans recherchent au-delà d'une simple spiritualité : probablement un sentiment d'appartenance à une nouvelle société pour adhérer à d'autres règles de vie et à une « communauté » qui, depuis quelques années, s'inscrit dans la contestation perpétuelle.

Cette attirance est d'autant plus accrue lorsqu'on sait la facilité avec laquelle on peut épouser la religion musulmane et par conséquent l'islamisme. Il suffit de proférer publiquement la profession de foi qui stipule « qu'il n'est de Dieu que Dieu et que Mahomet et son Prophète ». Sur les sites islamistes, on répète à l'adresse des nouveaux convertis qu'il faut faire les choses « progressivement » et ne pas « brûler les étapes ». Un texte précise qu'après la conversion, « on apprendra peu à peu non seulement les actes du culte, mais aussi les règles éthiques, morales et sociales que l'islam offre aux femmes et aux hommes. Cela se fera peu à peu. Il ne faut pas s'angoisser dès le premier instant, et il ne faut surtout pas croire que l'on pourra tout appliquer en peu de temps, mais l'islam est une école de la vie, elle éduque selon chaque possibilité de la personne. La personne prendra soin d'apprendre sa croyance avant toute chose puis les cinq piliers de l'islam et les mettre en pratique »[1].

Généralement, les islamistes proposent aux convertis des « cours de religion » qui sont en réalité des séances d'endoctrinement au cours desquelles ils commencent à leur inculquer progressivement certains principes contraires aux règles de la société et souvent en désaccord avec les valeurs républicaines. La notion de non-mixité est l'une des premières qui est

1. Archives personnelles de l'auteur.

enseignée aux nouveaux arrivants en islamisme. Nous avons assisté en 2002 à certaines de ces séances au cours desquelles le prêcheur rappelait par exemple aux hommes de ne plus « s'isoler en tête à tête avec une femme ni dans un bureau ni dans un restaurant ».

La crispation collective que l'on observe chez les intégristes dès qu'un sujet concernant leur idéologie est abordé par la presse ou les intellectuels dénote de cet esprit de groupe qui est mis en avant. Aussi, tout questionnement sur le salafisme est perçu comme une inacceptable intrusion ou une agression venant de l'extérieur. Pour les islamistes et pour beaucoup de convertis, la société n'a aucun droit de regard sur les pratiques de la « communauté » puisque celles-ci seraient, de leur point de vue, dictées par des « commandements divins ». Lors d'une conférence donnée à Avignon à l'automne 2009, nous avons été interpellés par une femme en *niqab* qui nous reprochait de « livrer aux Français des informations sur les musulmans ». Pour elle, nous ne devions agir ni comme journaliste ni comme écrivain, mais comme « musulman ». Selon elle, nous avions « trahi la communauté et par conséquent nous devions être chassé de celle-ci », c'est-à-dire excommunié.

Les femmes et les hommes qui adhèrent à l'islamisme font preuve généralement d'un zèle extraordinaire dans ce qui leur semble être la « pratique religieuse ». Plusieurs de ces filles ne se contentent pas du voile et lui préfèrent le *niqab* ; les hommes mettent en avant leur barbe et leur djellaba et s'entêtent à refuser tout habillement moderne jugé « occidental » et considéré comme celui des « mécréants ». C'est l'une des raisons qui place aujourd'hui le sujet du « foulard » au centre de toutes les polémiques. Les islamistes ont l'impression que l'on touche à leur « identité » lorsqu'on rappelle des principes de la laïcité.

Les filles converties en veulent énormément à la République de ne pas leur permettre de porter le voile et ses différentes variantes comme en « Grande-Bretagne ». On remarque que les pays qui favorisent le multiculturalisme et le communautarisme, à l'instar des Pays-Bas ou de l'Angleterre, sont souvent cités en exemple, y compris par les convertis. Ces derniers sont nombreux à estimer que l'on doit leur « faciliter les choses en France si on veut avoir la paix sociale »[1]. Hicham pense que les « musulmans sont capables aujourd'hui de se mobiliser et de revendiquer leurs droits ». C'est qu'il espère ou c'est ce qu'on lui a appris à espérer.

1. Entretien réalisé par l'auteur en 2009.

8

Les idéologues de la haine

Comme nous l'avons vu tout au long de cet ouvrage, l'islamisme est théorisé, vulgarisé et propagé par la parole et par l'écrit. Et ce sont des centaines (voire des milliers) d'idéologues morts ou vivants qui laissent une « œuvre » monumentale s'inspirant aussi bien d'Ibn Taymiya ou de Mohamed Ibn Abdelwaheb, que de Hassan Al-Banna ou d'Abd Al-Ala Al-Mawdoudi, pour ne citer qu'eux, et dont les travaux n'ont cessé d'être repris, tant par des activistes issus de la pensée des « Frères musulmans »[1] comme Sayeed Qutb ou Youssouf Al-Qaradhawi, ou encore – et bien qu'il s'en défende – Tariq Ramadan, mais également par des salafistes jihadistes comme Aymen Al-Zawahiri, Oussama Ben Laden ou Abou Mohamed Al-Maqdissi[2].

D'autres, des Saoudiens, jouent ou ont eu, durant de longues années, un rôle similaire en véhiculant à travers le monde leurs écrits et leurs prêches. C'est le cas du cheikh Ibn El-Baz, qui même

1. Il faut préciser que certains « imams » ou « religieux » défendant l'idéologie des « Frères musulmans » n'ont jamais appartenu de manière organique à la Confrérie. Cette dernière est, avant tout, une rampe de lancement idéologique et non pas un parti politique auquel on adhère en prenant une carte de militant. Cette précision est importante puisque certains idéologues – ne voulant pas dévoiler leur pensée profonde – affirment ne pas appartenir aux « Frères musulmans » – ce qui peut être vrai dans certains cas – mais ne s'empêchent pas de véhiculer son idéologie.
2. Abou Mohamed Al-Maqdissi est un Jordanien d'origine palestinienne. Il est l'un des théoriciens du *jihad* les plus écoutés. Il avait été le mentor de l'ancien chef d'Al-Qaïda en Irak, Abou Moussab Al-Zarqaoui.

s'il a banni, avant sa mort, la violence, *via* certaines de ces *fatwas*, a toujours pour sa part prêché un islam salafiste wahhabite. Salih Bin Fawzan Al Fawzan, dont on a cité certains propos dans les chapitres précédents, est un autre idéologue contemporain. Disciple d'Ibn El-Baz, ce « théologien » très « apprécié » par les salafistes européens recommande à ses partisans une pratique qui rejette toutes les valeurs universelles et possède une grande influence sur les islamistes français, notamment ceux qui adhèrent à la pensée wahhabite. C'est le cas également du cheikh Mohamed Ibn Saleh Al-Otheimine, un Saoudien aussi, adepte du salafisme, qui interdit, entre autres, de « féliciter les mécréants [Juifs et Chrétiens notamment] durant leurs fêtes religieuses ».

Par ailleurs, Nacereddine Al-Albani[1], un idéologue albano-syrien dont les travaux ont énormément influencé les mouvements islamistes les plus rigoristes du XXe siècle. Il avait notamment prohibé l'usage de la télévision et de la radio. Pourquoi devons-nous nous intéresser à ces idéologues[2] ? Question légitime s'il en est. En l'absence de clergé en islam, toute personne possédant un savoir, réel ou supposé, pouvant récolter un certain consensus ou avoir une popularité peut se métamorphoser en « référence théologique ». C'est d'ailleurs la raison pour laquelle nous considérons que Tariq Ramadan est un idéologue islamiste. Son cursus universitaire et son parcours ne le prédestinaient pas à jouer un rôle de théologien, pourtant c'est ce qu'il fait de manière implicite en devenant grâce à une

1. Nacereddine Al-Albani est né en 1914. Il est d'origine albanaise (d'où le surnom d'Al-Albani qui veut dire l'Albanais), mais a vécu depuis son enfance en Syrie. Il se réclamait du salafisme wahhabite dont il était un fervent défenseur. Il est décédé en 1999. Beaucoup de musulmans le considèrent aujourd'hui comme une référence théologique alors qu'il ne possède aucune formation dans les sciences islamiques. Cet autodidacte était horloger, métier qu'il apprit de son père.
2. Nous n'avons cité que ceux qui ont le plus d'influence aujourd'hui. Il en existe d'autres, mais globalement, font la promotion des différents courants idéologiques que défendent ceux que nous avons déjà mentionnés dans cet ouvrage.

audience assurée par des médias et certaines associations, ainsi qu'à une aura dans certains milieux musulmans – notamment ceux issus des quartiers difficiles – une sorte de « référence » non pas théologique, en réalité, mais idéologique, bien qu'il se situe sur une frontière très mince puisque le « tu dois agir ainsi... », qu'il utilise parfois pour interpeller son auditoire, sonne comme l'injonction théologique classique qui donne la voie à suivre sur la base de la notion du « licite et de l'illicite », pierre angulaire de l'islam littéraliste.

C'est dire que longtemps, l'islamisme a été porté par des personnes qui, même si elles possèdent des diplômes dans telle ou telle discipline, n'ont reçu aucune formation dans ce qui est appelé les « sciences islamiques ». Beaucoup sont autodidactes, formées dans des écoles coraniques véhiculant une idéologie, ou il peut s'agir d'anciens instituteurs autoproclamés imams avec des connaissances acquises de façon empirique. Généralement, la majorité reprend les travaux d'une école de pensée et tente de les réactualiser quelque peu sans toucher aux fondamentaux. C'est ainsi qu'en l'absence d'une véritable jurisprudence contemporaine qui fasse référence, les uns et les autres puisent leur conviction dans les ouvrages d'Ibn Taymiya ou dans ceux de Mohamed Ibn Abdelwaheb et pour d'autres dans les livres de Sayeed Qutb ou d'Abd Al-Ala Al-Mawdoudi. Les penseurs musulmans qui tentent de s'émanciper de cette méthodologie archaïque ou ceux qui cherchent à concevoir un islam expurgé de toute idéologie politique sont souvent diabolisés, voire excommuniés. L'islamisme possède des défenseurs qui se considèrent aujourd'hui comme des gardiens du Temple et qui refusent tout ce qui sort du cadre tracé depuis le Moyen Âge. D'un autre côté, les théologiens qui travaillent uniquement sur la question spirituelle et qui essayent d'enseigner exclusivement le fait religieux n'intéressent pas grand monde, étant donné qu'ils n'apportent pas cette proposition d'« idéologie alternative » qui fait le succès de l'islamisme.

Comme nous l'avons déjà vu, d'un point de vue idéologique, l'islam politique joue sur quatre axes essentiels : l'instauration de la *charia* (ou à tout le moins, pousser les dirigeants musulmans à s'en inspirer largement) ; refuser les « influences occidentales » (notamment en matière de Droits de l'homme et de liberté) ; rejeter la *bidaa*, les « innovations blâmables » (pour permettre aux idéologues antérieurs de demeurer l'unique référence) ; et enfin s'opposer à l'émancipation de la femme (puisque c'est elle qui est chargée de l'éducation de la famille. Or, de leur point de vue, une femme libérée risque de promouvoir la liberté de la société). Et à propos de ce dernier point, il n'y a qu'à constater les « travaux » des différents théoriciens. Youssouf Al-Qaradhawi estime par exemple que la femme ne doit pas se parfumer lorsqu'elle sort de son domicile. Pour étayer son interdiction, il cite un *hadith* du Prophète dont il est difficile d'établir la véracité[1]. Selon cet idéologue, Mahomet aurait affirmé : « Toute femme qui se parfume et passe devant des hommes pour leur faire sentir son parfum est une fornicatrice et tout œil [qui la regarde] est fornicateur. »[2] De son point de vue, il faudrait donc qu'elles s'empêchent de se parfumer, y compris de nos jours.

Si l'esprit de ce qui est contenu dans le Coran appelle la femme – tout comme l'homme d'ailleurs – à la pudeur et à éviter d'attirer l'attention, il semble clair que l'application stricte et littérale de certains « interdits » provoque, aujourd'hui, incontestablement le contraire de l'effet escompté. L'exemple le plus frappant concerne, à ce titre, le port du voile. Il est évident que dans une société occidentale, celle qui va se singulariser et attiser les regards n'est certainement pas la jeune fille habillée

1. Nous avons déjà évoqué la question relative aux *hadiths* notamment en citant l'histoire d'Abou Hourayra. Rien ne permet, de manière scientifique, d'établir la véracité de tous les *hadiths* rapportés.
2. *Le Licite et l'Illicite en islam*, *op. cit.*, p. 89-90.

« normalement », mais bel et bien la musulmane qui cherche à se distinguer de manière ostensible en portant le « foulard islamique ». Celle-ci ne manquera pas de représenter une singularité dans le « décor ». Finalement, celle qui est censée rechercher la discrétion fait tout pour se faire remarquer. Avec son voile, elle donne l'impression de vouloir dire : « Regardez-moi, je suis une musulmane pratiquante. » Sa foi qui doit être dans son cœur est exhibée vulgairement *via* une sorte de fichu ou davantage encore à travers un « uniforme » qui la transforme en ombre impersonnelle. Un comble quand on connaît un tant soit peu ce qui réellement exigé des croyants. La religion interdit de manière claire et limpide l'ostentation.

Or, l'islam tel qu'il est pratiqué de nos jours est empli d'attitudes ostentatoires. On mesure le niveau de la foi à l'accoutrement, à la longueur de la barbe, au port du voile, au nombre d'invocations prononcées à voix haute, etc. Et dans tout ceci, nous ne voyons guère de spiritualité ou de sagesse. L'islamisme est une idéologie – et ses promoteurs des idéologues – parce que justement ils se soucient très peu de l'aspect spirituel et, la femme est, à travers les polémiques autour du « foulard islamique », un enjeu politique.

En terre d'islam, des situations encore beaucoup plus absurdes existent. Les femmes, subissant des pressions sociales et/ou le prosélytisme islamiste, se voilent de plus en plus. Dans les pays du Maghreb, comme en Égypte, cet uniforme intégriste tend à devenir l'habit le plus populaire. Il suffit, cela dit, de visiter les plages algéroises ou celles de Casablanca et d'Alexandrie pour constater que le bikini a pratiquement disparu. Plusieurs Maghrébines, rejetant les visions extrémistes, nous ont témoigné qu'elles ne pouvaient plus se rendre au bord de la mer parce qu'elles ne pouvaient plus se mettre en maillot de bain. Les regards inquisiteurs et pesants, parfois menaçants, empêchent les plus courageuses de braver l'« interdit ». Les plages appartiennent désormais aux hommes et aux enfants. La gent féminine y est tolérée à la condition d'y être voilée et d'éviter de s'exposer en tenue de bain. Aussi, très souvent, celles-ci se jettent-elles à l'eau avec leur voile. Là aussi, quelle leçon de « discrétion et de pudeur » ! Quoi de plus beau et de plus attirant, quoi de plus suggestif que le corps d'une femme moulé dans un habit trempé ? Quoi de plus « tentant »[1] qu'un vêtement mouillé et rendu transparent, mettant en valeur un buste bien galbé et des atours cachés sous l'enveloppe de l'« habit de la pudeur » ? Quelle incohérence !

Ces femmes, mais aussi leur mari, leur père ou leurs frères, qui les incitent ou qui leur ordonnent à agir de la sorte, se couvrent non pas d'un voile mais d'une vision de l'islam qui ne s'occupe que de la forme et non pas du fond. C'est ainsi que le voile de la pudeur s'est transformé en habit de l'impudeur et de la vulgarité. Le *burkini* – cette tenue de bain islamiste – en est une autre illustration. D'ailleurs, les pressions islamistes sont devenues tellement lourdes dans certains pays musulmans, que même les prostituées sont obligées de vendre leur chair tout en étant voilées. Ces exemples pourraient être qualifiés de « non représentatifs » et les détracteurs de ce constat les jugeront probablement « caricaturaux ». Soit !

D'autres exemples montrent l'hypocrisie de l'islamisme et d'une certaine vision de l'islam, préconisés par la majorité des pseudo-théologiens reconnus comme des « références ». La question du « contrôle des naissances » illustre également ce propos. Ainsi, Nacereddine Al-Albani, par exemple, considère que le contrôle des naissances n'est admis que lorsqu'il est conseillé par un médecin « musulman et sincère »[2]. En

1. Les islamistes parlent généralement de « tentation » lorsqu'ils évoquent les rapports hommes/femmes.
2. Archive personnelle de l'auteur puisée dans le recueil d'Al-Albani intitulé *Ijabatou Essael ala Ahem el massael* (Réponses aux questions les plus importantes).

d'autres termes, quand le praticien n'est pas musulman, inutile d'écouter ses recommandations ; par conséquent, inutile d'aller le consulter.

Lorsqu'on lit Al-Albani et ses aberrations, on comprend dès lors, sans le justifier ni l'excuser, le comportement des islamistes vivant sur le territoire européen et notamment ceux qui refusent que leur épouse soit auscultée par un homme et un non-musulman. Al-Albani utilise une justification que nous jugeons fallacieuse pour appeler à l'interdiction de la contraception. Il précise qu'il est « illicite » de restreindre les naissances pour des « considérations matérialistes par lesquelles les mécréants sont habituellement concernés »[1]. Il considère à ce titre que la pauvreté ne doit pas être un barrage à la procréation. En outre, l'argument théologique qu'il avance est totalement inapproprié puisqu'il cite le verset : « Ne tuez pas vos enfants pour cause de pauvreté. Nous vous nourrissons tout comme eux. »[2]

Selon tous les commentateurs, ce verset a été révélé pour bannir l'infanticide d'autant plus que dans la société arabe antéislamique, ce phénomène était répandu chez les plus pauvres qui tuaient leurs enfants à la naissance parce qu'ils craignaient la pauvreté qui les empêcherait de les nourrir, mais aussi pour interdire une pratique horrible et barbare qui poussait certaines tribus, comme nous l'avons déjà mentionné dans un précédent chapitre, à enterrer vivantes, hormis les aînées, les fillettes à leur naissance ou en bas âge de peur d'être déshonorées. D'ailleurs, ce verset fut complété par d'autres, plus explicite à ce sujet : « Et lorsqu'on annonce à l'un d'eux [la naissance d']une fille, son visage s'assombrit et une rage profonde [l'envahit]. Il se cache des gens, à cause du malheur qu'on lui

1. *Idem*.
2. Coran, Sourate 6, Verset 151.

a annoncé. Doit-il la garder malgré la honte ou l'enfouira-t-il dans la terre ? Combien est mauvais leur jugement ! »[1]

C'est ainsi qu'un verset révélé pour interdire l'infanticide, pratique courante avant l'avènement de l'islam, devient dans l'exégèse de quelques salafistes la « preuve irréfutable qui montre que l'islam serait contre le contrôle des naissances ». Combien d'enfants meurent de faim dans le monde ? Combien de familles musulmanes vivraient mieux en contrôlant le nombre des naissances ? Et combien de pays musulmans pourraient enfin envisager de manière beaucoup plus optimiste leur développement, s'ils arrivaient à gérer leur démographie ?

La laïcité ou la démocratie, si chères aux sociétés modernes, sont, entre autres concepts, désignées par beaucoup d'imams et de théologiens, souvent autoproclamés, comme étant le « mal absolu ». Rien ne trouve grâce à leurs yeux, hormis la *charia*, cette loi prétendument coranique, aujourd'hui dépassée par l'évolution qu'a connue l'humanité au cours des derniers siècles. Et les livres d'endoctrinement, les textes d'incitation redoublent de férocité lorsqu'il s'agit de vilipender ces mêmes valeurs universelles. Dans un livre intitulé *Des notions importantes de l'islam*[2], on peut lire : « Comment donc peut-on se réunir ou s'allier en suivant des principes destructeurs tels que le laïcisme, le communisme, la franc-maçonnerie et autres qui contrecarrent les principes de l'islam ? » Et la haine de l'auteur se poursuit un peu plus loin : « Ô frère, reviens au Livre de Dieu et en suivant sa lumière, réfléchis bien à qui tu affiches ton amitié, ton inimitié, ton amour, ta haine et ton appartenance. »[3] Ces phrases extrémistes sont dirigées contre le monde moderne en général et la laïcité en particulier et destinées à un public francophone que l'on cherche à endoctriner.

1. Coran, Sourate 16, Versets 58 et 59.
2. De Mohamed Ben Jamil Zaynou, traduit par Fawzi Chaabane, Éditions Dar El Fikr, Beyrouth (Liban).
3. *Ibid.*

Là aussi, une conception idéologisée de l'islam qui empêche l'auteur de ce texte de comprendre, par exemple, que la laïcité française a permis aux musulmans de vivre leur culte dignement en ayant un statut similaire à celui des autres religions alors qu'en dehors de ce cadre laïque et en l'absence d'un système démocratique, peu d'islamistes auraient pu, paradoxalement, véhiculer de la sorte leur pensée dans les pays européens. Ce sont les valeurs qu'ils fustigent qui leur ont permis, en effet, d'accroître leur audience. Pourquoi dénigrent-ils alors un système qui leur permet de propager leur idéologie ? En présentant la démocratie ou la laïcité comme des « valeurs occidentales illicites pour des musulmans », ils visent à pousser leur auditoire à prendre ses distances avec des valeurs qui risquent de remettre en cause leur légitimité.

En effet, un citoyen progressiste, baigné dans les valeurs démocratiques, croyant dans les principes laïques, est forcément un citoyen doté d'un esprit critique et d'une certaine liberté. Or, c'est exactement ce que ne veulent pas les islamistes. La dépersonnalisation et le refus d'une parole contradictoire à la leur sont des éléments essentiels dans leur discours et leur démarche. Nous l'avons déjà souligné : nous sommes face à un système totalitaire qui a besoin d'avoir à manipuler une masse et non pas à faire face à des individus conscients et indépendants intellectuellement. La notion du « licite et de l'illicite » est, à ce titre, une arme redoutable car si l'on arrive à faire admettre à un croyant que « Dieu n'aime pas les démocrates », il s'empêchera forcément de l'être.

Un autre point important concerne la polygamie. Les textes islamiques tolèrent, en effet, cette pratique. Mais pour autant, faut-il comprendre les raisons de cette tolérance et l'expliquer puisque, là aussi, les interprétations littérales et certaines traditions donnent de cette religion une image totalement archaïque et fortement misogyne.

Lorsqu'il fut révélé, l'islam a touché d'abord une société tribale qui considérait la femme comme un être inférieur et une esclave sexuelle. Les hommes pouvaient épouser, répudier, vivre avec un nombre indéterminé de femmes et abuser autant qu'ils le voulaient de ces dernières, qu'elles soient esclaves, captives ou n'ayant pas de « défenseurs »[1]. La religion musulmane, dès sa révélation, a interdit ce genre de pratiques et cette religion fut pour son temps, osons le mot, révolutionnaire quant au statut de la femme. Celle qui ne pouvait parfois ni hériter ni réclamer des droits, qui était souvent enterrée vivante à sa naissance, qui pouvait devenir, du jour au lendemain, esclave sexuelle d'un notable ou d'un chef de tribu et qui, en somme, n'avait aucun recours, hormis celui de se taire et d'accepter son sort, s'est retrouvée dotée d'un nouveau statut qui allait lui permettre d'avoir une dignité et surtout des droits. C'est dire que comparativement aux premières années de l'islam, la femme musulmane subit, depuis quelques années, une régression au sein de la société.

Si, à l'époque, la polygamie a été tolérée, sous certaines conditions, précisons-le, qui, en réalité, empêchaient les hommes de recourir à une telle pratique[2], les musulmans ne sauraient aujourd'hui continuer de la cautionner. D'abord, il est important que les croyants comprennent que l'évolution de l'humanité fait que le principe de la polygamie devient, d'un point de vue théologique, totalement caduc. La raison en est simple. Si le fait d'avoir plusieurs épouses était jadis accepté en islam, c'était, entre autres, en raison du contexte. Les Arabes voulaient procréer en grand

1. L'expression « femmes sans défenses » étaient utilisée dans la péninsule Arabique pour désigner les femmes célibataires, veuves, orphelines ou captives.
2. L'islam autorise les hommes à avoir quatre épouses à condition qu'il puisse être équitable à tout point de vue tant sur les plans affectif et matériel que sur le plan sexuel. Il est clair que de nos jours, il est quasiment impossible pour un homme d'assurer cette équité tant au niveau physique que matériel. À ce propos, le texte coranique a été fort limpide : « Il est permis d'épouser deux, trois ou quatre, parmi les femmes qui vous plaisent, mais, si vous craignez de n'être pas justes avec celles-ci, alors une seule », Sourate 4, Verset 3.

nombre ; aujourd'hui, le contrôle des naissances est une chose indispensable. À l'époque, le mariage représentait une protection pour la femme ; de nos jours, celles-ci sont protégées par les lois.

Du temps de Mahomet, les femmes ne pouvaient pratiquement pas subvenir à leurs besoins, hormis quelques riches héritières ; aujourd'hui elles sont actives et autonomes et enfin parce qu'il est devenu, de nos jours, impossible de garantir l'équité, condition *sine qua non* à la polygamie du point de vue de l'islam. Ces raisons parmi d'autres nous poussent à affirmer qu'il est stupide de penser que l'esprit de la religion musulmane autoriserait, au XXIe siècle, cette pratique moyenâgeuse. Ensuite, faut-il évoquer tout simplement des questions concrètes ? Quand on connaît la crise du logement qui traverse aussi bien les pays développés que ceux qui ne le sont pas, quand on sait l'ampleur des difficultés économiques, les problèmes du chômage, la cherté de la vie, il est clair que l'équité ne peut être assurée par l'homme. Enfin, au-delà des sujets théologiques, nous pensons qu'il faut vivre dans un monde parallèle au nôtre pour accepter le principe de la polygamie qui, en vérité, ne consacre pas autre chose que la suprématie du mâle dans des sociétés misogynes. Question fondamentale s'il en est pour les islamistes qui ne veulent surtout pas céder une parcelle de pouvoir aux femmes et ce, bien que certains courants, comme celui de Tariq Ramadan, tentent de faire émerger un « féminisme islamiste » de façade qui ne vise en réalité qu'à contrecarrer la pensée féministe universelle. Cette démarche est en droite ligne et en totale cohérence avec le reste : la création de « principes islamistes » est une stratégie qui cherche à donner naissance, à travers la création de « l'identité religieuse » à des « valeurs » particulières et spécifiques aux musulmans. Raison pour laquelle ils sont de fervents défenseurs du relativisme culturel et des détracteurs acharnés de l'universalité.

Les islamistes ne voient dans leur(s) femme(s) que l'objet sexuel, l'être soumis, le ventre qui portera la progéniture et la mère qui prodiguera une éducation idéologique à ses enfants. Bien que plusieurs d'entre eux soient monogames, ils excluent l'idée de renoncer à la polygamie et préfèrent agir comme des « enfants gâtés » qui refusent de se séparer du jouet qu'ils n'utilisent jamais. L'enjeu également sur cette question est celui de la « masculinité », du mâle islamiste « dominant ». Même s'il n'a qu'une seule épouse, il peut se rassurer en sachant qu'il serait susceptible d'en satisfaire trois autres. Leurs arguments sont toujours les mêmes. Ils rappellent qu'« en Occident, les hommes aussi sont polygames puisqu'ils ont des maîtresses ». C'est ce que disent certains d'entre eux pour tenter de justifier la polygamie.

Cette « justification » n'est point surprenante puisque c'est Youssouf Al-Qaradhawi qui, dans son fameux livre, *Le Licite et l'illicite en islam*, a été le premier à armer les jeunes croyants de cette idée afin qu'ils puissent défendre le principe de la polygamie. Ce qu'écrit cet islamiste est révélateur de leur pensée. On peut lire : « Telle est cette polygamie que l'Occident chrétien reproche aux musulmans et dont il en fait un scandale. Ce même Occident chrétien a pourtant permis à ses hommes d'avoir plus d'une amante et plus d'une maîtresse, sans restriction et sans dénombrer. Il ne reconnaît aucune obligation légale ou morale envers la femme ou les enfants issus de cette polygamie contraire à toute religion et à toute morale »[1].

Outre le fait que ce cheikh oublie que la société occidentale d'aujourd'hui n'est majoritairement plus chrétienne puisqu'elle s'est affranchie de la morale religieuse notamment, il avance des mensonges et des contrevérités en affirmant que l'Occident a « permis à ses hommes d'avoir plus d'une amante » car si la liberté de chacun est consacrée, y compris celle des femmes qui peuvent, elles aussi, avoir des amants, il n'en demeure pas moins

1. *Le Licite et l'illicite en islam, op. cit.*, version française, p. 196.

que la majorité des tribunaux des pays occidentaux continuent de considérer l'infidélité comme une « faute grave » à l'égard de l'épouse légitime et inversement.

D'autre part, il est faux d'écrire que l'Occident « ne reconnaît aucune obligation légale ou morale envers la femme ou les enfants issus de cette polygamie » étant donné, là aussi, que les lois séculaires, et surtout celles protégeant l'enfant, reconnaissent des droits à ce dernier lorsqu'il naît hors mariage. Il serait nécessaire, probablement, d'envoyer au *cheikh* une copie de la Convention européenne sur le statut juridique des enfants nés hors mariage qui date du 15 octobre 1975. Son article 3 précise par exemple que « la filiation paternelle de tout enfant né hors mariage peut être constatée ou établie par reconnaissance volontaire ou par décision juridictionnelle » alors que l'article 5 stipule : « Dans les actions relatives à la filiation paternelle, les preuves scientifiques susceptibles d'établir ou d'écarter la paternité doivent être admises. » Enfin, c'est l'article 6 de ladite Convention qui devrait convaincre cheikh Al-Qaradhawi de sa méprise ou de sa manipulation puisqu'il lève toute ambiguïté : « Les père et mère d'un enfant né hors mariage ont la même obligation d'entretien à l'égard de cet enfant que celle qui existe à l'égard de l'enfant né dans le mariage. »

Ces textes de loi montrent à quel point les idéologues intégristes usent de mensonges pour dénigrer les sociétés modernes et leurs valeurs d'un côté, et d'un autre côté, pour défendre l'obscurantisme et l'arriération qui sont les leurs.

Il est évident que les interprétations les plus absurdes des islamistes sont celles qui ont une relation avec la femme en général et avec la sexualité en particulier. Des lectures ineptes sont à l'origine d'une modification dans le comportement de beaucoup d'hommes et de femmes, fidèles de la religion musulmane et ce, tant dans les pays musulmans qu'au sein des

« communautés musulmanes » vivant en Occident. L'une des questions qui a suscité, à juste titre, une grande controverse, est celle de la mixité.

Nous avons pu constater comment, avec la montée des interprétations obscurantistes, le cousin ne serrait plus la main à sa cousine, encore moins lui fait-il la bise, comment des parents refusaient de voir leurs filles fréquenter des collèges ou des lycées mixtes, comment des femmes refusaient d'aller dans les piscines, comment des collègues de travail n'osaient plus échanger un mot, encore moins un repas, comment des femmes cachées derrières leur *niqab*, le fameux « voile intégral », s'empêchaient d'adresser ne serait-ce qu'un bonjour au voisin, comment on interdisait à des adolescentes la pratique d'activités sportives et comment enfin des femmes appartenant au troisième âge se faisaient interpeller dans la rue par des « jeunots » à peine sortis de l'enfance et qui leur rappelaient que le port du « voile était obligatoire pour les femmes ». Et nous n'oublions pas non plus ces hommes qui font la Une des médias car refusant que leur épouse soit assistée par un obstétricien lors d'un accouchement. Des maris qui, au risque de mettre en péril la vie de leur conjointe ou de leur nouveau-né, ont bloqué le passage à des médecins qui ne demandaient pas autre chose que d'accomplir leur métier en aidant une femme qui s'apprêtait à enfanter ou encore, afin que la vie soit préservée. Voilà comment au nom d'une conception de l'islam basée sur une idéologisation effrénée de la religion et une politisation de celle-ci, des intégristes ont mis en danger la vie que Dieu, celui-là même qu'ils implorent, a rendue sacrée.

Mais l'intégrisme ne se manifeste pas uniquement dans les sujets qui concernent la femme musulmane ou dans ce qui a trait à la sexualité. On peut trouver des attitudes totalement ubuesques, y compris dans la France du XXIe siècle. L'une d'entre elles a trait à ce fameux sujet du *hallal* en France. C'est là, à ce propos, l'expression d'un enjeu souvent ignoré ; mais c'est aussi une supercherie qui a pu s'ancrer, vu que les islamistes n'hésitent pas à profiter de l'ignorance des croyants.

La question du *hallal*, ne l'oublions pas, revêt un intérêt financier non négligeable puisqu'il permet aux associations islamistes d'engranger des sommes colossales chaque année. Un argent qui aide certaines d'entre elles à fonctionner et à financer une partie de leurs activités prosélytes. Un verset coranique révèle : « Vous sont permises, aujourd'hui les bonnes nourritures. Vous est permise la nourriture des gens du Livre[1], et votre nourriture leur est permise »[2]. Ce passage, même s'il est interprété de manière littérale, indique clairement que la nourriture des juifs et des chrétiens est permise pour les musulmans. D'un autre côté, une parole du Prophète Mahomet rapportée par son épouse Aïcha[3] précise : « Des gens nouvellement convertis à l'islam vinrent dire au Prophète : “Il y a des gens qui nous apportent de la viande et nous ne savons pas s'ils ont prononcé sur elle le nom de Dieu. Pouvons-nous en manger ?” Il leur dit : “Prononcez le nom de Dieu et mangez-en”. » Là aussi, le propos est limpide. Un croyant et pratiquant peut prononcer le « nom de Dieu » et se nourrir même s'il ne sait pas si la viande qu'il mange provient d'une bête abattue selon le rite musulman ou pas. Les théologiens sérieux sont clairs, puisqu'ils pensent que le *hallal* n'est pas une obligation absolue, notamment lorsqu'on vit dans un pays qui n'est pas régi par des lois ou par des traditions islamiques. Dans le doute, un musulman devrait dire intérieurement : « au nom de Dieu clément

1. Les gens du Livre sont les Juifs et les Chrétiens. C'est ainsi que sont désignées les autres religions monothéistes dans le Coran lorsqu'elles ne sont pas citées de manière explicite.
2. Coran, Sourate 5, Verset 5.
3. Grand livre du *hadith* intitulé *Sahih Al-Boukhari* qui recense les « paroles authentiques » du Prophète.

et miséricordieux » et entamer son repas sans se soucier, avec obsession, si cette nourriture, cette viande, sont *hallal* ou pas.

D'ailleurs, curieusement, même l'islamiste Youssouf Al-Qaradhawi semble « ouvert » sur ce sujet, étant donné qu'il partage l'avis de ceux qui estiment qu'il est « licite » de consommer la viande d'une bête abattue par des non-musulmans[1]. Certains pourraient rétorquer, à juste titre, que la France est un pays laïque et que l'abattage ne se fait plus selon des rituels chrétiens ou juifs. Certes, mais la « mise à mort » artisanale a hérité de cette tradition puisque la France et au-delà l'Occident reste de culture judéo-chrétienne. De plus, la viande interdite en islam est celle qui aurait été sacrifiée pour une autre divinité ou sur laquelle un autre nom que celui de Dieu aurait été prononcé. Nous voyons mal aujourd'hui un boucher dire, dans les abattoirs français : « Au nom de... » avant de procéder à l'abattage. Par ailleurs, celui effectué à une échelle industrielle n'est pas en contradiction avec les principes islamiques puisque le principal point de discorde réside autour de la question relative au fait que selon beaucoup de musulmans, la bête doit être consciente au moment de l'abattage alors que les règles d'usage veulent que celle-ci subisse ce qui est appelé techniquement une électronarcose[2], une sorte d'anesthésie qui permet d'immobiliser la bête et de ne pas la faire souffrir.

Contrairement à ce qui est stupidement soutenu par plusieurs associations musulmanes en France, cette pratique n'est en aucun cas contraire à un principe islamique. D'ailleurs, l'ancien cheikh de l'institut Al-Azhar au Caire avait, dès 1978, rendu publique une *fatwa*, qui stipulait : « Si l'électronarcose

1. Dans son livre *Le Licite et l'illicite en islam*, Youssouf Al-Qaradhawi précise par exemple que l'islam s'est montré conciliant avec les gens du Livre permettant de manger leur nourriture.
2. Insensibilité transitoire produite par l'application de courants électriques.

ou l'anesthésie de l'animal avant de le saigner a pour objectif de réduire sa résistance sans provoquer sa mort, il est permis d'y recourir. »[1] On ne peut plus clair. De plus, une *fatwa* saoudienne de 1979 dit que si « l'animal est égorgé pendant qu'il est encore en vie après avoir reçu un coup à la tête, alors sa viande est licite »[2]. Certains avis démontrent, en effet, que plusieurs autorités religieuses musulmanes admettent le recours à l'étourdissement à condition qu'il ne provoque pas la mort de l'animal. Ce qui est en contradiction flagrante avec la rigidité que montrent, à ce sujet, certaines organisations musulmanes, notamment en France. Et il faut quand même rappeler que cette question de l'étourdissement de l'animal a pour but de faire souffrir le moins possible la bête, ce qui, là aussi, est en totale conformité avec les règles islamiques qui précisent que même les animaux voués à l'abattage doivent être bien traités.

Enfin, plusieurs de ces associations sont oublieuses du fait que l'abattage rituel bénéficie d'un statut d'exception et non pas d'un statut de droit. La République a, dans ce cas, fait preuve d'une tolérance que beaucoup de musulmans n'arrivent pas à comprendre. Le Conseil de l'Europe s'est montré, pour sa part, tout aussi compréhensif dès l'année 1993 en spécifiant dans sa « convention européenne sur la protection des animaux d'abattage », qu'il était envisageable de « déroger aux dispositions relatives à l'étourdissement obligatoire en cas d'abattage rituel »[3]. Mais quoi qu'on en dise, cela reste une exception à la règle faite pour les Juifs et les Musulmans qui continuent d'exiger les abattages rituels. Les uns et les autres faisant passer

1. Archives personnelles de l'auteur.
2. *Fatwa* rapportée dans l'Avis rendu en décembre 2001 par l'Institut suisse de droit comparé au sujet de l'étourdissement des animaux avant leur abattage (archives personnelles de l'auteur).
3. Directive 93/119/CE du 22 décembre 1993.

leur approche obsessionnelle de leur religion respective avant les lois qui, ne l'oublions pas, prennent en compte également des aspects sanitaires et des notions modernes d'abattage dans le but d'un meilleur respect de l'animal.

Cela étant dit, nous ne pourrions pas clore ce chapitre sans évoquer les enjeux financiers et économiques qui entourent la question de la viande *hallal*. Ce commerce communautaire réalise entre un et cinq milliards d'euros de chiffre d'affaires par an. Ce n'est pas un hasard si les boucheries *hallal* n'ont cessé de fleurir ces dernières années. Même au plus haut de la crise de la « vache folle », les boucheries communautaires, elles, ne se sentaient nullement concernées par la tempête qui avait traversé le monde de l'agroalimentaire. Il y en aurait aujourd'hui près de 2 000 en région parisienne seulement et plus du double sur l'ensemble du territoire national. De plus, en l'absence d'une réglementation claire, tout commerçant peut solliciter auprès d'une mosquée ou des associations « spécialisées dans le *hallal* » une certification contre le paiement d'une redevance. Cette situation monopolistique permet la vente de « carte de sacrificateur » au prix de 150 € et de percevoir 0,15 € par kilo certifié. Il est facile de faire le compte et de connaître l'enjeu financier qui entoure la question de la viande *hallal* et plus généralement celle relative au commerce dit « islamique ». D'ailleurs, une véritable mafia s'est organisée autour de ce marché et des scandales ont éclaboussé ces dernières années certains produits puisqu'il y eut des affaires où de la charcuterie comportant du porc était présentée comme « certifiée *hallal* ».

9

Que veulent les islamistes ?

Ce n'est pas faire acte de « bien-pensance » que d'affirmer que les intégristes forment une minorité dans le monde musulman[1]. Plusieurs observateurs sérieux, d'autres beaucoup moins, ne partagent pas ce point de vue et entretiennent des fantasmes sur ce que représentent ceux qui adhèrent aux différentes pensées islamistes. Avant toute chose, précisons-le : quand nous écrivons qu'ils sont minoritaires, ce n'est nullement pour minimiser leur capacité de nuisance, tant s'en faut. Mais c'est pour essayer de reproduire une photographie réelle de la situation. Plusieurs raisons nous poussent à affirmer une telle chose.

D'abord, s'il est difficile d'avoir un chiffre exact de ce qu'ils représentent, nous pouvons néanmoins établir une estimation à partir du nombre de pratiquants assidus[2]. S'il faut bien entendu éviter d'amalgamer l'ensemble des croyants aux tenants de cette idéologie intégriste, il est important de signaler que les islamistes se comptent dans ce segment de « pratiquants assidus ». Et de ce point de vue, il est possible d'en avoir un aperçu fiable quand on sait que seuls 10 % des musulmans de France sont des « pratiquants réguliers » et fréquentent les 2 000 mosquées et salles de prières avec assiduité.

1. Nous répartissons les islamistes selon trois catégories : les idéologues, les militants et les suiveurs. Parmi ces derniers, beaucoup appliquent des théories islamistes tout en pensant qu'il s'agit de leur religion.
2. Par « pratiquants assidus », nous parlons de ceux qui fréquentent régulièrement la mosquée et qui ne ratent jamais ou presque la grande prière du vendredi.

Or, nombreux sont ceux, et surtout parmi les plus âgés, qui ont une approche plus culturelle que cultuelle (encore moins idéologique) de la religion.

Si les islamistes représentent une forte minorité dans ces 10 % de pratiquants, ils donnent l'impression d'être majoritaires grâce à leur activisme effréné, leur excitation militante, leur présence sur le Net, leur accoutrement ostensiblement prosélyte et également par l'engagement d'une multitude d'associations présentes dans l'action sociale, au sein des quartiers populaires notamment. Sans oublier le fait que la dangerosité de certains aspects de l'islamisme ou son incompatibilité avec les valeurs françaises (et universelles) ont marqué l'opinion publique au cours de ces dernières années et la laissent croire que tous les musulmans seraient des fanatiques. Naturellement, le système médiatique et littéraire, qui stigmatise davantage – et par essence – ce qui ne fonctionne pas normalement, a participé à l'élaboration d'un imaginaire collectif qui a tendance à surestimer le nombre d'islamistes vivant en France, par exemple. Évidemment, nous parlons davantage des femmes qui se « battent » pour porter le voile que de celles, musulmanes aussi, qui militent pour ne pas avoir à le subir et nous évoquons plus ces jeunes excités qui menacent le « vivre ensemble » que ces autres, forcément invisibles, parce qu'intégrés.

D'un autre côté, les intégristes ont montré leur poids réel et leur capacité de mobilisation lors des rassemblements contre la loi interdisant les signes religieux à l'école. Toutes tendances confondues, l'UOIF en tête, ils ne sont pas arrivés à drainer tous les pratiquants, encore moins les laïques, qui souvent les considèrent comme les représentants d'un extrémisme qui nuit à l'image de leur religion. La manifestation la plus importante avait réuni à Paris quelque 15 000 manifestants. À analyser également les rencontres annuelles du Bourget qu'organise l'UOIF, cette filiale française de la pensée des « Frères musulmans », peine à rassembler plus de 20 000 personnes alors que l'organisation en annonce parfois le double ou le triple pour gonfler artificiellement son audience et faire croire qu'elle représenterait une majorité de musulmans de France.

Par ailleurs, il y aurait, selon des rapports des renseignements généraux, un peu plus d'un tiers des mosquées et des lieux de prières qui sont contrôlés par des islamistes, toutes tendances confondues. D'un autre côté, une organisation comme l'UOIF ne représente que 30 % des pratiquants dans les instances du Conseil français du culte musulman (CFCM). La majorité revient, en effet, aux grandes fédérations rattachées tantôt au Maroc ou à l'Algérie, tantôt à la Turquie ou aux Comores qui prônent généralement un islam institutionnalisé s'inspirant de l'école de pensée malékite moins intégriste que le hanbalisme et son avatar salafiste. Mais bien que minoritaires dans le monde musulman, les islamistes occupent cependant le devant de la scène grâce à l'activisme de leurs militants, idéologues et aux différents relais associatifs dont ils disposent sur le terrain. Qu'ils soient partisans du *jihad* ou se présentant comme de simples « missionnaires fondamentalistes » ou encore des sympathisants des « Frères musulmans », les tenants de l'islamisme, sous toutes ses formes, contrôlent aujourd'hui le discours et la « littérature », comme nous l'avons déjà indiqué. Et rappelons que les pratiquants qui n'adhèrent pas aux différentes pensées islamistes ne ressentent pas le besoin de militer autrement qu'en s'engageant de manière citoyenne sur des questions éloignées de la religion.

Cette situation, qui permet aux islamistes de s'illustrer, est également le résultat d'une action menée en profondeur à la fois par les « Frères musulmans » d'un côté et par les wahhabites de l'autre. Tous souhaitent voir la *charia* devenir la seule source législative dans les pays islamiques. S'agissant de l'Occident, ils appellent aussi au communautarisme, espèrent réislamiser les membres de la communauté musulmane et convertir, autant que faire se peut, des personnes séduites par cette idéologie. Pour autant, là aussi, contrairement à certains fantasmes entretenus par des milieux d'extrême droite[1], l'objectif principal des islamistes n'est pas l'« islamisation de l'Europe », mais la mise en place de conditions qui leur permettraient de pratiquer leur vision de l'islam comme ils l'entendent, même si celle-ci est contradictoire avec l'esprit des Lumières, les lois et les règles des grandes démocraties. Ils espèrent aussi représenter, un jour, une « communauté » suffisamment puissante au sein des sociétés européennes pour infléchir les positions des gouvernements quant à leur soutien à des régimes arabo-musulmans qu'ils considèrent comme « apostats » et faciliter ainsi, pensent-ils, la création de Républiques islamiques, surtout dans les États du Maghreb.

De leur côté, les salafistes dits « réformistes », les « Frères musulmans » en l'occurrence, souhaitent ériger un groupe de pression à même de peser sur les débats nationaux et internationaux et veulent constituer une force lobbyiste apte à faire naître un « vote musulman ». Celui-ci pourrait en effet jouer le rôle d'arbitre lors des consultations électorales et pousserait ainsi les pays européens à modifier leur politique, notamment s'agissant du conflit israélo-palestinien que les islamistes utilisent comme un « abcès de fixation » pour « unifier les rangs », galvaniser les foules et créer une harmonie autour de la notion du « bouc émissaire » et de l'« ennemi commun ». Cette approche n'est pas celle des plus traditionalistes qui rejettent les principes de citoyenneté et refusent par exemple de prendre part aux scrutins, préférant militer en vase clos sans aucun contact avec les pouvoirs publics.

1. Il faut tout de même signaler le double jeu de l'extrême droite française qui est particulier puisque si Jean-Marie Le Pen a toujours défendu un projet xénophobe et raciste, il soutient, probablement par antisémitisme, l'Iran des mollahs.

D'un autre côté, une nébuleuse comme celle reliée à Al-Qaïda est plus qu'une organisation terroriste. Elle est aussi une rampe de lancement idéologique et logistique cherchant à organiser et à fédérer des groupes jihadistes, des cellules et des individus pour les rallier à un seul projet : le *jihad* planétaire. Tous les groupuscules et les organisations islamistes qui ont recours au terrorisme, de l'Indonésie au Maghreb et de l'Arabie Saoudite à l'Amérique du Nord, militent aujourd'hui, directement ou pas, sous son label.

La pieuvre formée par Ben Laden poursuit un double objectif : l'un géopolitique et l'autre idéologique. À travers le premier, le chef d'Al-Qaïda et ses hommes veulent que les démocraties cessent de « secourir » les gouvernements musulmans et arrêtent tout soutien à l'État d'Israël. Ils multiplient les actions violentes en espérant terroriser les populations afin que ces dernières infléchissent les politiques gouvernementales. Ce fut le but escompté par le biais des attentats de Madrid en 2004[1], par exemple ou *via* les opérations terroristes de Paris en 1995. La démarche idéologique, elle, est empreinte de mythification et dicte aux islamistes que la fin du monde n'interviendra que lorsque le chaos sera généralisé et que l'islam régnera sur Terre. Contrairement aux autres courants, les jihadistes – ceux qu'on appelle aussi les *takfiris* – espèrent islamiser toute la planète par le *jihad* et accéder ainsi au « Paradis éternel ».

Qui sont les terroristes qui nous menacent désormais ? Ils sont organisés en trois niveaux distincts.

Le premier est celui des idéologues. Ce sont eux qui vont donner la nécessaire légitimation idéologique, fondée sur un travestissement théologique et sur une lecture littérale et biaisée des textes, comme nous l'avons déjà vu. Cette légitimation repose sur

1. Les terroristes voulaient pousser le gouvernement espagnol à retirer ses troupes d'Irak et le sanctionner pour son alignement sur la politique américaine.

une interprétation individuelle du corpus islamique, laquelle, à travers des mécanismes sophistiqués, est ensuite adaptée à tel ou tel fait politique. Il n'y a évidemment aucune prise en considération du contexte. Par exemple, pour légitimer une action terroriste contre un pays, ces idéologues essayent systématiquement de puiser dans l'histoire musulmane ou dans celle des Prophètes un événement qui pourrait présenter des analogies avec un fait actuel. Dès lors, ils tenteront de calquer leur décision sur celle prise à une époque révolue. Cette recherche de similitudes est quasi obsessionnelle. Ainsi, à ce sujet, les États-Unis sont-ils régulièrement comparés à Rome, les dirigeants arabes à Pharaon, Israël aux anciennes tribus juives, etc. Et naturellement, les jihadistes se comparent aux Prophètes, aux messagers ou à leurs compagnons et à d'illustres combattants ayant marqué la vie du monde musulman au Moyen Âge.

Le deuxième niveau qui intervient dans la conception d'une opération terroriste est celui des initiateurs, qu'on pourrait appeler aussi les « facilitateurs » ou les logisticiens. Ces derniers se chargent du recrutement et de la désignation de la cible. Il est possible que le concepteur d'un attentat soit également un exécutant. Mais cette configuration demeure rare.

Les exécutants, c'est-à-dire les opérationnels, ceux qui vont passer à l'action (opération classique de sabotage ou de plus en plus fréquemment opération suicide) forment le dernier niveau. Ils sont souvent jeunes, voire très jeunes, motivés et décidés. Leurs connaissances idéologiques sont primaires et ils se portent généralement volontaires pour passer à l'acte.

Le terrorisme peut prendre différentes formes. Il s'adapte à toutes les situations. Il peut aller de l'assassinat politique (celui du président Sadate[1]) à la terreur collective (le massacre de villageois

1. Le président Anouar Al-Sadate a été assassiné en 1981 par des militaires ayant été endoctrinés par des islamistes qui ont fait leurs classes dans l'école de pensée des « Frères musulmans ».

en Algérie), de l'action isolée (l'exécution du cinéaste néerlandais Théo Van Gogh[1]) à celui d'un groupe clandestin (Al-Qaïda), ou encore du racket organisé à la guérilla, de la menace verbale à l'acte de dégradation. L'introduction de la « récompense qui attend le martyr » et sa représentation par les « 72 vierges du Paradis » permet de manipuler les esprits les plus maniables en jouant notamment sur les nombreuses frustrations qui existent dans les milieux islamistes. La technique est rodée. Sur terre, c'est une vie de privations (donc de frustration) et dans l'au-delà c'est une vie de récompense (donc d'opulence). Cet aspect binaire et simple à véhiculer a fait des ravages dans la tête de beaucoup de jeunes qui ont sacrifié leur vie et celle de leurs victimes en croyant « plaire ainsi à Dieu ». C'est ce qui nous a permis d'évoquer, dans un précédent chapitre, les similitudes qui peuvent exister entre certains mouvements islamistes et des sectes aux visées apocalyptiques qui ont déjà défrayé la chronique.

Toutes ces formes de violence ont en commun l'utilisation illégale de la force pour atteindre un but politique et substituer une violence factieuse à la loi. C'est donc cette violence, portée par une mouvance complexe, tentaculaire et déterminée, mais aussi l'idéologie très dangereuse qui la nourrit, qu'il faut étudier avec attention pour mieux combattre ce phénomène.

Le régime iranien des mollahs est, lui, spécifique. D'abord il s'agit ici d'un État et non pas d'une mouvance, ensuite parce que plusieurs aspects le concernant rentrent dans un cadre « classique » des conflits pouvant exister entre États. Là aussi, la spécificité est dans l'idéologie et l'instrumentalisation politique de l'islam chiite. Ce dernier est différent de celui des sunnites puisqu'il possède un clergé qui parle généralement d'une seule voix, même si des contradictions peuvent exister en son sein.

1. Théo Van Gogh a été tué en pleine rue aux Pays-Bas pour avoir réalisé un court-métrage jugé « blasphématoire ».

Nous pouvons dire que le pouvoir des mollahs défend aujourd'hui une ligne islamo-nationaliste d'inspiration chiite. Contrairement aux jihadistes d'Al-Qaïda, ils ne cherchent pas à islamiser la planète, mais à dominer la région du Proche et Moyen-Orient en se présentant notamment comme les leaders du monde musulman. Le régime iranien est dans une démarche presque similaire à celle de Nasser dans les années 1950 et 1960. Longtemps méprisé par l'Arabie Saoudite et les monarchies du Golfe, l'Iran a voulu, dès l'avènement de la « République islamique », détrôner les Saoudiens et reprendre ce qui paraît être, pour les chiites, leurs « biens » : La Mecque et Médine puisqu'ils se considèrent comme les descendants légitimes du Prophète. Par ailleurs, l'Iran espère jouer un rôle essentiel dans le conflit « israélo-palestinien » car l'idéologie de ce régime lui dicte que le retour du « douzième imam » précédera « l'anéantissement des juifs, la libération de la Palestine et l'avènement du Jour du jugement dernier ». C'est ce qui a poussé l'Iran des mollahs à récupérer le Hamas (un groupe pourtant sunnite) et de continuer son soutien au Hezbollah libanais. Pour l'Iran, ces deux organisations relais peuvent servir à la fois pour les opérations clandestines et pour assoir une hégémonie sur le Proche-Orient. La mythification de la politique donne naissance en effet à des États totalitaires qui représentent incontestablement un danger pour l'ensemble de la planète. Pour autant, faut-il envisager toute solution à coups de canon ? En tout état de cause, nous ne le pensons pas…

10

Comment agir face à l'islamisme ?

Il serait présomptueux d'espérer répondre à cette question. Il est cependant important de la poser pour tenter de livrer quelques pistes de réflexions. S'il n'existe pas de recettes, il est possible, selon les cas, de mettre en place une stratégie pour autant que celle adoptée par le phénomène auquel nous faisons face puisse être étudiée sans œillères, sans calcul politique cynique et sans esprit partisan. Face à l'islamisme, nous sommes incontestablement devant un défi idéologique qui est lancé aux démocraties par les tenants d'un projet totalitaire. Il faut d'abord s'avouer, de manière décomplexée, cette réalité avant d'espérer mettre en place une stratégie efficace.

De prime abord, il faut imaginer une action par étapes qui, une fois mise en place, et selon la volonté des dirigeants qui auraient à la porter, devrait viser, dans un premier temps, l'affaiblissement de la capacité de nuisance et d'endoctrinement du phénomène islamiste, avant d'espérer éradiquer complètement le phénomène. Il faudra certainement plusieurs années pour qu'un tel résultat soit atteint. Seule une action globale à l'échelle planétaire pourrait venir à bout de la menace islamiste.

Cela dit, nous pensons que si l'option militaire doit être, dans certains cas, complémentaire à l'action politique et idéologique, elle ne saurait être l'unique réponse à apporter aux mouvements islamistes, y compris les plus violents. Il est nécessaire d'accompagner cette option, de mesures politiques, idéologiques, sociales, éducatives et économiques qui éloigneraient les musulmans, notamment les jeunes, de la tentation intégriste.

Il est évident que depuis les attentats commis sur le sol américain, la politique de la Maison-Blanche a davantage nourri l'islamisme et le terrorisme qu'elle ne les a combattus. L'attaque injustifiée sur l'Irak n'a pas permis d'affaiblir l'islamisme ; bien au contraire, elle a engendré l'ouverture d'un nouveau front, espéré par les islamistes, et donné des arguments supplémentaires aux idéologues qui n'ont pas manqué d'enflammer davantage leurs discours contre l'Occident. Sans oublier que cette guerre a été un facteur déstabilisant pour toute la région du Proche-Orient, déjà très fragilisée par le conflit israélo-palestinien et a terni l'image des démocraties, notamment à travers les images horribles et les secrets livrés par la prison d'Abou Ghraïb. Cette guerre injustifiée et basée sur des mensonges d'État a considérablement affaibli, au sein du monde musulman, les forces progressistes et laïques.

Comme nous avons essayé de le démontrer dans cet ouvrage, l'islamisme incarne une véritable idéologie contestatrice de toutes les valeurs portées par les démocraties. Ses forces sont multiples : elle est accessible, simplifiée, vulgarisée, enseignée, propagée, selon les techniques les plus modernes. On la trouve abondamment sur Internet, dans des livres ou des prêches enregistrés circulant sous le manteau. La situation dans laquelle nous nous retrouvons aujourd'hui est le résultat d'une montée en puissance de l'islamisme international, permise par l'extraordinaire laxisme des responsables politiques. Il faut donc inverser cette tendance et faire en sorte que les démocraties ne soient plus dans la réaction, mais dans la mise en place d'un plan visant à bannir une pensée totalitaire. Les politiques les plus répressives ont certes combattu les groupes terroristes mais n'ont presque rien fait contre les associations et les groupes chargés du prosélytisme et de l'islamisation (ou de la réislamisation) des communautés musulmanes en France, en Allemagne, en Grande-Bretagne, en Belgique, en Italie, au Danemark, en Suède ou aux Pays-Bas.

En vérité, la mission de la lutte contre le terrorisme islamiste a été confiée aux magistrats et aux policiers qui ne pouvaient traiter que sa partie opérationnelle : le terrorisme. La partie idéologique, à savoir l'islamisme, a été, elle, totalement délaissée. En clair, les terroristes sont arrêtés alors que les prêcheurs légitimant leurs actions violentes ne sont que très rarement inquiétés. Dans la spécificité de la lutte antiterroriste, cette attitude est totalement absurde. Certes, dans les pays démocratiques, il n'appartient pas aux policiers d'interpeller des personnes sans motif légal. Il revient donc aux législateurs de mettre sur pied l'arsenal juridique qui puisse permettre à la justice de sanctionner aussi bien le terroriste que celui qui légitime son action, fait l'apologie de celle-ci, incite à l'accomplir ou la soutient. Il faut oser criminaliser certains aspects de l'idéologie islamiste, surtout ceux qui s'inscrivent dans une démarche belliciste.

Les islamistes connaissent parfaitement les forces et les faiblesses des pays occidentaux. Ils savent jouer sur les différences de législation entre les différents États de l'Union européenne et ils sont conscients des lenteurs administratives et des ratés en matière de coopération internationale. Ce constat devrait amener les dirigeants à adapter les législations et les politiques de leur pays aux enjeux actuels.

S'il est un aspect sur lequel il faut être intransigeant en France, c'est bien sur la question de la laïcité. Il est primordial que la religion (ou tout ce qui est présenté comme telle) ne s'immisce pas dans la sphère publique. Les islamistes savent mieux que quiconque utiliser les failles du système pour élaborer leur discours victimaire et s'engouffrer dans la moindre faiblesse montrée par une démocratie. Le caractère laïque de la

République ne doit souffrir d'aucune exception. Nous le précisons parce qu'il y a eu des précédents. Quand les islamistes de l'UOIF entendent s'approprier la question du malaise des banlieues en faisant croire qu'ils sont en mesure de « calmer les esprits » durant les émeutes de 2005, ils tentent alors de se substituer à l'État et de prendre le contrôle sur des territoires en espérant pouvoir y propager tranquillement leur doctrine et recruter ainsi plus de militants. C'est dire que rappeler que la place d'un religieux, quel qu'il soit, n'est pas ailleurs que dans son Église n'est pas malvenu. La mansuétude des pouvoirs publics à l'égard des islamistes institutionnalisés leur a permis – alors qu'ils sont minoritaires rappelons-le – de s'exprimer sur tous les sujets, politiques, économiques ou sociaux et de s'arroger le droit de parler au « nom des musulmans ».

Leur stratégie est antirépublicaine. Elle vise, comme nous l'avons déjà expliqué, à peser sur le débat public afin de faire reculer les gouvernements sur des questions aussi importantes que la laïcité, la liberté de la presse, la lutte contre les racismes, l'égalité entre les hommes et les femmes, la mixité, les programmes scolaires, etc. Le pacte républicain et le principe du vivre ensemble seront, *de facto*, mis en danger si l'État et la société civile reculent sur les principes de la laïcité.

Une mairie permet à une association islamiste d'organiser des conférences avec des prédicateurs extrémistes et permet, sans le savoir, à des messages haineux de passer librement. Raison pour laquelle, les élus locaux ont intérêt à être moins naïfs et moins calculateurs lorsqu'ils se retrouvent face à des activistes de l'islam politique. Dans l'une de ses interventions, le prédicateur islamiste Hassan Iquioussen, affirmait : « Et après la [Première] Guerre mondiale, les Juifs redoublent de méchanceté. Et qu'est-ce qu'ils font en Europe, ce que je vais vous dire va vous choquer, mais c'est les textes aujourd'hui qui le disent, ils vont être de connivence avec Hitler, les sionistes.

Ils vont être tenir avec Hitler pour, pour quoi ? Pour pousser les Juifs à quitter l'Allemagne. Parce que les Juifs allemands ne voulaient pas quitter l'Allemagne. Pourquoi ils vont quitter l'Allemagne ? C'est leur pays, ils sont là depuis mille ans. Ils sont chez eux, ils ont leurs biens, qu'est-ce qu'ils vont aller faire dans une terre qu'ils ne connaissent pas et où il faut tout recommencer à zéro ?

Donc les Juifs ne voulaient pas quitter la France, l'Angleterre, l'Allemagne. Alors les sionistes ont dit : "il y a qu'une manière. Vous savez comment ? Il faut qu'il y ait en Europe quelqu'un qui fasse du mal aux Juifs pour dire aux juifs 'sauvez-vous sinon vous allez voir ce qui va vous arriver. Les Européens vous détestent, ils ne vous aiment pas'". C'est pour ça Itzhak Shamir, vous savez, tous ces hommes, là, qui étaient des ministres, etc. Qui ont créé des groupuscules fanatiques intégristes, l'Irgoun, la Haganah qui tuaient, qui posaient des bombes, qui ont massacré des musulmans, ce sont tous des gens qui ont offert leurs services à Hitler. Pourquoi ? Pour justement qu'Hitler tue des Juifs pour utiliser cela pour que les Juifs quittent l'Europe. »[1]

L'UOIF et ses affidés sont des islamistes porteurs d'un projet régressif. Les paroles mielleuses portées par les uns et les autres ne doivent pas endormir les responsables politiques au niveau local ou national et les pousser à considérer les tenants d'un projet totalitaire comme des interlocuteurs sérieux.

La politique sociale de l'UOIF, derrière ses appels ostentatoires à une action participative, vise en réalité à prendre possession des esprits les plus vulnérables pour créer une force, une masse, une communauté, qu'elle pourra manipuler à sa guise.

1. Le script de cette conférence est disponible sur plusieurs sites Internet. Cet extrait est reproduit ici *in extenso* avec les erreurs qu'il comporte. Ces propos sont également enregistrés dans l'une de ses cassettes, distribuée par la librairie islamiste *Al-Tawhid*, proche de l'UOIF et de Tariq Ramadan.

Et cela se ressent sur le terrain. C'est le même problème avec les autres courants islamistes, même si leur action est moins visible que celle des émules des « Frères musulmans ».

Le modèle hexagonal d'intégration a pour objectif de transformer les « immigrés » en citoyens français en une seule génération. Aujourd'hui, plusieurs voix s'élèvent pour dire que la « politique d'intégration a échoué » tout en liant cet échec à l'islamisation de beaucoup de jeunes. L'islam et l'islamisme ne sont pas les causes de l'échec de l'intégration. L'intégrisme religieux tout comme le communautarisme sont plutôt parmi les conséquences de cet échec.

Régulièrement, des observateurs, pourtant avertis, dissertent sur la « nécessaire intégration des musulmans », un lieu commun s'il en est, de surcroît sans aucun rapport avec le vrai problème car en France, ceux qui risquent de suivre le chemin de l'islamisme sont généralement des gens « intégrés », dans le sens où ils sont nés sur le territoire français, ont été formés par l'école de la République et ont évolué dans une société démocratique et laïque. C'est d'autant plus vrai que l'islamisme touche de plus en plus de Français de « souche ». C'est dire que le sujet n'est pas lié à l'intégration des personnes d'origine étrangère puisque cette question doit concerner, avant tout, les primo-arrivants, c'est-à-dire les personnes nées hors de France. Il faudrait évoquer davantage, selon nous, les questions de lutte contre le communautarisme et la ghettoïsation.

La gravité de la situation dans les banlieues françaises n'est pas due uniquement à la violence ou à la délinquance qui y règnent parfois, mais surtout à l'ampleur de la fracture qu'elle révèle, et qui existe, depuis plusieurs années, au sein de la société française. Celle-ci vit incontestablement un malaise identitaire. La France se croyait, jusqu'à un passé récent, blonde aux yeux bleus, voilà qu'elle se découvre d'autres visages. Le sinistre débat sur « l'identité nationale » est de ce point de vue symptomatique d'une crise profonde au sein de la société qui refuse, parfois, de voir dans son propre miroir, une partie d'elle-même. Cette attitude se traduit dans les faits par une sournoise discrimination à l'embauche et au logement, par une irresponsable ghettoïsation des minorités ethniques et religieuses et par une inacceptable politique, consciente ou inconsciente, de précarisation de certaines couches sociales. Autant de problèmes qui servent les islamistes puisque leur discours s'adapte parfaitement à ce genre de situations.

De notre point de vue, si l'identité nationale doit être réaffirmée, elle doit l'être sur les questions de démocratie, de laïcité et de fraternité, Droits de l'homme, égalité, liberté, etc. Et non pas sur des notions douteuses où l'étranger, réel ou supposé, est désigné comme bouc émissaire. Une telle attitude ne pourrait s'expliquer que par une montée de l'extrême droite (non pas par les urnes mais par une lepénisation des esprits). Une situation extrême qui ne peut servir qu'à des extrémistes : les xénophobes d'un côté et les islamistes de l'autre. Il convient dès lors de se battre contre certains démons qui rongent les esprits de certains responsables politiques depuis quelques années.

Non reconnus dans l'Hexagone comme des Français à part entière et considérés comme des « étrangers » dans leur pays d'origine, plusieurs personnes trouvent dans l'idéologie islamiste l'expression d'une nouvelle identité qui renvoie dos à dos leurs origines et la France. Le discours islamiste leur a trouvé la solution : « Vous êtes des musulmans », le ressasse-t-il !

Pourtant, c'est un fait : la majorité des membres de la communauté musulmane de France aspire à s'intégrer socialement et économiquement. Elle réprouve l'action de la minorité engagée dans l'extrémisme religieux. Mais le ghetto économique et social dans lequel ils vivent les expose forcément à la tentation islamiste. Certains résistent, d'autres se laissent aller en répondant à l'appel des sirènes. C'est ce cercle infernal qu'il convient donc de briser. Il est possible de donner aux jeunes notamment, d'autres perspectives que les « lois de Dieu ». Un rapport de la Direction centrale des Renseignements généraux remis en juin 2004 au ministre de l'Intérieur de l'époque, Dominique de Villepin, souligne que des centaines de quartiers sensibles présentent des signes inquiétants de repli communautaire aggravé, notamment sous l'influence de « la montée en puissance de l'islam radical »[1].

L'école a toujours su prendre en charge d'une manière générale les enfants, qu'ils soient français ou étrangers, issus de milieux défavorisés économiquement et socialement. Il n'y a pas de raison pour que cette richesse française – qui fait partie de l'identité nationale et nous parlons de l'école de Jules Ferry – ne puisse pas, à nouveau, nous permettre de former des citoyens responsables et totalement intégrés. Jusqu'à présent, il y a eu des réussites et des échecs. Ces résultats en dents de scie ne sont pas uniquement visibles dans l'éducation mais aussi dans un système qui n'a pas su – en l'absence d'une politique cohérente – prendre en compte les enfants nés dans des familles d'immigrés, devenus français, et intégrer dans le programme scolaire leur histoire, leur culture, l'histoire de leur religion et de leur identité qui, de toute évidence, comme toutes les identités, n'est pas constituée par un seul élément mais par une superposition de plusieurs strates identitaires.

C'est pourtant un fait qu'aujourd'hui, toutes les origines ethniques et toutes les religions sont intimement liées à la France du XXIe siècle. Il est donc nécessaire de réformer les manuels scolaires dans ce sens. Pourquoi ne pas enseigner l'histoire de la colonisation, celle des religions, ou même celle de l'immigration et de l'esclavage, au lieu de balayer ces questions par quelques lignes dans les livres d'Histoire ? Pourquoi

1. *Le Monde* du 6 juillet 2004.

ne rappelle-t-on pas que des musulmans, maghrébins ou africains, mais aussi des Africains non musulmans, sont morts pour la France durant les deux guerres mondiales ? Pourquoi continuer de considérer la France comme un pays dans lequel ne règne que la chrétienté ? Pourquoi aucun législateur n'a pensé à rendre hommage au « rôle positif » des étrangers dans la construction de l'État français moderne alors que certains députés étaient prompts à voter, en février 2005, une loi vantant le « rôle positif » de la France durant la colonisation ?

L'école, il est vrai, offre des conditions d'étude similaires, quelle que soit l'origine des élèves. Mais il faudrait qu'elle puisse aussi offrir des centres d'intérêt à l'ensemble des élèves. Il faut comprendre qu'un jeune Français, qu'il soit d'origine bretonne ou malienne, a besoin qu'on évoque dans les manuels scolaires l'histoire de l'esclavage, comme il faut comprendre qu'un jeune Français, qu'il soit de confession juive ou musulmane, a besoin de lire dans les manuels scolaires l'histoire de la France pétainiste ou encore qu'un jeune Français, qu'il soit d'origine algérienne ou turque, doit connaître l'histoire de la colonisation, y compris les pages les plus sombres de celle-ci.

L'Allemagne a réussi à vaincre ses complexes en évoquant sans tabous les pages noires de son Histoire, le nazisme et la Shoah. La France devrait prendre exemple sur la démarche de son voisin et régler, une fois pour toutes, la question de l'enseignement de l'Histoire sans en occulter aucun segment.

D'une manière générale, les islamistes sont recrutés dans tous les milieux. Mais c'est au sein des couches les plus défavorisées, les moins instruites, qu'ils arrivent à piocher des êtres maniables. La pauvreté économique d'abord, créant un sentiment d'injustice, la pauvreté culturelle ou intellectuelle ensuite, vidant l'esprit de tout sens critique, sont deux éléments qui s'ajoutent souvent à d'autres misères et frustrations pour placer des individus dans un état de vulnérabilité facilement exploitable par les islamistes. Minutieusement endoctrinées, maintenues, si nécessaire, dans leur état de pauvreté, les proies des islamistes sont ainsi conditionnées et instrumentalisées par les discours que nous avons déjà cités.

Le processus d'endoctrinement qui commence par un appel à une pratique rigoriste de la religion se poursuit parfois jusqu'à faire admettre que le bonheur absolu ne peut venir qu'après la mort dans le « sentier de Dieu ». Certains jeunes sensibles aux thèses islamistes mettent l'accent sur les disparités sociales. Leurs questionnements n'ont rien d'idéologique, de spirituel ou de religieux. Les islamistes présentent la pratique religieuse comme le moyen par excellence de s'éloigner du monde matériel et de se diriger vers un monde immatériel. Plus besoin d'avoir une *Playstation*, les islamistes interdisent la distraction ; pas la peine de chercher un emploi, les salafistes déconseillent à leurs adeptes de travailler pour un non-musulman ; inutile d'avoir de « beaux vêtements », ils sont remplacés par le *kamis*[1] ou la *djellaba* ; rien ne sert d'étudier longtemps, pour les intégristes, il suffit d'apprendre la « science légitime »[2]. En un mot, les islamistes donnent une espérance et une raison de vivre aux plus démunis. Ils modifient radicalement leurs besoins, relativisent leurs problèmes en utilisant le non-musulman comme bouc émissaire, reformatent leur esprit en rejetant finalement tous les bienfaits de la vie. Les islamistes répètent d'ailleurs que cette vie est « un enfer pour le croyant et un paradis pour le mécréant ».

Partant de ce constat, certes superficiel mais qui illustre fort bien l'utilisation par les extrémistes des questions économiques et sociales, il est essentiel que la lutte contre la

1. Longue chemise traditionnelle portée par certains fidèles lors de la prière.
2. En arabe : *Al-ilm Al-charii*. L'enseignement prodigué par les islamistes est appelé la « science légitime », présentée comme étant le « droit islamique ». Il s'agit en réalité de l'enseignement de l'idéologie islamiste.

pauvreté, sous toutes ses formes, soit prise en considération également dans le cadre d'une lutte idéologique contre l'islam politique. Nous répétons que cette même pauvreté n'est pas l'unique cause qui pousse vers l'islamisme, n'empêche, elle représente un facteur de vulnérabilité qui peut favoriser le terrain aux prosélytes islamistes. Ailleurs aussi, les exemples sont nombreux : c'est la pauvreté de la population palestinienne combinée à l'action sociale des islamistes qui a donné la victoire au Hamas, c'est la pauvreté des Égyptiens qui a permis aux « Frères musulmans » de se développer et c'est dans les bidonvilles de Casablanca que des kamikazes ont été recrutés pour perpétrer des attentats au Maroc en 2003.

Les fascismes européens se sont propagés au lendemain de la crise économique mondiale de 1929. Et comme tous les autres fascismes, l'idéologie islamiste est un phénomène qui sait se servir de la pauvreté et de la misère. Le salafisme est pour beaucoup un exutoire par excellence et le terrorisme donne un sens à la vie à ceux qui n'en ont pas. Raison pour laquelle la pauvreté est utilisée comme un argument dans les prêches intégristes visant à stigmatiser le capitalisme ultralibéral, jugé égoïste, cynique et insensible aux problèmes des plus démunis. Un ultralibéralisme représenté naturellement par l'ensemble des grandes puissances occidentales.

La montée de l'islamisme dans les banlieues françaises est une source d'inquiétude tout à fait objective. Plus de cinq millions de musulmans, sur les quinze recensés en Europe de l'Ouest, sont installés en France, le pays occidental qui compte la plus forte population de confession musulmane. Celle-ci représente, selon les estimations, entre 8 % et 10 % de la population globale. L'islam est devenu, depuis deux décennies, la seconde religion pratiquée en France, derrière le catholicisme et devant le protestantisme et le judaïsme.

En France, les musulmans sont essentiellement issus des anciennes colonies, notamment des trois pays d'Afrique du Nord, l'Algérie, le Maroc et la Tunisie. Les autres sont originaires de pays de l'Afrique subsaharienne, de Turquie, du Pakistan, des Comores et du Moyen-Orient. Sans oublier les convertis et les musulmans issus de la France d'outre-mer. Il existe cependant quelques différences entre les pratiques cultuelles répandues dans la communauté musulmane de l'Hexagone et celles appliquées par les musulmans de Grande-Bretagne, dont les citoyens ou résidents de confession musulmane sont originaires principalement du Pakistan et des pays du Moyen-Orient. Ces différences disparaissent dès qu'il s'agit d'islamisme. Si l'islam authentique, éclairé, apaisé, est appliqué diversement selon les pays, l'islamisme, obscurantiste et militant est, lui, pratiqué rigoureusement de la même manière selon la doctrine prédominante, c'est-à-dire le salafisme. Cette idéologie tend à « harmoniser » la pratique alors qu'à l'origine, l'islam avait su s'adapter aux us et coutumes de chaque population à la condition que ces coutumes ne soient pas en totale contradiction avec ses principes fondamentaux. C'est d'ailleurs ainsi que l'islam a été accepté, au fil des siècles, pour devenir la religion de 1,4 milliard de personnes. À la question récurrente : « l'islam peut-il s'adapter à la République ? », la réponse est oui : mais pas l'islamisme et ses différents courants.

Le phénomène de réislamisation et d'idéologisation des esprits a été facilité par la ghettoïsation de la communauté musulmane au sein des sociétés européennes. Repli qui a progressivement créé ce qu'on appelle aujourd'hui « les quartiers sensibles ». Huit critères symptomatiques de la montée de l'intégrisme ont été retenus par les RG pour définir ces « quartiers sensibles ».

Le rapport de juin 2004 cite l'existence d'un nombre important de familles d'origine immigrée pratiquant la polygamie ;

un fort tissu associatif communautaire ; la multiplication de commerces ethniques et les commerces à connotation religieuse (librairies islamistes, boucheries *hallal*, etc.) ; la multiplication des lieux de culte musulmans; le port d'habits orientaux et religieux ; les graffitis antisémites et anti-occidentaux ; l'existence, au sein des écoles, de classes regroupant des primo-arrivants ne parlant pas la langue française ; la difficulté à maintenir la présence de Français d'origine dans ces quartiers. Sur plus de six cents quartiers sensibles surveillés par les Renseignements généraux, plus de la moitié seraient fortement communautarisés. Cela concerne près de deux millions d'habitants. Toutes les régions sont concernées par ce phénomène. Les caractéristiques majeures de ces quartiers sont la violence, le non-respect de l'ordre républicain, le cumul de problèmes sociaux et la montée en puissance de l'islamisme. Les populations qui y vivent conservent les pratiques culturelles et les modes de vie traditionnels de leurs pays d'origine. Souvent, ils rejettent le mode de vie français, symbole, selon eux, du « monde de la mécréance ». Dans les faits, cela se traduit par une forte endogamie, l'instauration d'un enseignement parallèle basé sur la religion ou un intérêt croissant pour les programmes religieux diffusés sur des chaînes de télévision étrangères. On constate dans ces quartiers une perte de la clientèle d'origine européenne dans les grandes surfaces, fréquentées désormais presque exclusivement par des consommateurs musulmans.

Au cours des vingt dernières années, les islamistes ont accompli un long chemin dans le recrutement de nouveaux adeptes. Le prosélytisme intégriste illustré par l'action du mouvement *Tabligh* (ou par celle des salafistes) ne cesse de porter ses fruits, jusqu'à atteindre les esprits de jeunes Français dits de « souche », comme nous l'avons déjà constaté. La majorité est attirée non pas par l'islam mais par l'idéologie islamiste. Les convertis, animés qu'ils sont par la volonté de prouver leur totale appartenance à la communauté islamiste, sont parfois souvent les plus virulents. Lors d'une enquête réalisée à Clamart pour l'émission *Envoyé Spécial*[1], un converti rappelait qu'il était inutile que sa fille fréquente l'école de la République. « *Son rôle,* précisait-il, *c'est de rester à la maison, de s'occuper de ses enfants et de son mari.* »

1. « Prêche et chuchotements », réalisé par l'auteur. Diffusion le 1e avril 2004 sur France 2.

Conclusion

Il n'est pas aisé de conclure un tel sujet. Nous avons voulu, dans cet ouvrage, stigmatiser cette lecture littéraliste qui, d'une part, pervertit l'islam et d'autre part, permet à des courants politiques d'instrumentaliser une religion à des fins de pouvoir. L'absence – volontaire ou pas – de rationalité, l'hypocrisie et le cynisme qui caractérisent les mouvements islamistes sont autant d'éléments qui empêchent les pays musulmans d'envisager sereinement une évolution, au regard des pesanteurs sociales qu'engendre la pensée salafiste, souvent omniprésente. Sans oublier naturellement que la mauvaise gouvernance s'accommode allégrement de certains mouvements intégristes qui, parfois, jouent le rôle d'épouvantail pour freiner toute revendication appelant à des réformes profondes.

La lecture préconisée par les intégristes fait *de facto* de l'islamisme une idéologie dangereuse pour les musulmans euxmêmes, inquiétante pour la stabilité de la planète, mais aussi, disons-le clairement, préoccupante pour le vivre ensemble en Occident. Il n'est pas possible de s'obstiner dans le refus, en France, de discuter des problèmes que posent les islamistes. La récente affaire de la *burqa* ou du « voile intégral » montre que ce sont ces mêmes islamistes dont la nocivité a souvent été minimisée ou ignorée qui fixent les agendas du personnel politique. Et au lieu de lancer une réflexion, mettre sur pied une commission d'enquête sur l'islamisme, les députés ont préféré débattre d'un « bout de tissu » : cette fameuse *burqa*.

Il n'est pas acceptable de faire ainsi dans l'autosatisfaction et de se complaire dans des postures formelles qui, en réalité, empêchent un véritable débat sur la nature de l'idéologie représentée par ce « voile ». Nous avons tenté de l'expliquer : l'islamisme est un phénomène ancien, il n'est dû ni à telle ou telle actualité. C'est une pensée régulièrement utilisée par des courants qui savent profiter du mal-être de la masse. Or, la crise économique, les questions identitaires – de plus en plus exacerbées ici et là – ou le communautarisme ambiant constituent le terreau que recherchent les tenants de l'islam politique.

Il est nécessaire que les musulmans comprennent qu'il est vital d'avoir une nouvelle approche de la religion. L'archaïsme doit être délaissé au profit d'une méthode d'interprétation qui rendrait l'islam compatible avec son temps. Ce qui n'est pas le cas aujourd'hui. Exit toute pensée qui tolérerait les lapidations, les châtiments corporels, le voile, la misogynie, l'antisémitisme, la « guerre sainte », l'intolérance religieuse, l'humiliation des incroyants, les menaces, les excommunications, les crispations, les instrumentalisations, les décapitations, etc. Il faut avantager les lectures de l'islam qui appellent à des interprétations modernes et contextualisées, qui autorisent l'ouverture d'esprit et la clairvoyance, qui bannissent les rigorismes et l'intégrisme. Les croyants doivent accepter d'accomplir ce fameux *aggiornamento* de leur religion, délaisser les interprétations barbares, les approches passéistes et se diriger vers une évolution qui éloignera l'islam des velléités de manipulations et de toutes les tentations islamistes et les mettra à l'abri des clichés et des préjugés qui ne cessent d'alimenter d'autres extrémismes. Nous parlons des extrêmes droites européennes qui utilisent les arguments offerts par les islamistes pour donner plus de tonus à leur idéologie xénophobe et haineuse. Nous avons souvent affaire à deux extrémismes qui donnent l'impression de se haïr, mais qui, en réalité se nourrissent mutuellement. La pensée de l'un sert à la construction du discours de l'autre ! Et inversement.

Il est tout aussi nécessaire, par ailleurs, que les sociétés occidentales comprennent la nature du problème auquel ils font face ainsi que les musulmans, car, contrairement à quelques idées reçues, nous ne sommes pas dans un cas de « guerre de civilisation » ; par contre, nous sommes, nous semble-t-il, dans une situation de conflit de valeurs entre un courant qui rejette les Droits de l'homme et leur caractère universel mais aussi la laïcité ou la démocratie, et un autre qui croit que ce sont là les principes essentiels qui nous permettront de vivre ensemble et en paix.

Nous savons toute la raideur de ces gardiens du temple, autoproclamés en une sorte de clergé, et qui, depuis plusieurs siècles, ont participé à faire de l'islam une religion momifiée pour mieux l'instrumentaliser. Nous connaissons aussi l'aveuglement des fanatiques à considérer qu'ils détiennent la vérité absolue. C'est dire qu'il est important d'engager une lutte idéologique assumée contre les islamistes. Cette lutte doit être initiée par des musulmans et ils l'ont déjà entamée dans certains pays où des progressistes – des femmes notamment – refusent le diktat que les intégristes veulent leur imposer. Mais cela n'est pas suffisant pour l'instant. Une véritable dynamique anti-intégriste doit être enclenchée par les milieux progressistes et nous pensons que la gauche française par exemple gagnerait à sortir de sa léthargie et de sa complaisance et de s'approprier ce débat incontournable. Beaucoup de musulmans n'attendent que ça.

De toute manière, aujourd'hui et au cours des années à venir, des choix devront être faits. Continuer dans l'autosuffisance et se convaincre que toutes les lectures de l'islam font de cette croyance une « religion d'amour, de tolérance et de paix » alors qu'au quotidien les opinions internationales constateront le contraire, ou prendre le taureau par les cornes et reconnaître qu'il existe certaines pratiques qui ne possèdent aucune compatibilité avec la modernité et, à partir de là, penser aux réponses adéquates qu'il faudra apporter. En clair, il faudra assumer ce choc des valeurs qui oppose les défenseurs de la *burqa* aux partisans de l'humanisme. Il est inévitable, incontournable. Il est là !

Nous refusons la fatalité. Nous croyons qu'il est possible que les musulmans rejettent, en bloc, les enfermements dogmatiques et l'emprisonnement communautariste vers lesquels certains veulent les entraîner. Demeurer libre et confiner sa croyance dans une sphère privée, entretenir la verticalité de la relation directe qui lie chaque musulman à son Créateur, sans avoir de comptes à rendre à des mortels qui défendent non pas la « parole de Dieu », mais celle de Hassan Al-Banna ou d'Ibn Taymiya sont des positions qui peuvent être adoptées dans un pays laïque. Ce cadre est le seul à même d'offrir cette possibilité de s'affranchir des obscurantismes ambiants.

Le Coran, quoi que puissent en penser les traditionalistes, n'accepte pas d'interprétations littéralistes. Tout montre à croire que ce texte ne peut être approché qu'à travers des lectures qui prennent en considération les images, les paraboles et autres sous-entendus qui, en réalité, forment un esprit général. Comment interpréter des versets coraniques qui utilisent justement ces images pour décrire la « perfection de la création » en préconisant le littéralisme sans prendre le risque de tomber dans un non-sens total ? Comment serait-il possible d'apprécier certains versets comme celui-ci : « N'ont-ils donc pas observé le ciel au-dessus d'eux, comment Nous l'avons bâti et embelli ; et comment il est sans fissures ? » Faut-il comprendre que le ciel est un corps solide au-dessus de nos têtes et qu'il serait « sans fissures » en raison de la « perfection de la création » ? Ou alors serait-il plus juste de chercher et de méditer le sens, de décrypter l'image ? Nous optons ici pour la seconde interprétation. La réinterprétation du Coran, par des contemporains qui s'éloigneront de dogmes sacralisés durant les siècles passés, aideront l'islam à trouver la paix et les musulmans à recouvrer la sérénité et l'apaisement et permettront de vider le discours islamiste de sa substance.

Cela étant dit, il est évident que la majorité des musulmans ont, de fait délaissé de nos jours certains versets qui n'ont plus aucun sens tant sur le plan moral que religieux. Dans plusieurs cas, ce qui pouvait être admis au VIIe siècle en raison du contexte ne peut plus l'être aujourd'hui. Un exemple : comment se comporter face aux versets qui tolèrent l'esclavage sinon en les abrogeant ? Comment interpréter ce passage du Coran qui, selon certaines interprétations, autorise qu'on épouse des femmes esclaves, y compris quand celles-ci sont déjà mariées ? Un verset, celui de la Sourate An-Nissa, précise : « Et, parmi les femmes, les dames [qui ont un mari], sauf si elles sont vos esclaves en toute propriété. Prescription d'Allah sur vous ! À part cela, il vous est permis de les rechercher, en vous servant de vos biens et en concluant mariage, non en débauchés. Puis, de même que vous jouissiez d'elles, donnez-leur leur *mahr*[1], comme une chose due. Il n'y a aucun péché contre vous à ce que vous concluez un accord quelconque entre vous après la fixation du *mahr*. Car Allah est, certes, Omniscient et Sage. »[2] Ce sont ce genre de versets qui, interprétés de manière littérale, sont instrumentalisés par les intégristes pour justifier les « mariages de jouissance » ou autres viols déguisés en mariage.

Il n'est plus acceptable de laisser des ignorants, les salafistes par exemple, jouer avec le fait religieux pour légitimer et autoriser des massacres. Il n'est plus admis non plus de se résigner au fait que l'islam soit utilisé à des fins de propagation de la haine et de la négation de l'autre. Ces questions, nous le répétons, doivent être réglées par les musulmans. Le monde

1. Littéralement la dot.
2. Coran, Sourate 4, Verset 24.

occidental, celui qui croit en la démocratie et les droits de l'Homme, ne doit pas se contenter d'un statut d'observateur cependant que ce débat existe entre croyants en terre d'islam. Les démocraties doivent peser de tout leur poids, d'autant plus qu'elles sont aujourd'hui directement concernées par ce problème. L'Occident des Lumières doit prendre position contre l'obscurantisme et en faveur de ceux, parmi les musulmans, qui se battent pour une autre lecture de l'islam et qui cherchent à promouvoir les valeurs universelles.

Renvoyer dos à dos progressistes et fanatiques ou pire encore, continuer, comme le font certains, y compris au plus haut sommet de l'État, à considérer ces derniers comme des interlocuteurs valables et sérieux, c'est prendre le risque de légitimer définitivement le fanatisme en terre d'Europe. Aucun calcul politique, aucune stratégie égoïste n'a le droit de jouer avec ces questions si sensibles. Le sujet est trop grave et ne doit pas être approché comme un simple « phénomène marginal », mais comme un problème de fond qui mérite toute notre attention.

En invitant l'UOIF à la table de la République, l'ancien ministre de l'Intérieur Nicolas Sarkozy – tout comme certains de ses prédécesseurs d'ailleurs – répétait qu'il ne fallait pas « marginaliser », qu'il était préférable de les « avoir à l'intérieur [du CFCM] qu'à l'extérieur ». Soit ! L'argument est intellectuellement recevable mais, de notre point de vue, il révèle la naïveté politique de beaucoup de dirigeants européens qui ne semblent pas connaître la réalité de ce genre de mouvements. Le but d'une organisation comme l'UOIF, qui reste idéologiquement, nous l'avons sans cesse répété, liée aux « Frères musulmans » et qui applique la stratégie de cette organisation intégriste, est la réislamisation (ou l'islamisation) des citoyens à travers un prosélytisme non avoué et dont la méthode repose essentiellement sur l'entrisme et le double langage. Un État laïque se doit d'être vigilant et ne pas permettre à l'islam politique de se propager avec sa bénédiction. Les musulmans de France et d'Europe, s'ils doivent avoir une représentation, peuvent, et c'est l'aspiration d'une majorité, se passer allégrement du discours religieux, de surcroît lorsque celui-ci dissimule des ambitions mesquines.

D'ailleurs, les statistiques – puisque les hommes politiques s'y intéressent énormément – le montrent bien. Et y compris celles, informelles, du ministère de l'Intérieur. Le CFCM ne représente guère plus de 10 % des musulmans de France étant donné que seule cette proportion est considérée comme pratiquante. C'est dire que plus de quatre millions et demi de personnes d'origine maghrébine, de culture musulmane ou nées dans des familles musulmanes n'ont pas centré leur vie autour de l'islam, n'ont pas fait de la mosquée leur unique centre d'attraction et ne ressentent aucune sympathie envers les islamistes. L'écrasante majorité a, en effet, une approche traditionnelle et laïque de la religion ; elle a pris ses distances avec celle-ci ou se déclare carrément incroyante. De plus, les fameux 10 % ne sont pas tous des militants intégristes, prêts à se sacrifier pour Dieu, tant s'en faut. Beaucoup de croyants ont une pratique exclusivement spirituelle de la religion. Le problème, en vérité, est posé par les quelque 200 000 personnes qui restent attachées à l'intégrisme et au militantisme et qui sont sensibles aux thèses salafistes notamment.

Il est donc inacceptable que tout citoyen portant un patronyme à consonance musulmane soit systématiquement « essentialisé », mis dans la case « communauté musulmane » et envoyé dans les bras des religieux ou encore dans ceux des intégristes. En fait, l'écrasante majorité n'a cure de la religion et s'éloignerait davantage des instrumentalisations politiques de l'islam si elle arrivait à sentir qu'elle est respectée et considérée comme faisant effectivement partie de la communauté nationale.

Il faut tout simplement, osons l'expression, cesser de jeter le voile sur le profil des musulmans français ou vivant sur le sol français. Et c'est la raison pour laquelle le débat mériterait d'être définitivement clarifié. Nous ne pouvons tolérer que, dans une démocratie, des organisations qui, en réalité, représentent moins de 10 % d'une « communauté », donnent l'impression de parler au nom de la totalité de celle-ci. Accepter un tel non-sens, c'est faire croire en définitive que l'ensemble des musulmans de France se reconnaît dans le discours fanatique des vassaux de la confrérie des « Frères musulmans » et des autres courants salafistes, tous intégristes, portant en elle un projet qui empêche toute intégration.

L'islam est pris en otage par des sectes intégristes aux visées, très souvent, apocalyptiques. Par le truchement de mécanismes préconisant la facilité, les dirigeants européens ne voient que les activistes et oublient l'existence des autres. Du coup, les opinions publiques ont généralement l'impression que les « modérés » n'existent pas. Il faut que tout le monde comprenne, en effet, que cette religion est victime de certains de ces adeptes. Raison supplémentaire s'il en est pour inciter les croyants à se révolter contre les premiers ennemis de leur religion : les islamistes.

Si l'islam reste un sujet sensible, il n'en demeure pas moins qu'il faut accepter de le rendre tabou. Nous devons, musulmans comme non-musulmans, être clairs quant aux exigences que nous avons à formuler à l'égard de cette religion et notamment en Occident. Il n'est plus possible de tolérer que des hordes sauvages aux cris menaçants défilent, en toute impunité, dans les rues de Londres ; il n'est pas raisonnable de tolérer que des prêches haineux soient proférés dans les mosquées françaises ; il n'est plus admissible de permettre à quelques idéologues d'applaudir à la « guerre sainte » sur les chaînes de télévision européennes et il n'est plus admis de laisser nos jeunes aller se former dans les écoles de l'obscurantisme à Peshawar ou à Damas ; il n'est plus tolérable d'accepter qu'au nom de certains « principes », les valeurs universelles soient bafouées.

Le législateur européen doit comprendre qu'il est possible de criminaliser une certaine lecture de l'islam, celle qui instrumentalise cette religion pour appeler à toutes les formes de haine. Et, par ailleurs, les musulmans doivent intégrer le fait qu'il est nécessaire de se démarquer de tous les discours totalitaires qui amalgament des problèmes politiques, les utilisant comme prétexte, pour propager l'antisémitisme et la négation de l'autre, comme c'est le cas avec le conflit israélo-palestinien.

Enfin, ce qui est probablement plus important, c'est de permettre la constitution d'une société civile dans le monde musulman qui soit libérée des dogmes et des intégrismes et qui devra jouer son rôle de rempart contre les tenants de l'obscurantisme qui sont aujourd'hui les seuls à être visibles sur la scène. Les fanatiques se sont emparés du débat public et ils cherchent constamment, à travers la disqualification et la marginalisation, à éloigner tout esprit critique et toute parole contestatrice. Certains intellectuels, les femmes et hommes de savoir, doivent reprendre le pouvoir et exister également médiatiquement pour écarter définitivement les visages de la haine et de l'intolérance.

Enfin, ceux parmi les non-musulmans qui se complaisent dans des postures qui favorisent le discours islamiste au nom d'un relativisme culturel ou d'un différentialisme dont l'idiotie n'a d'égal que la condescendance de certains milieux qui estiment que les musulmans seraient probablement des barbares inaptes à apprécier les valeurs universelles, ceux-là devraient comprendre une fois pour toutes que, bien qu'ils se réclament souvent des mouvements antifascistes, ils sont en train, depuis plusieurs années déjà, de dérouler le tapis rouge à un totalitarisme vert qui saura les surprendre le moment voulu.

Parce qu'il ne faudrait pas que nous en doutions un instant : si nous n'arrivons pas à écraser l'infâme, c'est lui qui nous écrasera...Tous !

260288 – (I) – (0,5) – OSB 90°– YTR – BTT
Dépôt légal : janvier 2015
Dépôt légal de la 1ère édition : 01/2010

Achevé d'imprimer par Dupli-Print
N° d'impression : 2015012740
www.dupli-print.fr

Imprimé en France